GRUNDLINIEN BIBLISCHER DIDAKTIK

von

Burkard Porzelt

VERLAG
JULIUS KLINKHARDT
BAD HEILBRUNN • 2012

Online-Angebote oder elektronische Ausgaben zu diesem Buch
sind erhältlich unter www.utb-shop.de

Die Deutsche Bibliothek – CIP-Einheitsaufnahme
Die Deutsche Nationalbibliothek verzeichnet diese Publikation in der Deutschen Nationalbibliografie; detaillierte bibliografische Daten sind im Internet über http://dnb.d-nb.de abrufbar.

Einbandgestaltung: Atelier Reichert, Stuttgart
Gedicht von José Saramago auf S.2: Copyright (c) 2011 by Hoffmann und Campe Verlag

Druck und Bindung: Friedrich Pustet, Regensburg.
Printed in Germany 2012
Gedruckt auf chlorfrei gebleichtem alterungsbeständigem Papier.

UTB-Band-Nr.: 3656
ISBN 978-3-8252-3656-4

Inhaltsverzeichnis

Einführung

So nahe es liegen mag, die Bibel als wirkungsreiches Werk der Weltliteratur und maßgebliche Glaubensurkunde von Juden und Christen in Schule und Unterricht zur Geltung zu bringen, so herausfordernd wie notwendig ist es, religionspädagogisch Rede und Antwort zu stehen, wie es hier und heute um die bildende Bedeutsamkeit des Buches der Bücher bestellt ist. Ebendieser Frage nach der bildenden Bedeutsamkeit der Bibel sucht das vorliegende (Lehr)Buch in umsichtiger, kompakter und problemorientierter Weise nachzugehen.

Erwachsen sind meine Überlegungen aus einem mehr als ein Jahrzehnt währenden Lernprozess, in dem sich Forschen und Lehren, Lektüre und Vorlesungen je neu verschränkten und vorantrieben. Entstanden ist schließlich ein knapper, prägnanter Text, der die Leser/innen in eine fachdidaktische Argumentation hineinnehmen will, die unterschiedlichste Erkenntnisquellen aus Theologie und Pädagogik, aus Hermeneutik und Empirie zu Rate zieht, um im Modus der Konvergenz ein stimmiges, begründetes und praxistaugliches Profil biblischer Didaktik zu entwickeln.[1]

Wissenschaftliche Bibeldidaktik bedenkt Prämissen, Begründungen, Ziele, Schwerpunkte und Konkretionen einer bildenden Begegnung mit dem Buch der Bücher. Maßstab für solch bildende Auseinandersetzung ist der ebenbürtige Respekt gegenüber biblischen wie aktuellen Erfahrungen und das begründete Zutrauen, dass die Bibel in ihrer Sperrigkeit und Eigenart heutigen Schüler/innen einen Zuwachs an Kompetenz und Autonomie ermöglichen kann.

Indem das vorliegende Werk „Grundlinien" einer zeitgerechten Bibeldidaktik entfaltet, sucht es ein tragfähiges Fundament zu schaffen, damit die Bibel im Alltag heutigen Religionsunterrichts horizonterweiternd ‚ins Spiel kommen' kann. Gelungen wäre dies, wenn die Schüler/innen selbst als Bibelinterpreten eigenständige Lesarten entwickeln, die sich im Zwiegespräch mit biblischen Texten, Mitschüler/innen und weiteren Kontexten als stimmig und lebensförderlich bewähren.

---

1 Fachdidaktische Reflexion sucht „Lernprozesse in ihrer fachlichen Systematik und zugleich in der je spezifischen, domänen-abhängigen Logik des Wissenserwerbs und der Kompetenzentwicklung" (*Klieme et al.* (2003) 75) zu rekonstruieren und inspirieren. Um diesen doppelten Anspruch einzulösen, ist ein Denkstil erforderlich, der unterschiedliche Wissensbestände (bspw. aus Theologie und Pädagogik) mit Blick auf ein verbindendes Thema (wie die Bibeldidaktik) je für sich ergründet, um im Verschiedenen konvergierende (von lat. *convertere = zusammenstreben*) Erkenntnisse auszumachen, die sich zu einer mehrperspektivisch fundierten Theorie verdichten. Solcher Konvergenzargumentation (vgl. *Porzelt* (2009) 125 und 131-134) widerspricht es, Ziele, Inhalte und Methoden biblischen Unterrichts entweder theologisch zu deduzieren oder aber empiristisch zu induzieren!

1 Ein erster Einblick: Worum ‚drehen sich' bibeldidaktische Theorie und Praxis?

Das vorliegende Buch lädt ein zu einer Entdeckungsreise. Ziel ist es, den Chancen und Möglichkeiten, den Grenzen und Fragwürdigkeiten, den Herausforderungen und Anforderungen biblischer Didaktik auf die Spur zu kommen.
Bevor man eine Entdeckungsreise antritt, vertieft man sich zumeist in Landkarten. Es gilt, ein erstes Bild und einen vorläufigen Eindruck zu gewinnen, wohin die Reise gehen soll. Was erwartet mich in jenem fremden Land, das ich betreten werde? Womit habe ich dort zu rechnen? Bei all den Unwägbarkeiten, die auf mich zukommen werden, suche ich nach einer ersten Orientierung.
Nichts anderes will dieses einleitende Kapitel leisten. Es eröffnet einen ersten Einblick, womit sich biblische Didaktik befasst. Dieser Einblick gleicht dem Studium einer Landkarte, bevor das fremde Land selbst ganz unmittelbar erkundet werden kann. Eine Landkarte kann uns eine grobe Vorstellung und einen ersten Geschmack davon vermitteln, was in der Ferne konkret auf uns zukommen wird. Sie vermag, Grenzen abzustecken. Die eigentliche Reise mit ihren Mühen und Anstrengungen, mit ihren Höhepunkten und Überraschungen folgt erst nach ihrem Studium.
In diesem Sinne will ich fragen: Womit befasst sich biblische Didaktik? Worum ‚drehen sich' bibeldidaktische Theorie und Praxis? Zur (vorläufigen) Klärung entwickle ich nachfolgend das Modell eines Dreiecks, welches das ‚fremde Land' der Bibeldidaktik zu vermessen hilft.

1.1 Das (bibel)didaktische Dreieck

Um zu umreißen, was unter ‚Bibeldidaktik' genauer zu verstehen ist, will ich vom Begriff der ‚Didaktik' (von griech. *didáskein = lehren*) ausgehen. Didaktik befasst sich in doppelter Hinsicht mit Lehr- und Lernprozessen.

- Einerseits benennt das Wort ‚Didaktik' eine *praktische Fertigkeit*, nämlich die ‚handfeste' Kunst, Lehr-Prozesse zu inszenieren und Lern-Prozesse zu ermöglichen.
- Andererseits bezeichnet das Wort ‚Didaktik' eine *Wissenschaft*, nämlich das theoretische Nachdenken, die systematische Reflexion über Lehr- wie Lernprozesse.

Wie lässt sich nun jenes Geschehen näher beschreiben, in dem didaktisch ‚kunstvoll' gehandelt werden soll und über das didaktisch reflektiert wird? Das bildungstheoretisch geprägte Modell eines (bibel)didaktischen Dreiecks soll ebendiese Frage zu beantworten suchen. Der schillernde Begriff der ‚Bildung', den es noch genauer zu klären gilt, markiert die grundlegende Idee und das verbindende Moment, welches dieses Modell fundiert und ihm Profil verleiht.

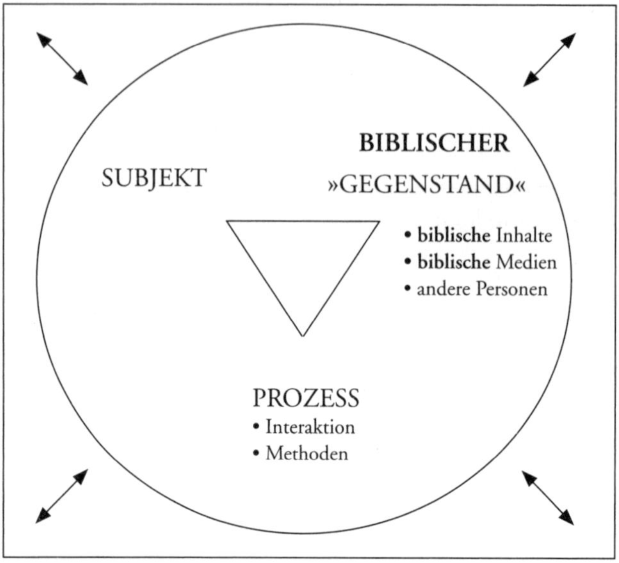

Abb. 1: (Bibel)Didaktisches Dreieck

Das (bibel)didaktische Dreieck umfasst folgende ‚Eckpunkte':

1. Wo Bildung stattfindet, sind immer *Subjekte* beteiligt. Zweifellos sind auch Lehrer/innen Lernende. Nichtsdestoweniger stehen im schulischen Unterricht die Schüler/innen als Subjekte im Mittelpunkt. Subjekte sind nicht bloß eine formbare Masse. Sie – die Schüler/innen – sind aktive, selbsttätige Akteure des Lerngeschehens. Was gegenwärtig unter ‚Konstruktivismus' oder ‚konstruktivistischer Didaktik' verhandelt wird, zielt genau auf diese Eigentätigkeit. Schüler/innen verfügen über eine eigene und einmalige Welt an Gedanken und Gefühlen, an Denkmustern und Wahrnehmungsweisen. Ihre Selbsttätigkeit, Einmaligkeit und Eigenperspektivik lassen sich auch dann nicht stoppen, wenn sie nach außen hin zum Schweigen gebracht werden. ‚Gott sei Dank' könnte man sagen, spielen sich in den Köpfen wie Herzen von Schüler/innen Prozesse ab, die für Lehrer/innen weder zugänglich noch kontrollierbar sind!
2. Wo sich Bildung ereignet, sind stets ‚*Gegenstände*' im Spiel. Dieses Wort mag ungewöhnlich und befremdlich anmuten. Gemeint sind ‚Gegenstände' nicht in jenem Sinne, wie wir das Wort üblicherweise gebrauchen – als leblose Dinge oder Sachen, derer wir uns bedienen. Vielmehr bezeichnet das Wort ein ‚Gegenüber-Stehendes', einen Widerpart und Gegenpol zum lernenden Subjekt. Bil-

dung konstituiert sich prinzipiell erst dadurch, dass Subjekte einem Nicht-Ich begegnen. Je nachdem, wie ein Bildungsprozess abläuft, eröffnet dieses Nicht-Ich unterschiedliche Begegnungsmöglichkeiten. Das eine Mal vermag sich das lernende Subjekt mit dem Nicht-Ich zu identifizieren: Ich erkenne mich im Gegenüber wieder. Ein anderes Mal sieht sich das Subjekt genötigt, zum Nicht-Ich in Distanz zu treten: Ich grenze mich vom Gegenüber ab. Bildung realisiert sich als Prozess der Auseinandersetzung in einer Spannung und Differenz zwischen Teilhabe am und Abgrenzung vom ‚Gegenstand'. Jeder bildende ‚Gegenstand' birgt potenziell gleichermaßen Nähe wie Ferne.

In konkreten Lehr- und Lernprozessen wie dem Schulunterricht kann dem lernenden Subjekt ein bildendes Nicht-Ich auf dreifache Weise gegenübertreten:

- durch *Inhalte*, mit denen wir uns beschäftigen;
- durch *Medien*, in denen die Inhalte präsent und zugänglich werden;
- durch *andere Personen* – in der Schule besonders Mitschüler/innen und Lehrende.

Lehr- und Lernprozesse, mit denen sich die *biblische* Didaktik befasst, schöpfen ihren ‚Gegenstand' aus der biblischen Tradition. Nicht die Subjekte sind andere, wenn und wo biblisch gelernt wird. Kennzeichnend für jede biblische Didaktik sind vielmehr besondere, nämlich biblisch geprägte Inhalte wie Medien.

3. Schließlich und endlich zum letzten Punkt des (bibel)didaktischen Dreiecks. Die Begegnung der Subjekte mit den ‚Gegenständen' ist ein *Prozess*. Bildung also ist ein Geschehen – in Zeit und Raum. In organisierten Lehr- und Lernprozessen wie dem Schulunterricht wird dieses Geschehen bewusst geplant, gestaltet und verantwortet. Trotzdem lässt es sich niemals vollständig steuern und kontrollieren. Bildung als Begegnung zwischen Subjekt und ‚Gegenstand' ist letztlich unkalkulierbar und unverfügbar.

   Maßgeblich geprägt wird der Begegnungsprozess zwischen Subjekt und ‚Gegenstand' durch folgende zwei Komponenten:

   - *Interaktionen* – Menschen stehen miteinander auf unterschiedliche Weise in Kontakt und Kommunikation;
   - *Methoden* – es gibt verschiedenartigste Wege, Aktivitäten und Verfahren, vermittels derer sich das Subjekt, der Schüler, mit den bildenden ‚Gegenständen' auseinandersetzen kann.

Weder Interaktionsformen noch Methoden dürfen freilich isoliert betrachtet werden. Bildungsförderliche Interaktionen und Methoden müssen gleichermaßen in Einklang stehen mit den jeweiligen Subjekten wie ‚Gegenständen'. Für die biblische Didaktik bedeutet dies: Keineswegs genügt es, dass Methoden und Interaktionen schülerorientiert sind. Ebenso müssen Methoden und Interaktionen stimmig harmonieren mit den besonderen, nämlich biblischen Inhalten und Medien. Nur so kann es tatsächlich zu einem bildenden Geschehen in der Begegnung mit der Bibel kommen.

Abschließend ein kurzer Blick über das (bibel)didaktische Dreieck hinaus. In der Grafik (Abb. 1) sind jenseits dieses Dreiecks Doppelpfeile aufgezeichnet. Sie sollen anzeigen, dass sich das bildende Begegnungsgeschehen zwischen Subjekt und ‚Gegenstand' in ständiger Wechselbeziehung zur Welt außerhalb des Klassenzimmers vollzieht. Lehren und Lernen ereignen sich niemals in einem Vakuum. Sie sind eingebunden in eine natürliche, soziale, politische und kulturelle *Umwelt*. Bibeldidaktisch gewendet bedeutet dies, dass es alles andere als gleichgültig ist, wie die Bibel in unserer Kultur und Gesellschaft wahrgenommen und eingeschätzt wird, wollen wir dieses besondere Buch Schüler/innen gegenüber bildend ins Spiel bringen. Wie die Umwelt der Bibel begegnet – ob ahnungslos, ablehnend, interessiert oder zustimmend –, ist höchst relevant für jedes biblische Lernen im Klassenzimmer.

1.2 In bildender Begegnung mit der Bibel

In einer ersten Annäherung habe ich drei Eckpunkte markiert, die für Didaktik im Allgemeinen und Bibeldidaktik im Besonderen bestimmend sind. Diese Eckpunkte allein lassen aber noch allzuviel offen. Überspitzt könnte man sagen: Sekunde für Sekunde stehen wir als Ich mit ‚Gegenständen' in Berührung. Ist damit alles und jedes schon ‚Bildung', was wir rund um die Uhr erleben und erfahren? Eine solch weite Bestimmung des didaktischen Geschehens wäre natürlich nichtssagend und damit sinnlos. Es gilt zu unterscheiden zwischen x-beliebigen Begegnungen von Subjekt und ‚Gegenstand' und solchen Auseinandersetzungen, die mit Fug und Recht als bildend gekennzeichnet werden können. Wodurch aber wird eine x-beliebige Begegnung zwischen Subjekt und ‚Gegenstand' zu einer bildenden Auseinandersetzung?

Um dies zu klären, will ich gut 200 Jahre zurückblenden – auf *Wilhelm von Humboldt* (1767-1835), einen Philosophen wie Pädagogen.[2] Er steht nicht nur für jene Idee der Universität als einer Forschungs- und Lerngemeinschaft, die von Deutschland aus in alle Welt ging – auch wenn sie hierzulande zunehmend demontiert wird. Entscheidend für die folgende Argumentation ist, dass *Humboldt* jene Vorstellung maßgeblich geprägt hat, die wir bis heute mit dem Wort ‚Bildung' verbinden.

Dass ich so weit zurückgreife, begründet sich aus der Tatsache, dass die Pädagogik in der Beschreibung dessen, was eigentlich ‚Bildung' ausmacht, bis heute letztlich nicht über *Humboldts* Umschreibung hinausgekommen ist. Die neuhumanistische Bildungstheorie, der sich *Humboldt* zurechnen lässt, barg zwar durchaus auch Schattenseiten. Auf „ihr unklares Verhältnis zur Politik und ihr negatives Verständ-

2 *Humboldts* Schrift „Theorie der Bildung des Menschen" (*ders.* (1997)), auf die ich nachfolgend rekurriere, entstand ursprünglich 1793/94. Im Haupttext dieses Teilkapitels angeführte Seitenzahlen verweisen auf dieses Werk.

nis zur Ökonomie und zur Technik"[3] verweist beispielsweise der Latinist *Manfred Fuhrmann* (1925-2005) zu Recht in einem lesenwerten Bändchen mit dem Titel „Bildung. Europas kulturelle Identität".[4] Nichtsdestotrotz: Der Grundgedanke, den *Humboldt* formuliert, hat sich als bleibend wertvoll wie anregend erwiesen. Statt mich also mit einer der zahlreichen pädagogischen Kopien zu begnügen, will ich – um zu klären, was Bildung ausmacht – *Humboldt* selbst in seiner befremdlich anmutenden Sprache zu Wort kommen lassen. Er schreibt:

> „Im Mittelpunkt aller besonderen Arten der Thätigkeit [...] steht der Mensch, der ohne alle, auf irgend etwas Einzelnes gerichtete Absicht, nur die Kräfte seiner Natur stärken und erhöhen, seinem Wesen Werth und Dauer verschaffen will. Da jedoch die bloße Kraft einen Gegenstand braucht, an dem sie sich üben, und die bloße Form, der reine Gedanke, einen Stoff, in dem sie, sich darin ausprägend, fortdauern könne, so bedarf auch der Mensch einer Welt außer sich." (24) „Bloß weil beides, sein Denken und sein Handeln nicht anders, als nur vermöge eines Dritten, nur vermöge des Vorstellens und des Bearbeitens von etwas möglich ist, dessen eigentlich unterscheidendes Merkmal es ist, Nicht-Mensch, d.i. Welt zu seyn, sucht er, soviel Welt, als möglich zu ergreifen, und so eng, als er nur kann, mit sich zu verbinden." (25) „Die letzte Aufgabe unseres Daseyns: dem Begriff der Menschheit in unserer Person [...] einen so großen Inhalt, als möglich, zu verschaffen, diese Aufgabe löst sich allein durch die Verknüpfung unsres Ichs mit der Welt zu der allgemeinsten, regesten und freiesten Wechselwirkung." (25) „Beschränken sich indeß auch alle diese Forderungen nur auf das innere Wesen des Menschen, so dringt ihn doch seine Natur beständig von sich aus zu den Gegenständen außer ihm überzugehen, und hier kommt es nun darauf an, daß er in dieser Entfremdung nicht sich selbst verliere, sondern vielmehr von allem, was er außer sich vornimmt, immer das erhellende Licht und die wohlthätige Wärme in sein Innres zurückstrale." (26) „Was also der Mensch nothwendig braucht, ist bloß ein Gegenstand, der die Wechselwirkung seiner Empfänglichkeit mit seiner Selbstthätigkeit möglich mache." (26)

Wie unschwer erkennbar wird, finden sich in der eigenartigen Diktion *Humboldts* die Eckpunkte des didaktischen Dreiecks (Abb. 1) wieder. Der spezifische ‚Gegenstand' der biblischen Tradition allerdings kommt hier nicht zur Sprache.

Für *Wilhelm von Humboldt* ist Start-, Ziel- und „Mittelpunkt" jeglicher Bildung das *Subjekt.* Durch Bildung kann und soll es – wie er schreibt – „die Kräfte seiner Natur stärken und erhöhen, seinem Wesen Werth und Dauer verschaffen". Mit heutigen Worten gesprochen: Bildung ereignet sich, wo Subjekte ihren Standpunkt, ihre Wahrnehmung und ihre Verantwortlichkeit vertiefen. Bildung geschieht, wo sie ihren Horizont und ihre Handlungsfähigkeit erweitern.[5] Diese Umschreibungen

---

3 *Fuhrmann* (2002) 51.

4 Die religionsdidaktische Polemik in ebd., 106-110, zeugt allerdings von unlauterer Verengung auf das Konzept eines problemorientierten Religionsunterrichts.

5 So definiert *Helmut Peukert* Bildung „in einem vorläufigen, aber elementaren Sinn" als „den Erwerb von Handlungsfähigkeit und Identität in einer geschichtlich-konkreten [...] Situation" (*ders.* (1984) 129). Bildung gelangt zu ihrem Ziel, wo es gelingt, „neue Verstehens- und Handlungsmöglichkeiten

klingen zweifellos hochgestochen. Gerade in der akademischen Pädagogik mutierten sie vielfach zu einem fruchtlosen Wortgeklingel. Doch mindert dies keineswegs den Wert der angeführten Zielsetzungen. Welch anderen Sinn soll Unterricht letztlich haben, als Schüler/innen einen Zuwachs an Autonomie, einen Gewinn an Handlungsfähigkeit, eine Erweiterung des Horizontes zu ermöglichen? Im schulischen Alltag selbst lassen sich diese ‚großen Ziele' sicherlich nur in kleinen und kleinsten Schritten einlösen. Doch wenn wir diese ‚großen Ziele' vergessen, wenn wir nicht mehr wissen und ahnen, wozu Unterricht und Schule letzten Endes gut sein sollen, dann verkommt die schulische Erziehung entweder zu einem reinen Zeitvertreib oder sie lässt sich instrumentalisieren für ökonomische, religiöse oder politische Zwecke.

Auch die Bibel als Bildungs-‚Gegenstand' muss sich an den angeführten ‚großen Zielen' messen lassen. Eine pädagogisch verantwortete Bibeldidaktik lässt sich nicht realisieren, ohne zu bedenken und zu überdenken, in welcher Hinsicht und welcher Weise die Bibel der Autonomie, dem Horizont und der Handlungsfähigkeit der Schüler/innen dienlich sein kann.

Zurück zu den Ausführungen *Humboldts*. Dass das Subjekt, der Schüler, Start-, Ziel- und „Mittelpunkt" jeglicher Bildung ist, wurde (hoffentlich) deutlich. Der ‚springende Punkt' der *Humboldtschen* Argumentation ist aber nun, dass die Subjekte *aus sich selbst* heraus Bildung *nicht* bewerkstelligen können. In seinen Worten: Der Mensch „bedarf [...] einer Welt außer sich", er ist angewiesen auf einen „Gegenstand". Damit dieser ‚Gegenstand' horizonterweiternd wirksam werden kann, muss sich eine Doppelbewegung von Entäußerung und Verinnerlichung ereignen:

- Zunächst geht dabei das Subjekt von sich aus zu den ‚Gegenständen' über. Es lässt sich ernsthaft auf diese ‚Gegenstände' ein – *Humboldt* selbst spricht sogar von einer „Entfremdung". Das Subjekt *ent-fremdet* sich an die ‚Gegenstände'!
- Keinesfalls aber darf das Subjekt bei den ‚Gegenständen' stehen bleiben. Zielpunkt ist es ja selbst: „Von allem", was der Mensch „außer sich vornimmt", so *Humboldt*, soll „das erhellende Licht und die wohlthätige Wärme in sein Innres zurückstrale[n]."

Die Doppelbewegung, sich als Lernender an die ‚Gegenstände' zu ‚entfremden', damit deren ‚erhellendes Licht' in die eigene Person ‚zurückstrahle', ist der dynamische Kern jeglichen Bildungsgeschehens. Ich verliere mich, um mich je neu zu finden und erfinden. Indem ich die Welt jenseits meiner selbst entdecke, entwickle ich mich selbst. Ganz knapp gesagt ist Bildung nichts anderes als eine Begegnung mit dem Fremden, welche dazu verhilft, das Eigene zu erschließen.

Wenden wir diesen Gedanken erneut bibeldidaktisch. Der *Bibel* begegnen, damit etwas von ihrem ‚erhellenden Licht' und ihrer ‚wohltätigen Wärme' ins Innere der Schüler/innen ‚zurückstrahlt', dies ist das Ziel bibeldidaktischen Mühens und Bemühens. Damit dieses Bemühen gelingen kann, ist dreierlei notwendig:

---

für alle zu eröffnen." (*ders.* (1994) 6)

- Die Bibel ist nur sinnvoll ins Spiel zu bringen, wenn wir die *Subjekte* des Lernens, die Schüler/innen, beständig im Blick haben. Mit ihrer eigenen Welt sind sie der Ausgangs- und Zielpunkt bibeldidaktischer Praxis. Eine bibeldidaktische Grundlegung kommt somit nicht umhin, die Lebens- und Erfahrungswirklichkeiten der Schüler/innen im Horizont biblischen Lernens intensiv zu ergründen.
- Biblische Inhalte und Medien, die wir mit Blick auf die Schüler/innen ausgewählt haben, müssen in ihrer Eigenart als fremde ‚*Gegenstände*' ins Spiel kommen. Nur, wenn die Bibel nicht auf den Horizont der Schüler/innen zurechtgestutzt wird, bildet sie ein Potenzial an Widerstand und Fremdheit, das horizonterweiternd ‚zurückstrahlen' kann. Eine bibeldidaktische Grundlegung muss sich demnach unbedingt der widerspenstigen Besonderheit biblischer Texte widmen, um diese Texte auf ihre pädagogischen Chancen und Grenzen hin zu bedenken.
- Wer die Bibel bildend ins Spiel bringen will, muss schließlich ganz konkret einen *Prozess* arrangieren, in dem biblische Inhalte und Medien sinnvoll mit Interaktionen und Methoden vernetzt werden. Eine bibeldidaktische Grundlegung muss sich mit Blick auf biblisches Lernen darüber Rechenschaft ablegen, in welchen Formen und Weisen die Bibel im schulischen Alltag ihrer Eigenart angemessen und für die Schüler/innen fruchtbar zur Geltung kommen kann.

Die Schüler/innen als Subjekte, die biblischen Texte in ihrer Eigenart sowie die Dramaturgie konkreter Unterrichtsprozesse sind die drei Eckpunkte biblischer Didaktik. Somit sind sie auch die Fixpunkte aller nachfolgenden Überlegungen. Allerdings habe ich nicht vor, diese drei Aspekte der Bibeldidaktik streng nacheinander abzuhandeln, sie der Reihe nach ‚abzufrühstücken'. Vielmehr werde ich im vorliegenden Buch immer wieder neu zwischen diesen Eckpunkten hin- und herpendeln. Zeitweise werden die Schüler/innen im Mittelpunkt stehen, ein andermal die biblische Tradition, ein andermal schließlich die konkrete Gestaltung biblischen Unterrichts. Tritt einer der drei Eckpunkte eine Zeit lang in den Vordergrund, dann schwingen stets die beiden anderen mit. Immer gilt es, die dreifache Struktur biblischen Lernens zu beachten. Allerdings wechseln wir je neu die Perspektive, aus der dies geschehen soll. Genau diese dreifache Perspektivik macht meiner Überzeugung nach den erkenntnisförderlichen, heuristischen Wert jenes Dreiecks aus, das ich zuvor vorgestellt habe. *Bibeldidaktisch* wird unsere Reflexion erst dadurch, dass bei der Betrachtung eines Aspektes stets die zwei anderen den Horizont bilden:

- Versetzen wir uns in die Situation der *Schüler/innen*, dann erfolgt dies vor dem Hintergrund der Frage nach dem biblischen ‚Gegenstand' und nach der Komposition biblischen Unterrichts.
- Untersuchen wir die *biblische Überlieferung*, so geschieht dies im Horizont der Frage nach der Erfahrungswelt und dem Entwicklungsstand der Schüler/innen sowie nach der Gestaltung konkreter Lehr- und Lernprozesse.
- Sondieren wir schließlich *Methoden und Medien* biblischen Unterrichts, dann geschieht dies vor dem Hintergrund der Eigenart der Schüler/innen und der Besonderheit der biblischen Tradition.

‚Meine Erfahrungen, Standpunkte und Fragen zur Bibel(didaktik) …'

Das Modell des (bibel)didaktischen Dreiecks hat einen ersten Zugang zum Thema dieses Buches geebnet. Bevor die Reflexion nachfolgend ‚Fahrt aufnimmt', sind Sie als Leser/in eingeladen, sich jener Vorerfahrungen, Einschätzungen und Standpunkte zur Bibel(didaktik) zu vergewissern, die Sie selbst angesichts Ihrer persönlichen wie beruflichen Biographie in die weitere Lektüre hineinnehmen. Sollten Sie sich auf dieses Experiment einlassen, so nehmen Sie sich bitte Zeit und Muße, um folgende Fragen zu beantworten:

Arbeitsimpulse

1. Was bedeutet *mir* die Bibel *persönlich*?
2. Wenn ich einige, wenige Gestalten, Motive, Erzählungen oder Traditionen der Bibel als *besonders wichtig* herausheben sollte, welche würde ich nennen?
3. *Warum* soll(te) der Religionsunterricht *ausgerechnet die Bibel* thematisieren?
4. Wie stehen *heutige Schüler/innen* meiner Einschätzung nach zur Bibel?
5. Welche eigenen Erinnerungen habe ich an *gelungenen* Bibel-Unterricht? Wenn keine, wie stelle ich mir *gelingenden* Bibel-Unterricht vor?
6. Welche *offenen Fragen* zur Bibel(didaktik) nehme ich mit in die Lektüre dieses Buches?

Vielleicht besteht die Gelegenheit, sich mit Anderen über die Antworten auszutauschen und dabei auffällige Gemeinsamkeiten ebenso zu diskutieren wie markante Unterschiede.

Die weitere Lektüre wird Sie mit vielfältigen Informationen, Impulsen, Modellen und Theorien konfrontieren, angesichts derer Sie bisherige Positionen zur Bibel(didaktik) erweitern und kritisch auf die Probe stellen können!

2 Die Bibel: Was für ein Buch?!

Nach dem bildungstheoretischen Einstieg und dem Einblick in jene Vorverständnisse, die Sie selbst zum Thema mitbringen, will dieses Kapitel die Bibel in den Mittelpunkt stellen. Sie ist in vielfacher Hinsicht ein ungewöhnliches Buch. Nicht umsonst wird die Bibel als ‚Wort Gottes', als ‚Heilige Schrift' oder als ‚Buch der Bücher' tituliert.
Nun ist es gut möglich, dass manchen Leser/innen die Bibel aus der eigenen Biographie heraus keineswegs ungewöhnlich anmutet. Es mag sein, dass ihnen das Buch der Bücher selbstverständlich und vertraut vorkommt. Solch einen fraglosen Blick will ich im Folgenden zu erschüttern versuchen. Und zwar aus doppeltem Grunde:

- zum einen, weil es nur gelingen kann, der Bibel inhaltlich und didaktisch gerecht zu werden, wenn man ein Gespür hat für ihre Eigenart und ihre Besonderheit.
- zum zweiten, weil die Bibel zumindest aus Sicht der allermeisten Schüler/innen ein ‚komisches', ein seltsames Buch ist – eine Wahrnehmung, die sich in Vielem bestätigt, wenn wir die Bibel genauer in den Blick nehmen.

Was also ist die Eigenart der Bibel? Zweifellos gäbe es auf diese Frage zahllose Antworten. Ich kann im Folgenden nur eine begrenzte Zahl ausgewählter Gesichtspunkte zur Geltung bringen, welche die Bibel zu einem ungewöhnlichen Buch machen. Die Liste, die ich eröffne, ist offen und ohne weiteres erweiterbar. Unter dem Titel ‚Die Bibel: Was für ein Buch?!' sollen einige gewichtige Besonderheiten der Bibel zur Sprache kommen.

2.1 Die Bibel – ein altes Buch

Ich will mit einer naheliegenden Eigenart der Bibel beginnen. Nämlich mit dem weit zurückliegenden Zeitraum ihrer Entstehung. Wie lässt sich diese Entstehung datieren?
Was den Beginn der Schriftwerdung des Ersten, Alten Testamentes angeht, herrscht weitgehende Ratlosigkeit. Gehen wir davon aus, dass es ein historisches Ereignis gab, das als Exodus, als Auszug aus Ägypten identifiziert werden kann, ein Ereignis das sicherlich bescheidener ausfiel, als in der Bibel dargestellt[6], dann dürfte dieses ganz grob um 1200 v.Chr. zu datieren sein. Das Davidische Reich ist um 1000 v.Chr. anzusetzen. Viel schwieriger ist jedoch zu bestimmen, zu welchem Zeitpunkt welcherart alttestamentlicher Überlieferung nach langer mündlicher Überlieferung endlich verschriftlicht wurde.

6 Vgl. *Schroer* (1998) 110.

Offensichtlich kaum bestritten ist derzeit in der alttestamentlichen Exegese, dass der Schwerpunkt und die Hochkonjunktur der Schriftwerdung erst im 6. Jahrhundert v.Chr. einsetzten, nämlich in der Frist zwischen 587 und 539 v.Chr.[7], dem Babylonischen Exil. In dieser kulturellen und politischen Katastrophe vergewisserte sich Israel in schriftlicher Weise seiner eigenen Vorgeschichte, um Energie und Identität für eine höchst ungewisse Zukunft zu gewinnen – was letztlich ja in eindrucksvoller Weise gelang.[8] Der Exeget *Christoph Levin* etwa geht davon aus, dass „kaum mehr als ein Zehntel des heutigen"[9] Alten Testamentes auf die Zeit vor dem Babylonischen Exil zurückgeht. Mit dem Exil selbst war die Schriftwerdung des Alten Testamentes längst nicht abgeschlossen. Sie dauerte fort bis in die hellenistische Zeit hinein, konkret bis ins erste Jahrhundert v.Chr., in dem das *Buch der Weisheit* entstand.[10] Die komplexe Schriftwerdung des Alten Testamentes, die im Einzelnen zu beleuchten Aufgabe der Bibelwissenschaften ist, fasst *Christoph Dohmen* mit folgenden Worten einprägsam zusammen:

> Man kann „die biblische Literaturgeschichte zunächst in drei Hauptphasen einteilen, wenn man die eigens zu behandelnden neutestamentlichen Bücher zurückstellt ([...]).
> (1) die vorexilische Zeit (?-587 v. Chr.)
> (2) die exilische Zeit (587-539 v. Chr.)
> (3) die nachexilische Zeit (539-?)
> Diese Grobgliederung zeigt am Anfang und am Ende Unsicherheiten – durch das ? markiert –, die sich daraus ergeben, daß es sehr unterschiedliche Auffassungen über die Anfänge der Literatur (mündliche Vorstufen, Arten von Schriftzeugnissen u.ä.) gibt und daß das Ende von der Fixierung auf einen bestimmten Kanon ([...]) abhängt. Verteilt man die gesamte Literatur auf diese drei Phasen, so wird schnell deutlich, daß die größte literarische Produktivität in der Zeit des Exils lag, was ja auch insofern verständlich ist, als man die national-religiöse Krise dieses Ereignisses aufzuarbeiten hatte und sich in neuer Umgebung neu orientieren mußte."[11]

---

7 Das Babylonische Exil wird auch in der aktuellen exegetischen Literatur uneinheitlich datiert (in *Zenger et al.* (1995) 441 bspw. auf die Frist 586-538 v.Chr.), wobei die widersprüchliche Datierung der Deportation nach Babylon in „der ungesicherten Chronologie der judäischen Könige" (*Becking* (1998) 1045) begründet liegt.

8 „Im Alten Testament hat sich eine religiöse Gemeinschaft ihre Vergangenheit als Gottesgeschichte vergegenwärtigt, um ihre Zukunft wiederzugewinnen." (*Levin* (2003) 21f.)

9 Ebd., 25.

10 Das *Buch der Weisheit* „ist das späteste Buch des Alten Testaments" und „weist in die Zeit zwischen 80 und 30 v.Chr." (*Einheitsübersetzung AT* (1983) 1446; vgl. a. *Schroer* (1995) 281). Als ‚jüngstes Buch des hebräischen Alten Testaments' datiert *Levin* (2003) 128 das *Danielbuch* ins 2. Jahrhundert v.Chr. (vgl. a. *Niehr* (1995) 364).

11 *Dohmen* (2003) 17. Inwieweit das Exil selbst tatsächlich als „die Zeit größter literarischer Produktivität" (*ders./Hieke* (2005) 13) angesehen werden kann oder „eine Mehrzahl der im Alten Testament versammelten Texte […] in die nachexilische Zeit datiert" (*Klauck* (2010) 416) werden muss (vgl. insb. *Levin* (2003) 8), ist scheinbar strittig.

Im Gegensatz zum Alten Testament lässt sich die Schriftwerdung des Neuen Testaments präziser datieren. Schon bald nach der Kreuzigung Jesu, ungefähr 30 n.Chr.[12], dürften erste, versprengte Texte entstanden sein – beispielsweise für den liturgischen Gebrauch. Als erste durchgängige Schrift ist die *Logienquelle* nur indirekt greifbar. Etwa zur selben Zeit, nämlich ca. 50 n.Chr., entstand der *erste Brief des Paulus an die Thessalonicher.*[13] *Markus* komponierte das älteste Evangelium „kurz nach 70 n.Chr."[14] Als jüngste neutestamentliche Schrift schließlich wird der *2. Petrusbrief* betrachtet, der etwa 120 n.Chr. entstanden ist.[15]
Im Gegensatz zur rund eintausendjährigen Schriftwerdung des Alten Testamentes entstand das Neue Testament also in weit weniger als in einem Zehntel dieser Zeit!
Dass die Bibel ein altes Buch ist, dessen Anfänge gut 3000 Jahre zurückliegen, erschwert ihr Verstehen, verleiht diesem Buch aber auch besondere Reize. Das Buch der Bücher kommt aus weit zurückliegenden, aus weit entfernten Welten. Die historischen Situationen, in welchen die Bibel entstanden ist, die kulturellen Prägungen, die dieses Buch atmet, die Vorstellungswelten, die in der Bibel hervortreten, unterscheiden sich gravierend von unserer Gegenwart. Uns trennt vom Buch der Bücher eine gewaltige geschichtliche Distanz.
In einer Wendung, die Epoche gemacht hat, sprach der Philosoph und Schriftsteller *Gotthold Ephraim Lessing* (1729-1781), auf den beispielsweise auch das bahnbrechende Drama „*Nathan der Weise*" zurückgeht, vom „garstige[n] breite[n] Graben, über den ich nicht kommen kann, so oft und ernstlich ich auch den Sprung versucht habe."[16] Zwischen uns und der Bibel klafft also eine enorme geschichtliche Kluft.

2.2 Die Bibel – ein Buch von unerschöpflicher Vielfalt

Dem Wort ‚Bibel' liegt das griechische *biblía* zugrunde[17], ein Substantiv im Plural, das ‚Bücher' bedeutet. Die Bibel also ist nicht ein Buch, sondern sie ist eine Samm-

---

12 „Das Jahr 30 n.Chr. hat als Todesjahr Jesu die größte Wahrscheinlichkeit für sich, andere Jahre sind aber keinesfalls ausgeschlossen." (*Theißen/Merz* (2001) 154)

13 Vgl. *Theißen* (2002) 39.

14 Ebd., 64.

15 Vgl. *Schierse* (1984) 149.

16 *Lessing* (1979) 13. Durch die historische Distanz zu den biblischen Geschehnissen erlischt für *Gotthold Ephraim Lessing* jede Möglichkeit, die Wahrheit des christlichen Glaubens historisch plausibilisieren zu können: „*Zufällige Geschichtswahrheiten können der Beweis von notwendigen Vernunftswahrheiten nie werden.*" (ebd., 12)

17 Vgl. *Dohmen* (2003) 11. *Klauck* (2010) 414f. zufolge geht die Bezeichnung ‚Bibel' ursprünglich auf den Namen der phönizischen Handelsstadt Byblos zurück; gemünzt auf die heiligen Schriften von Judentum und Christentum wurde gleichermaßen das singularische *biblos* bzw. *biblíon* („‚das Buch' schlechthin, das ‚Buch der Bücher'") wie das pluralische *biblía* („eine regelrechte Bibliothek") verwendet (ebd., 415).

lung unterschiedlicher Bücher. Sie ist – wie *Christoph Dohmen* schreibt – „ein aus vielen Büchern gewachsenes Buch“[18].
Die Hebräische Bibel umfasst nach christlicher Zählung insgesamt 39 Bücher.[19] Im katholischen Kanon, der auf der griechischen Übersetzung der Septuaginta beruht, finden sich im Alten Testament zudem noch sieben weitere, deuterokanonische Schriften. Das Neue Testament schließlich zählt insgesamt 27 Schriften. Alles in allem besteht die gesamte Heilige Schrift also aus bis zu 73 Einzelbüchern. Etliche dieser Bücher wird kaum ein Zeitgenosse beim Namen kennen. Beispielsweise die Propheten *Obadja*, *Nahum* oder *Habakuk* im Alten Testament. Oder den *Judasbrief* im Neuen Testament.
Die Schriften, die in der Bibel aufeinandertreffen, sind höchst verschieden. Winzige Briefe stehen opulenten Werken gegenüber. Unterschiedlichste literarische Gattungen sind zu finden, „darunter z.B. der schwierige theologische Text des *Römerbriefs*, die märchenhaft anschauliche Erzählung von *Jona*, lange Abschnitte über den Tempeldienst (Buch *Levitikus*), Stammes- und Siedlungslisten (Buch *Numeri*), Gleichnisse Jesu und Heilungserzählungen – um nur einige zu nennen.“[20]
Nicht nur die literarischen Formen innerhalb der Bibel sind außerordentlich vielfältig, sondern auch die Inhalte und Themen, die in der Heiligen Schrift zur Sprache kommen. Theologisch finden sich in vielen Fragen widersprüchliche Aussagen und Positionen – etwa zur Auferstehung oder zum irdischen Lohn für gute Taten.
Bündeln wir all diese Beobachtungen, so kommen wir zum Ergebnis: Die Bibel ist gekennzeichnet durch eine schier unerschöpfliche Vielstimmigkeit. Diese Vielstimmigkeit erschließt sich letztlich nur demjenigen, der sich ohne Scheuklappen selbst in die Heilige Schrift vertieft. Am eigenen Bibelstudium führt kein Weg vorbei. Nichtsdestotrotz sollen im Folgenden einige Stimmen aus der Sekundärliteratur zu Wort kommen, welche die unauslotbare Vielfalt der biblischen Texte treffend umschreiben.
Das erste Zitat stammt aus einem inhaltlich brillanten kirchenamtlichen Dokument, das uns im weiteren Reflexionsgang des Öfteren begegnen wird. Unter dem Titel „Die Interpretation der Bibel in der Kirche“ wurde es 1993 mit ausdrücklicher Bestätigung[21] durch *Johannes Paul II.* von der *Päpstlichen Bibelkommission* veröffentlicht. Treffend heißt es dort:

18 *Dohmen* (2003) 11.

19 Die differierende Zählweise zwischen jüdischem und katholischem Kanon wird näher erläutert in *Einheitsübersetzung AT* (1983) 9, vgl. a. *Levin* (2003) 121. Zur Genese und Struktur des reformierten Kanons, der im Alten Testament die hebräische Bibel der griechischen Septuaginta vorzieht und somit insgesamt 66 Bücher umfasst, vgl. insb. *Körtner* (2009) 30f.

20 *Niehl* (1994) 13 [Kursivsetzung ergänzt].

21 Vgl. *Joseph Kardinal Ratzinger* nach Klauck (1995) 2f. sowie *Johannes Paul II.* (1996).

„Es ist gerade eine Eigenart der Bibel, kein strenges System zu bilden, sondern im Gegenteil in der Dynamik von Spannungen zu stehen. Die Bibel hat verschiedene Weisen, die gleichen Ereignisse zu interpretieren oder die gleichen Probleme zu bedenken. Sie lädt somit ein, Vereinfachungen und geistige Enge zurückzuweisen."[22]

Ein zweites Werk, das uns im Folgenden begleiten wird, stammt von *Gerd Theißen*, einem der führenden neutestamentlichen Exegeten der Gegenwart. In einer umfangreichen Monographie hat er sich vor wenigen Jahren der biblischen Didaktik zugewandt. Ihr Titel lautet „Zur Bibel motivieren. Aufgaben, Inhalte und Methoden einer offenen Bibeldidaktik". Zwar kommt in diesem Buch vorrangig die Perspektive des biblischen ‚Gegenstands' zur Geltung, während die Subjekte und der konkrete Lernprozess eindeutig unterbelichtet bleiben. Nichtsdestotrotz entfaltet *Theißen* ein beeindruckendes Panorama bedenkenswerter bibeldidaktischer Theorieimpulse. Die innere „Mannigfaltigkeit"[23] der Bibel umschreibt er höchst anschaulich:

„Die Bibel [umfasst] viele Bücher und Aussagen [...]: universalistische Schöpfungs- und Urgeschichten neben nationalistischen Landnahmeerzählungen, friedliche Vätererzählungen neben kriegerischen Richterbüchern, die Feindklage der Psalmen neben der Feindesliebe in der Bergpredigt, die Erotik des Hohenlieds neben der paulinischen Askese, den Pessimismus des Prediger Salomos neben dem Optimismus alter Spruchweisheit usw. [...] In der Bibel ruft jede Stimme eine Gegenstimme hervor: Das Buch Jona widerspricht nationalistischer Prophetie, der Pessimismus des Predigers polemisiert gegen die ältere Weisheit, das ‚Ich aber sage euch' der Bergpredigt korrigiert die Offenbarung am Sinai, das Matthäusevangelium kritisiert das Markusevangelium, wenn es Jesus als thoratreu darstellt. Die Bibel enthält in sich einen Dialog."[24] „Wir finden in der Bibel Bilder friedlichen Zusammenlebens mit den Nachbarn in den Vätergeschichten und eine kriegerische Eroberungsideologie in den Landnahmeerzählungen, wir finden eine um den Tempel zentrierte Frömmigkeit und eine profane Weisheit, die ins Leben lauscht. Wir finden prophetischen Protest gegen die Mächtigen und Hofideologien einer sich selbst verklärenden Macht. Wir begegnen dem Pessimismus des Predigers und der Erotik des Hohenlieds. Manche sind von dieser Pluralität so beeindruckt, dass sie auf eine zusammenfassende Darstellung biblischer Gehalte verzichten, um diese Fülle nicht zu ersticken."[25]

Die Bibel ist also ein Buch, das vor innerer Pluralität strotzt. Diese Vielfalt besteht keineswegs nur zwischen ihren einzelnen Büchern. Denn die biblischen Büchern selbst sind in der Regel alles andere als ‚aus einem Guss'. Dies liegt daran, dass der Löwenanteil der biblischen Schriften nicht auf einen einzigen Autor zurückgeht.

---

22 *Päpstliche Bibelkommission* (1996) 79f.
23 *Theißen* (2003) 174.
24 Ebd.
25 Ebd. 254.

Die biblischen Bücher sind in der Regel keine Autorenliteratur im modernen Sinne, sondern Traditions- oder Fortschreibungsliteratur.[26] Das heißt, dass diese Bücher oftmals über Jahrhunderte hinweg weitergeschrieben wurden. Das Fachwort für dieses Geschehen lautet *Relecture* – „eine umgestaltende und akzentuierende Wiederaufnahme"[27] der alten Texte in je neuen Situationen. In solcher Relecture ereignete sich gleichzeitig Bewahrung und Veränderung. Je neue Generationen erwiesen den überlieferten, alten Texten gegenüber ihren Respekt, indem sie diese alten Texte einerseits hüteten, sie zugleich aber ergänzten und ‚weiterstrickten'. Die innerbiblische Überlieferung war also in der Regel ein produktives Aktualisierungsgeschehen, in welchem kein eindeutiger Autor auszumachen ist. Somit bergen die meisten Schriften der Bibel in sich selbst eine große Vielfalt und Widersprüchlichkeit. Besonders ausgeprägt ist diese innere Heterogenität im *Pentateuch* (der *Tora*) sowie im *Jesajabuch*. Gerade hier begegnet uns ein kaum auflösbares Labyrinth unterschiedlichster Schichten und Stufen. Lediglich eine kleine Zahl jüngerer Schriften lässt sich auf einen einzigen Autor zurückführen. Bspw. das Buch *Kohelet* im Alten Testament oder – bis auf wenige Einschübe – jene sieben Briefe, die wir dem Apostel *Paulus* persönlich zuschreiben.

„Das Eigene und Besondere der Bibel als Buch besteht in der Vielfalt"[28]. Konsequenterweise lässt sich sagen: Wer diese Vielfalt auf Einheitlichkeit trimmt, der tut der Bibel Gewalt an! Dies gilt gleichermaßen für die Auslegung der Bibel wie für den Unterricht mit der Bibel. Hier wie dort setzt die innere Pluralität der Bibel Maßstäbe. Sowohl die Interpretation als auch die unterrichtliche Inszenierung der Bibel müssen ihrer pluralen Eigenart Rechnung tragen. Auf beide Punkte wird im Fortgang dieses Buches ausführlicher einzugehen sein.

2.3 Die Bibel – ein Buch der Fremdheit und Nähe

Die Bibel: Was für ein Buch?! Der dritte Gesichtspunkt, der nun zur Sprache kommt, ist gerade bibeldidaktisch von immenser Bedeutung: Die Bibel, das alte und vielfältige Buch, ist ausgespannt zwischen Nähe und Fremdheit.

Trotz ihres gewaltigen geschichtlichen und kulturellen Abstandes birgt die Bibel bisweilen Texte, die uns ohne Umwege direkt ‚ins Herz treffen' können. Wen dabei in welcher Lebenssituation welche biblischen Texte spontan berühren, lässt sich jedoch kaum verallgemeinern und vorhersagen. Gerade weil dies so ist, lade ich Sie ein, sich vor dem Weiterlesen zunächst für sich oder gemeinsam mit Anderen den folgenden beiden Fragen zu widmen:

---

26 Vgl. insb. *Dohmen* (2003) 12-16.

27 *Päpstliche Bibelkommission* (1996) 47 (redaktionelle Anmerkung). *Rudolf Kilian* (1934-2004) definierte ‚Relecture' treffend als „Rückgriffe auf Vorgegebenes, die jedoch das Frühere in einen neuen Verstehenshorizont einbringen und damit auch verändern." (*ders.* (1986) 12)

28 *Dohmen* (2003) 16.

Arbeitsimpulse

1. Welche konkreten biblischen Texte sprechen mich/uns unmittelbar an?
2. Welche Gemeinsamkeiten gibt es zwischen diesen Texten?

Welcherart biblische Texte besitzen das Potenzial, uns – hier und heute – spontan anzusprechen? In aller Regel sind dies solche Texte, die anthropologische Erfahrungen verdichtet zur Sprache bringen. Das Attribut ‚anthropologisch' lässt sich zurückführen auf zwei griechische Substantive. Nämlich auf *ánthropos* = *Mensch* und *lógos* = *Wort, Lehre*. Als ‚anthropologisch' bezeichnen wir Phänomene, die für den Menschen als Menschen typisch sind – ‚grund-menschliche' Phänomene also, die sich in unterschiedlichsten Epochen und Kulturen wiederfinden. Zu nennen sind besonders menschliche Grunderfahrungen wie Einsamkeit und Gemeinschaft, Geburt und Tod, Sexualität und Liebe, Hoffnung und Angst. Solcherart Grunderfahrungen bringt die Bibel vielfach verdichtet zur Sprache. Und zwar in elementaren Sprachformen wie Lob, Klage oder Erzählung. Grundlegende Erfahrungen menschlicher Existenz, die in elementarer Weise zum Ausdruck kommen, können auch heute Menschen anrühren und berühren. Spontane Identifikation wird möglich. Aus zahllosen Beispielen will ich einen Text rezitieren, der solches bewirken kann. Namlich jenes „Gedicht"[29], mit dem der Gelehrte *Koheler* seine Weltwahrnehmung umschreibt.

„Alles hat seine Stunde.
Und jedes Geschehen unter dem Himmel hat seine Zeit:
eine Zeit zum Leben und eine Zeit zum Sterben,
eine Zeit zum Pflanzen und eine Zeit zum Ausreißen,
eine Zeit zum Töten und eine Zeit zum Heilen,
eine Zeit zum Bauen und eine Zeit zum Niederreißen,
eine Zeit zum Lachen und eine Zeit zum Weinen,
eine Zeit zum Trauern und eine Zeit zum Tanzen,
eine Zeit zum Steinewerfen und eine Zeit zum Steinesammeln,
eine Zeit der Umarmung und eine Zeit der Enthaltung,
eine Zeit zum Suchen und eine Zeit zum Verlieren,
eine Zeit zum Bewahren und eine Zeit zum Verwerfen,
eine Zeit zum Zerreißen und eine Zeit zum Zusammennähen,
eine Zeit zum Schweigen und eine Zeit zum Reden,
eine Zeit zum Lieben und eine Zeit zum Hassen,
eine Zeit für den Krieg und eine Zeit für den Frieden."[30]

---

29 *Lohfink* (1986) 31.
30 *Koh 3,1-8* (übertragen von *Ludwig Honnefelder*).

Dass uns Texte der Bibel unmittelbar ansprechen und zur spontanen Identifizierung einladen, ist keineswegs der Normalfall. Blättern wir durch das Buch der Bücher, lassen wir uns auf dessen besondere Sprache und Inhaltlichkeit ein, dann werden wir feststellen, dass in der Regel die Fremdheit der Texte über ihre Nähe obsiegt. Die Bibel erweist sich zumeist als sperriges, als widerspenstiges und als schwer zugängliches Buch. Dass dies so ist, dass sich die Bibel als fremdes und befremdliches Buch zeigt, kann keinesfalls verwundern. Schließlich stammen die biblischen Schriften aus einer Welt, deren ökonomische Bedingungen und gesellschaftliche Strukturen, deren Bilder wie Vorstellungen von Mensch und Geschichte, von Welt und Gott uns heute außerordentlich fern sind. Knapp und treffend lässt sich mit *Gerd Theißen* feststellen:

> „Die Beschäftigung mit der Bibel ist Begegnung mit einer fremden Sinnwelt."[31]

Zweifellos sind wir nicht die erste Generation, die sich mit der Fremdheit biblischer Texte auseinanderzusetzen hat. Sogar in der Bibel selbst begegnet uns bisweilen das Ringen um ein angemessenes Verständnis überlieferter Aussagen.[32] Allerdings hat sich in unserer Zeit die Herausforderung der Fremdheit gegenüber näher an der Bibel liegenden Epochen in mehrfacher Hinsicht radikalisiert. Auf Ursachen dafür werde ich wiederholt noch zu sprechen kommen. Auf Schritt und Tritt begegnet uns jedenfalls in der Bibel Fremdes und Befremdliches.
Wiederum will ich aus einer Unmenge möglicher Belegstellen einen einzigen Text herausgreifen.

> „Gebt Acht, dass euch niemand irreführt! Viele werden unter meinem Namen auftreten und sagen: Ich bin es! Und sie werden viele irreführen. Wenn ihr dann von Kriegen hört und Nachrichten über Kriege euch beunruhigen, lasst euch nicht erschrecken! Das muss geschehen. Es ist aber noch nicht das Ende. Denn ein Volk wird sich gegen das andere erheben und ein Reich gegen das andere. Und an vielen Orten wird es Erdbeben und Hungersnöte geben. Doch das ist erst der Anfang der Wehen. [...] Wenn ihr aber den unheilvollen Gräuel an dem Ort seht, wo er nicht stehen darf – der Leser begreife –, dann sollen die Bewohner von Judäa in die Berge fliehen; wer gerade auf dem Dach ist, soll nicht hinabsteigen und ins Haus gehen, um etwas mitzunehmen; wer auf dem Feld ist, soll nicht zurückkehren, um seinen Mantel zu holen. Weh aber den Frauen, die in jenen Tagen schwanger sind oder ein Kind stillen. Betet darum, dass dies alles nicht im Winter eintritt. Denn jene Tage werden eine Not bringen, wie es noch nie eine gegeben hat, seit Gott die Welt erschuf, und wie es auch keine mehr geben wird. Und wenn der Herr diese Zeit nicht verkürzen würde, dann würde kein Mensch gerettet; aber um seiner Auserwählten willen hat er diese Zeit verkürzt. [...] Ich habe euch alles vorausgesagt. Aber in jenen Tagen, nach der großen Not, wird sich die Sonne verfinstern und der Mond wird nicht mehr scheinen; die Sterne werden vom Himmel fallen und die Kräfte des Himmels werden erschüttert

31 *Theißen* (2003) 106.
32 Vgl. *Päpstliche Bibelkommission* (1996) 26.

werden. Dann wird man den Menschensohn mit großer Macht und Herrlichkeit auf den Wolken kommen sehen. Und er wird die Engel aussenden und die von ihm Auserwählten aus allen vier Windrichtungen zusammenführen, vom Ende der Erde bis zum Ende des Himmels. [...] Amen, ich sage euch: Diese Generation wird nicht vergehen, bis das alles eintrifft."

Vielfach schon habe ich Studierende gefragt, aus welchem Teil oder Buch der Bibel dieser dunkle und bedrohliche Text stammen könnte. Die Mehrzahl der Antworten fällt auf das Alte Testament. Doch handelt es sich beim vorgestellten Text um neutestamentliche Auszüge aus der *Parusierede Jesu* im 13. Kapitel des *Markusevangeliums.*[33] Der Terminus ‚Parusie' kommt vom griechischen Wort *parusía = Anwesenheit, Ankunft,* Thema der Parusierede ist also die Wiederkunft Christi. Im Hintergrund steht die Naherwartung Jesu, der offensichtlich fest damit rechnete, dass die endzeitliche Wende schon baldigst einbrechen würde.[34] Der zitierte Text findet sich nicht nur bei *Markus,* auch bei *Matthäus* und *Lukas* ist er überliefert.[35] Man kann nicht sagen, dass er irgendwo versteckt in der Bibel vorkäme. Vielmehr steht er bei allen drei Synoptikern programmatisch unmittelbar vor der *Passionsgeschichte.* Die Bilder und Vorstellungen, die hier auftauchen, könnten fremder kaum sein. Das jahrhundertelang gehegte christliche Zerrbild, das strafende und gewaltsame Züge Gottes einzig dem Alten Testament zuschiebt, wird sichtbar ad absurdum geführt. Zu Recht karikiert der Exeget *Manfred Oeming* solche Verzerrung der Bibel mit folgenden Worten:

„Die Bibel wird tendenziell zum ‚Schmuse- und Kuschelbuch' zurechtfrisiert. Dabei werden antijudische Klischees aktiviert; angsterregende Vorstellungen von einem gewalttätigen, vernichtenden Gott werden einseitig dem Alten Testament unterstellt, Jesus zur Kontrastfigur stilisiert, die von diesem Erbe befreit habe. In Wahrheit aber sind die neutestamentlichen Gerichtsvorstellungen härter und bedrohender als die alttestamentlichen."[36]

In ähnlicher Geballtheit wie in der *jesuanischen Parusierede* tritt die Sperrigkeit der Bibel natürlich nur bei ausgewählten Texten hervor. Weniger offensichtlich begleitet uns solche Widerständigkeit aber beständig, wenn wir dem Buch der Bücher begegnen. Der nächste Gesichtspunkt, auf den ich zu sprechen komme, wird eine grundlegende Ursache dafür aufdecken.

---

33 Zitiert wurde *Mk 13,5-8.14-20.23-27.30.*

34 Ähnlich auch Paulus; vgl. *1 Thess 4,15-17* und *1 Kor 15,51f.*

35 *Mt 24* und *Lk 21.*

36 *Oeming* (1998) 108.

2.4 Die Bibel – ein Buch, das menschliche Existenz im Angesicht Gottes deutet

Die Bibel ist ein altes und vielfältiges Buch, das Nähe und Fremdheit in sich birgt. Sie ist eine Sammlung literarischer Texte. Literarische Texte wiederum – seien sie erzählend, dramatisch oder lyrisch – deuten das menschliche Dasein. Literarische Texte liefern „Bilder für unsere Erfahrungen“[37]. Bei aller Vielstimmigkeit, welche die Bibel in sich vereint, sind ihre Deutungen menschlicher Existenz auf einen einzigen archimedischen Punkt bezogen: nämlich auf Gott.

Die Bibel deutet das Menschsein als Menschsein im Angesicht Gottes und im Gegenüber zu Gott. Dieser Bezug alles Menschlichen auf Gott ist eine konstitutive Eigenart der Bibel. Ungeachtet ihrer unerschöpflichen Pluralität ist die Bibel durchgängig ein theologisches Buch. Sie ist ein Buch, das von Gott spricht, um das Menschsein zu erhellen. *Gerd Theißen* fasst diese theologische Eigenart, dieses theologische „Proprium“[38] der Bibel mit folgenden Worten treffend zusammen:

> „Die Bibel bezieht alles auf Gott, auf eine vorgegebene Sinnfülle, auf die der Mensch mit seinem Leben antwortet.“[39] „Ohne Verständnis für die Rede von Gott [...] kann man die Bibel nicht mit Gewinn lesen. Jede Seite ist voll von ihm. Und auch dort, wo Gott schweigt (und nur menschliche Gedanken um Gott kreisen wie in der Weisheit), ist er anwesend.“[40]

Ähnlich dezidiert wie *Theißen* umschreibt *Fritz Oser*, ein renommierter Wissenschaftler aus der Schweiz, der sich gleichermaßen fachkundig in der Psychologie, der Schulpädagogik und der Religionspädagogik bewegt, die theologische Eigenart der Bibel:

> „Die ‚Sache‘ der biblischen Schriftsteller ist [...] allemal Gott.“[41]

In existenziellem Lichte, mit Blick auf die den Menschen zutiefst berührenden Erfahrungen, interpretiert schließlich der Theologe *Gottfried Bachl* jene Hauptrolle, die Gott in der Bibel einnimmt. Er schreibt:

> „Welche Probleme beunruhigen uns? Welche verstören uns? Bei welchen hat man das Gefühl, jetzt geht es für mich auf Leben und Tod? Ist das wirklich Gott? Die Bibel meint in der Tat, Gott müsse es sein.“[42]

---

37 *Niehl* (2001) 37.
38 *Theißen* (1992) 16, 19 und 21.
39 *Ders.* (2003) 176.
40 Ebd., 177.
41 *Oser* (1987) 240. Vgl. insb. *Körtner* (2009) 38: „Wenn es einen einheitsstiftenden Bezugspunkt aller biblischen Schriften gibt, so ist es Gott, der Gott Israels und Vater Jesu Christi, von dem in diesen Büchern auf vielfältige Weise geredet und dessen Reden in ihnen bezeugt wird.“
42 *Bachl* (2010) 8.

Die Tatsache, dass die Bibel den Menschen mit eherner Beharrlichkeit im Lichte Gottes sieht, mag religiös sozialisierten Leser/innen nicht weiter auffallen. Wer von Kind auf mit der gemeinschaftlichen Glaubenspraxis des Judentums oder des Christentums großgeworden ist, dem ist die Gottesrede der Bibel wahrscheinlich fraglos und selbstverständlich geworden. Ganz und gar nicht gilt solche Fraglosigkeit und Selbstverständlichkeit aber für Menschen, die mit religiöser Glaubenspraxis entweder gar keine oder bloß vereinzelte Erfahrungen gemacht haben. Und dazu zählt nun einmal die Mehrzahl der heutigen Schüler/innen. Dieser Mehrheit der Schüler/innen ist gerade die Gottesrede der Bibel fremd und befremdlich.

Insoweit in der Bibel menschliche Erfahrungen anklingen, insofern sie beispielsweise „Hoffnung und Freude, Trauer und Angst“[43] zur Sprache bringt, ist die Heilige Schrift auch jenen Schüler/innen zugänglich, die mit Glaube und Kirche ‚kaum etwas am Hut haben‘. Auch säkular – sprich weltlich – geprägte Zeitgenoss/innen können sich einfühlen und hineindenken, wenn die Bibel von Liebe und Hass, wenn sie von Hoffnung und Verzweiflung spricht. Als Literatur, die menschliche Existenz deutet, lädt die Bibel also ausnahmslos alle Schüler/innen zu eigener Identifikation ein. Die charakteristische Besonderheit der Bibel jedoch, dass sie sich in der Deutung menschlicher Existenz auf Gott bezieht, ruft Unverständnis und Ratlosigkeit, Abwehr und Widerspruch hervor. Genau jener archimedische Punkt also, der die Bibel prägt und zusammenschweißt, die Deutung menschlicher Existenz auf Gott hin und von Gott her, wirft in der Begegnung mit der Bibel schier unüberwindbare Hindernisse auf. Ich will diesen Zusammenhang knapp an einem konkreten Beispiel verdeutlichen.

Wiederum will ich einen biblischen Text ins Zentrum stellen – und zwar eine Erzählung aus dem 32. Kapitel des *Jeremiabuchs*. Im Gegensatz zu den vorangegangenen Rekursen auf einzelne Bibeltexte will ich nun aber nicht den Originalton der *Einheitsübersetzung* vorstellen, sondern eine moderne Paraphrasierung, eine interpretierende Nacherzählung also, die mir sehr gelungen erscheint.

Willi Lambert

„Kauf Dir einen Acker in Anatot!“

Adventliches Tun angesichts einer nahen Katastrophe[44]

...wissen Sie zufällig, wo Anatot liegt? Nein? – Bis vor kurzem wusste ich das auch nicht; und vor allem nicht, was Anatot mit Advent zu tun hat. Bis ich eben wie zufällig eine ziemlich alte Geschichte las. Es ist die Geschichte einer verrückten Spekulation auf einen Acker im Gebiet von Anatot, einem Ort in Sichtweite von Jerusalem. Doch das ist fast schon das Ende der Geschichte. Beginnen wir beim Anfang!

43 *GS 1.*

44 *Lambert* (1983) 417-419.

„Warum hast Du geweissagt ...?“ (Jer 32,3)

Es ist, wie sich ziemlich genau datieren läßt, das Jahr 586 – vor Christus. 586, das klingt in jüdischen Ohren ungefähr wie in deutschen 1918 oder 1945, also nach Zusammenbruch gegen Ende eines verlorenen Krieges. Eben dies war damals die Situation Jerusalems: eingekesselt von den Truppen der Babylonier. Sturmreif. Die ganze Stadt ein einziges Gefängnis. – Und mitten in diesem Gefängnis gibt es noch ein Gefängnis, den Wachhof am Palast des Königs Zidkija. Hier wird ein ganz bestimmter Mann festgehalten. Wegen Wehrkraftzersetzung.
Die Begründung für die Inhaftierung wurde vom König höchstpersönlich gegeben und lautet: „*Warum hast Du geweissagt*: So spricht der Herr: Ich gebe diese Stadt in die Hand des Königs von Babel, und er wird sie erobern. Auch Zidkija, der König von Juda, wird der Hand der Chaldäer nicht entrinnen, sondern in die Hand des Königs von Babel gegeben werden ... Wenn ihr mit den Chaldäern Krieg führt, werdet ihr kein Glück haben.“ (Jer 32,3-5)
Es ist klar, wer so spricht, der schwächt im Augenblick der höchsten Gefahr, wo es gilt, alle Kräfte zu mobilisieren, die Kampfmoral. Zumal dann, wenn so ein Mann noch einen gewissen Ruf hat. Und den hat er: Wir kennen ihn als Jeremias, den Propheten. Für Zidkija war er in dieser Situation ein gefährlicher Prophet. Stand er nicht auf der Gegenseite? War er nicht ein Kollaborateur? Ein „Friedenshetzer“? Jedenfalls war er gefährlich und darum aus den Augen und ins Gefängnis!

„Kauf Dir meinen Acker in Anatot!“ (Jer 32,7)

Sie haben auch den Eindruck, daß diese Geschichte bisher recht wenig Adventliches an sich hat? – Wenn *Advent* nicht gerade die *Ankunft* von Feinden bedeuten soll ... Und doch, mitten in dieser Situation, umkreist vom Belagerungsring der Feinde, umschlossen von den Gefängnismauern der eigenen Landsleute und eingeengt von der Angst des Herzens – da fängt ein Advent an.
Dieser Advent beginnt mit einer Prophezeiung an den Propheten: Es werde ein Mann kommen und ihm einen Acker anbieten, auf den ihm das Vorverkaufsrecht zustehe. Dieser Mann kommt tatsächlich – im übrigen ein Vetter des Jeremias – und bietet den besagten Acker in Anatot zum Verkauf an: „Kauf Dir meinen Acker in Anatot!“
Wenn wir uns jetzt kurz daran erinnern, wo Anatot liegt, nämlich in der Nähe des sturmreifen Jerusalem, dann sehen wir, daß dieser Verwandte „ein sauberer Vetter“ ist, denn – ohne Fachmann an der Handelsbörse zu sein – dies ist jedem klar: Wenn Jeremias auf dieses Angebot eingeht, dann ist er dabei, das schlechteste Geschäft seines Lebens zu machen: Er kauft ein Stück Land, das schon in der Hand des Feindes ist. Das wäre ungefähr so, als wollte heute einer Ölfelder im Iran kaufen, während irakische Raketen auf die Pipelines losfliegen – und würde diesen Kauf auch noch laut in die Presse hinausposaunen. Und genau dies geschieht: Denn Jeremia wickelt den Handel nicht in einem Winkel des Wachhofes ab. Nein, er holt Zeugen dazu;

zahlt ordentlich und wiegt das Silber genau ab; die Verkaufsurkunde läßt er ungewohnterweise doppelt ausfertigen und in einen Tonkrug legen, „damit sie lange Zeit erhalten bleiben“ (Jer 32,14); und er versammelt zu dem ganzen seltsamen Handel alle Judäer, die im Wachhof sind, als Augenzeugen; schließlich verkündet der Prophet des Untergangs vor den Zuhörern: „So spricht der Herr der Scharen, der Gott Israels: Nochmals wird man Häuser erwerben und Felder und Weinberge in diesem Land!“ (Jer 32,15)

„Ist mir denn irgend etwas unmöglich?“ (Jer 32,27)

Der Handel mit dem Vetter ist abgeschlossen, und sein Sinn ist erfüllt: Jeremias hat im Auftrag Jahwes eine prophetische Zeichenhandlung vollzogen. Er hat „aufs Wort gehorcht“. Aber ein anderer Handel ist noch nicht abgeschlossen, der mit Gott. Und darum geht Jeremias, gleich nachdem die Kaufurkunde ausgehändigt ist, zum Beten. Jeremias will sich frei-beten von dem, was ihn innerlich gefangen hält. Er befindet sich in einem Zwiespalt zwischen seiner Glaubensüberzeugung und seinem menschlichen Denken. Sein glaubendes Herz läßt ihn beten zum Herrn des Himmels und der Erde, der alles geschaffen hat, in dessen Hand die Geschichte Israels und der Welt liegt. Er betet zu dem Gott, von und zu dem er sagt: „Nichts ist dir unmöglich!“ (Jer 32,17) Er betet zu dem Gott, der sein Wort hält. Und dann fragt er am Schluß: „Was du angedroht hast, ist eingetroffen: du siehst es ja selbst. Dennoch, mein Herr und Gott, sagst du zu mir: Kauf dir den Acker für Geld und nimm Zeugen hinzu! Aber die Stadt ist doch den Chaldäern preisgegeben.“ (Jer 3,24f)

Ist dieser „Spruch des Herrn“ also nicht ein Widerspruch? Wird dieser Widerspruch gelöst? Und wie? Dies wird doch der fragen dürfen, welcher „Mund Gottes“ ist. – Die Antwort auf die Frage? Auf den Widerspruch folgt ein Zuspruch: „Siehe ich bin der Herr, der Gott aller Sterblichen. Ist mir denn irgend etwas unmöglich?“ (Jer 32,27) Und dann wird nochmals ein doppelter Advent zugesprochen: Der Advent der Feinde wird sich erfüllen durch „Schwert, Hunger und Pest“. Und dann der Advent Gottes für Israel: „Ich bringe sie wieder zurück an diesen Ort und lasse sie in Sicherheit wohnen. Sie werden mein Volk sein, und ich werde ihr Gott sein.“ (Jer 32,37f)
Mit diesem Wort bleibt Jeremias wieder allein im Wachhof, im Gefängnis. Der Same der Hoffnung ist in sein Herz gesät. Er wird überwintern müssen, aber er ist da und stirbt und lebt und wächst der Erfüllung entgegen.

Ebenso anschaulich wie beispielhaft spiegelt dieser Text jene unlösbare Verknüpfung zwischen Anthropologie und Theologie, zwischen menschlichen Erfahrungen und Gottesrede wider, die für die Bibel kennzeichnend ist.

Anthropologisch gesehen erschließt uns die *Erzählung vom Ackerkauf* prototypisch, wie ein Mensch „gegen alle Hoffnung"[45] hoffen kann. Für einen utopischen Kaufpreis erwirbt *Jeremia* ein Grundstück mitten im Kriegsgebiet. Wider alle offensichtliche Vernunft vertraut er darauf, dass nicht Zerstörung und Untergang obsiegen werden, sondern sich letztendlich eine heilvolle Zukunft – biblisch gesprochen ‚Schalom' – durchsetzen wird. Vordergründig handelt *Jeremia* wirklichkeitsfremd, er lässt sich ‚übers Ohr hauen'. Untergründig jedoch weiß er sich von einer tiefen Hoffnung getragen. Diese Hoffnung bewegt ihn dazu, alles auf eine Karte zu setzen und der Logik seiner Umwelt zu trotzen.

Vor einigen Jahren habe ich die *Erzählung vom Ackerkauf* im Religionsunterricht einer 10. Klasse ins Gespräch gebracht.[46] Nachdem sich die Klasse mit der Zeitsituation und dem Lebenslauf des *Jeremia* beschäftigt hatte, nahmen wir uns Zeit, die Geschichte in der zitierten Aktualisierung zu lesen. Schließlich bat ich die Schülerinnen zu zwei Fragen Stellung zu nehmen: „Was drückt der Ackerkauf Jeremias aus? – Was haltet Ihr von diesem Ackerkauf?"

Der Grundtenor der Schülerantworten lautete: Ja, wir können sehr gut nachvollziehen, dass ein Mensch in einer ausweglos erscheinenden Lage und gegen die Reaktionen seiner Mitmenschen hoffen kann. Uns selbst geht es manchmal so ähnlich. Aber: Uns ist schleierhaft, uns ist unverständlich, warum dieser *Jeremia* für solches „Hoffen wider alle Hoffnung"[47] einen Gott braucht. Warum befiehlt ihm *Gott*, den Acker in Anatot zu kaufen? Warum wendet sich *Jeremia* zweifelnd an *Gott*, als er den Kauf vollzogen hat? Wir selbst – die Schülerinnen – ahnen, was es heißt, ‚wider alle Hoffnung zu hoffen'. Aber wir verstehen nicht, warum dabei Gott im Spiel sein soll. Um in ausweglosen Situationen auf Zukunft zu setzen, dazu braucht es doch keinen Gott!

Mit dieser Reaktion, die ich in eigenen Worten umschrieben habe, öffneten mir die Schülerinnen die Augen dafür, dass sich die menschlichen Erfahrungen, die in der Bibel zur Sprache kommen, weit unmittelbarer und einfacher erschließen als jener Gotteshorizont, in den die Bibel die menschlichen Erfahrungen hineinstellt. Dass dies so ist, dass die Anthropologie der Bibel zu eigener Identifikation einlädt, während die biblische Gottesrede heutigen Schüler/innen Rätsel aufgibt, scheint mir einleuchtend. Und doch stellt sich die Frage, ob wir es mit der anthropologischen Erschließung der Bibel bewenden lassen dürfen, wenn wir dem bildenden ‚Gegenstand' der Bibel gerecht werden wollen. Ist es legitim, die Bibel mit der Gottesrede ihrer eigenen Mitte zu berauben, weil ebendiese Mitte für Schüler/innen kaum mehr nachvollziehbar ist? Wenn man die Nöte des schulischen Alltags wirklich ernstnimmt, dann ist diese Frage durchaus nicht einfach zu beantworten. Sie will

45 *Röm 4,18.*

46 Als Vorlage diente eine nur mikroskopisch veränderte Version aus *Katholische Studierende Jugend* (1985) 152-154.

47 *Camara* (1982).

von mehreren Seiten beleuchtet werden. *Ingo Baldermann*, der eine breit rezipierte Bibeldidaktik vorgelegt hatte, die aus meiner Sicht keineswegs unkritisch zu sehen ist, gibt für das Problem, vor dem wir stehen, folgende prägnante Antwort:

> „Wir können die Gottesfrage aus dem Umgang mit biblischen Texten nicht aussparen; wir nähmen damit der Bibel ihre Identität. Doch wir können auch nicht übersehen, daß für immer mehr Kinder wie überhaupt für viele Menschen unserer Gesellschaft die christliche Art, von Gott zu reden, unverständlich ist."[48]

Zum ‚täglich Brot' des schulischen Religionsunterrichts gehört die Herausforderung, wie die für die Bibel konstitutive Zentrierung auf Gott angesichts ihrer Verständnisbarrieren im realen Alltag des schulischen Religionsunterrichts angemessen thematisiert werden kann. Gerade weil es hierzu keine einfachen Lösungen gibt, gilt es folgende fünf Gesichtspunkte zu bedenken und mit Blick auf die konkrete Unterrichtspraxis je neu abzuwägen und auszubalancieren.

1. Offensichtlich würde die Bibel ihrer inneren Mitte und ihres Eigensinnes beraubt, wenn wir die Gottesrede, die für sie kennzeichnend ist, unter den Tisch fallen lassen. Wer beispielsweise die *Erzählung vom Ackerkauf* dergestalt umformt, dass der Befehl Gottes an *Jeremia* und *Jeremias* Ringen mit Gott getilgt würden, der zieht dieser Erzählung den Zahn ihrer Fremdheit und ihrer Eigenart. Mit dem bildungstheoretischen Dreieck (Abb. 1) gesprochen: Das ‚Nicht-Ich' der Bibel kann gar nicht mehr zu Identifikation und Abgrenzung einladen, weil es von vornherein angepasst wird an das vermeintliche ‚Ich' der Schüler/innen.
2. Kommunikabel vermögen biblische Texte allerdings nur zu werden, insofern die anthropologischen Erfahrungen, die in ihnen Ausdruck gewinnen, den Schlüssel der Interpretation und der didaktischen Inszenierung darstellen. Anthropologie und Theologie der Bibel sind unlösbar miteinander verzahnt und gleichermaßen unverzichtbar. Wenn die Bibel vom Menschen spricht, dann spricht sie von Gott. Wenn sie von Gott spricht, dann spricht sie vom Menschen. Nur wenn es gelingt, die menschlichen Erlebnisse und Erfahrungen, die in der Bibel aufscheinen, erkennbar und nachvollziehbar werden zu lassen, kann die Bibel zum ernsthaften Gesprächspartner der Schüler/innen werden. Auf die *Erzählung vom Ackerkauf* gewendet: Wer nicht kapiert und realisiert hat, dass hier eine grundmenschliche Erfahrung zum Ausdruck kommt, nämlich die Erfahrung des ‚Hoffens wider alle Hoffnung', dem bleibt ein gewinnbringender Dialog mit diesem Text von vornherein verwehrt. Ein Gespräch, das die eigene Handlungsfähigkeit, den eigenen Horizont und die eigene Autonomie erweitern kann, ist unerreichbar, wenn das Erfahrungsfundament biblischer Texte ungehoben bleibt!

48 *Baldermann* (1996) 39.

3. Religionsunterricht hat sicherlich schon viel und wesentliches erreicht, wenn Schüler/innen die anthropologischen Erfahrungen der Bibel ausbuchstabieren, wertschätzen und zu eigenen Erfahrungen in Beziehung setzen.
4. Religionsunterricht muss darüber hinaus auch Möglichkeiten eröffnen, die Gottesrede der Bibel wahrzunehmen, um sich entweder von dieser Gottesrede zu distanzieren oder sich – zumindest probeweise – mit ihr zu identifizieren.
5. Schließlich und endlich: Es gibt für all das Gesagte keine vordergründigen Patentrezepte. Im Unterrichtsalltag bleibt uns nichts anderes übrig, als immer wieder neu erfahrbar werden zu lassen, dass und in welcher Weise die Bibel von konkreten Menschen und deren Erfahrungen spricht. Zugleich gilt es, immer wieder neu ‚Fenster' für die befremdliche Tatsache zu öffnen, dass die Menschen der Bibel ihre Erfahrungen unlösbar mit Gott verknüpft sehen.

Viel also ist erreicht, wenn die Bibel für die Schüler/innen anthropologisch zu sprechen beginnt. Dass außerdem die fremde Gottesrede zum Zuge kommen muss, auch wenn wir uns über deren Nachvollziehbarkeit keine Illusionen machen dürfen, ist für einen Religionsunterricht unverzichtbar, der die religiöse Tradition als authentisches Gegenüber zum ‚Ich' der Schüler zur Geltung bringen will. In diesem Sinne umschreibt das zentrale Dokument der *Evangelischen Kirche in Deutschland* (*EKD*) zum Religionsunterricht, nämlich die *Denkschrift „Identität und Verständigung"* von 1994, das Profil des Unterrichtsfaches ‚Religionslehre' wie folgt:

> „Religion bewahrt und beantwortet die *Frage nach Gott*. Wie in keinem Fach sonst erhalten die Schüler und Schülerinnen im Religionsunterricht die Gelegenheit, über Gott nachzudenken und zu reden. Die angemessene Behandlung dieses einzigartigen ‚Unterrichtsgegenstandes' ist für die Lernenden wie für die Lehrenden die verantwortungsvolle Mitte des Faches."[49]

2.5 Die Bibel – ein wirkungsreiches und strittiges Buch

Um die spannungsreiche Wirksamkeit der Bibel in den Blick zu rücken, lohnt die Lektüre des nachfolgend dokumentierten Leitartikels aus der Hamburger Wochenzeitung DIE ZEIT. Sicherlich ist DIE ZEIT keine Publikation, die Glaube und Kirche unkritisch gegenübersteht, auch wenn sie sich in den letzten Jahren mehr und mehr für religiös relevante Themen geöffnet hat – bis hin zur Einrichtung der wöchentlichen Rubrik „Glauben und Zweifeln" im März 2010. Besagter Beitrag, der auf der Titelseite der Osterausgabe 2002 erschien, sorgte in den kirchen- und religionskritischen Kreisen der Leserschaft für einigen Aufruhr.[50]

49 *EKD* (1995) 30.
50 Vgl. www.zeit.de/2002/16/Welch_eine_Ehre [09.03.11].

Hilfreich zur individuellen oder gemeinsamen Nachbereitung der Lektüre könnten folgende Impulse sein:

Arbeitsimpulse

1. Was ‚lehrt' mich/uns der Artikel über die Wirkungen der Bibel?
2. Welche Fragen und Anregungen birgt er für bibeldidaktische Theorie und Praxis?

Jan Ross

Faust, Freud, Bach und Bibel[51]

Bachs Johannespassion, hundertfach aufgeführt in diesen Tagen vor Ostern, hat einen dramatischen Höhepunkt, den Prozess Jesu vor Pilatus. Das ist ein metaphysischer Krimi über die Frage „Gottessohn oder Staatsverbrecher?", ein quälend spannendes Hin und Her zwischen der blutdurstigen Volksmenge, dem zweifelnden Richter und einem rätselhaft schweigsamen Angeklagten. Der römische Statthalter sträubt sich gegen ein Todesurteil, ihm ist die Sache unheimlich. Er möchte die Verantwortung den Juden zuschieben, dann will er sich etwas Luft verschaffen und lässt Jesus geißeln; vielleicht kühlt das die Leidenschaften ab? Aber am Ende wird Pilatus mit seinen Bedenken vom Aufruhr hinweggefegt und schickt Jesus ans Kreuz. Man kann die Passage noch so oft gehört haben, sie wirkt immer offen wie beim ersten Mal – als könnte die Geschichte auch vollkommen anders ausgehen.
Natürlich ist es Bachs Musik, die das Ganze so eindringlich macht. Aber wenn man das Neue Testament aufschlägt und den Bericht im Johannesevangelium nachliest, dann ist alles schon da und wartet nur darauf, in Töne gesetzt zu werden: die Charaktere, die Dramatik, die Konfrontation von Religion und Politik, von Himmel und Erde. Frommes Glaubenszeugnis und effektvolles Drehbuch in einem, und Drehbuch nicht bloß zuhanden der Kunst, sondern als Geschichtslibretto, das historischen Epochen ihren Lauf oder zumindest ihre Sprache vorgab. Denn der Text steckt voller Schlüsselwörter des Abendlands. „Was ist Wahrheit?", fragt Pilatus und liefert damit aufgeklärten Skeptikern ihr Motto bis auf den heutigen Tag. „Mein Reich ist nicht von dieser Welt", sagt Jesus und legt so den Grundstein zur Unterscheidung von Glaube und Macht, von Kirche und Staat. Und zahllosen Malern hat der Gegeißelte mit der Dornenkrone Modell gestanden: „Ecce homo!"
Die Bibel ist das Buch, ohne das man nichts versteht. Nicht, warum wir Ostern feiern oder an Ostern wenigstens freihaben und warum diese Ausgabe der *ZEIT* deshalb schon am Mittwoch erscheint, einen Tag früher als sonst. Nicht Bach, nicht Michelangelos *Pietà* und nicht den Prolog zum *Faust*, der mit Motiven des

51 *Ross* (2002).

Buches Hiob spielt. Das, mag man einwenden, gehe nur die Kulturleute und Bildungsbürger an. Aber ohne die Bibel ist auch ein Naher Osten nicht zu begreifen, wo Archäologen mit der Heiligen Schrift in der Hand nach Überbleibseln aus der Erzväterzeit graben und israelische Siedler darauf ihre Ansprüche gründen. Oder George W. Bush, vom Trunkenbold zum frommen Christen geläutert, der Jesus seinen Lieblingsphilosophen nennt. Und wenn evangelische Politiker beim Thema Bioethik doch ein wenig laxer gesonnen sind als Katholiken, dann hängt das kaum allein mit der unterschiedlichen Strenge und Bindungskraft der beiden Konfessionen zusammen. Sondern auch mit der von Luther stammenden Ausrichtung des Protestantismus auf die Bibel, in der sich zu Stammzellexperimenten oder künstlicher Befruchtung noch keine Vorschriften finden.

Es wäre sinnlos zu verheimlichen, dass die Bibel ein Buch des Glaubens ist. Doch ist sie deswegen kein Buch nur für Gläubige. Gerade der Zweifel hat sich immer wieder an ihr entzündet. Die Widersprüche zwischen den Auferstehungsberichten im Neuen Testament sind zum Ausgangspunkt der historisch-kritischen Forschung geworden. Der Christentumshasser Nietzsche hat seinen *Zarathustra* als Gegen-Evangelium stilisiert, voller Gleichnisreden nach Bibelart. Das letzte Wort des „gottlosen Juden" Freud war ein Buch über Moses. Es ist das Spannungsverhältnis zum heiligen Text, das Skepsis und Ketzerei ihren intellektuellen Reiz verleiht und ihr polemisches Feuer.

Ein Unglaube, der die Glaubenszeugnisse einfach ignoriert oder vergisst, wird langweilig und schal, wie der achselzuckende Allerweltsatheismus unserer Gegenwart. Er steht dann auch ratlos vor überraschenden neuen Fanatismen in fernen Ländern und bei fremden Leuten und kann in seiner Not nur ein paar Floskeln über die Wiederkehr des finsteren Mittelalters stammeln. Auch Religionskritik ist keine Sache für Banausen, sondern will gelernt sein, und der Kurs beginnt mit einem Blick in die Bibel.

Was findet man da? Der amerikanische Theologe und Exjesuit Jack Miles hat vor ein paar Jahren ein Buch geschrieben unter dem Titel *Gott. Eine Biographie*. Es ist, einfach gesagt, eine Nacherzählung des Alten Testaments – aber so, dass das ganze abenteuerliche Auf und Ab der Geschichte zwischen dem Volk Israel und seinem Herrn nicht als Abfolge und Konkurrenz menschlicher Gottesbilder erscheint, nicht als fortschreitende Gotteserkenntnis, sondern als Entwicklung Gottes selbst. Er ist es, der sich wandelt, der seinen Zorn, seine Liebe, seine Eifersucht, auch seine Gleichgültigkeit und Resignation nach und nach als Möglichkeiten entdeckt und im Handeln ausprobiert. Natürlich ist das zunächst ein literarisches Spiel. Es schärft die Aufmerksamkeit für die Brüche und Untiefen im ehrwürdig-leiernd gewordenen Offenbarungsdokument, für Spannungen und Spannung. Auch das ist legitime Bibellektüre. Von Oscar Wilde gibt es die Anekdote, wie er in einer Griechischprüfung aus dem Neuen Testament vorzulesen hatte. Nach einer Weile unterbrach ihn der Dozent und bat, mit dem Übersetzen anzufangen. Wilde las aber weiter,

wurde wieder unterbrochen, las immer noch und erklärte schließlich auf die Frage, warum er nicht endlich aufhöre: „Ich will wissen, wie es ausgeht."
Die gute Story ist aber nicht das Einzige, was Jack Miles freilegt in seiner Lebensbeschreibung des Allerhöchsten. Das Ahaerlebnis gilt dem Vorbild- und Modellcharakter, den der Gott der Bibel für unseren Begriff vom Menschen und vom Menschlichen hat. Unsere gesamte Vorstellung von der Person, von ihrer seelischen Abgründigkeit und Spannweite, von innerem Kampf, Selbstwiderspruch und biografischen Metamorphosen – das alles ist angelegt und vorgeformt im Protagonisten der Heiligen Schrift.
Die Bibel ist die Mutter aller Entwicklungsromane, der literarischen wie der existenziellen, von *Wilhelm Meisters Lehrjahren* bis zu Joschka Fischers Kehrtwendungen. Und weil der Held und Regisseur der Bibel selbst eine Geschichte hat, sind auch die Juden, die Christen und die von ihnen geprägte Welt zu historischem Bewusstsein gekommen. Es ist biblisches Erbe, dass Menschen, Völker, ganze Kulturen vom Alten Abschied nehmen müssen und doch hoffen dürfen, dass das Wesentliche im Neuen nicht verloren geht. Wie eben auch Gott in seinen Wandlungen zugleich der Ewige bleibt. Zumindest in diesem Sinne kann man tatsächlich sagen, dass Gott den Menschen nach seinem Bilde geschaffen hat.
Es ist nicht selbstverständlich, dieses Bild. Der Begriff, der am 11. September 2001 erneut die Gemüter aufwühlte, lautet *clash of civilizations*. Der europäisch-amerikanische Westen, das Abendland, wie man es früher genannt hätte, macht die Erfahrung, dass andere anders sind, manchmal gefährlich anders. Die Konfrontation mit dem Fremden ruft die Gegenfrage nach dem Eigenen hervor: Wer sind wir? Schon die unglückliche Rede von der „Leitkultur" hatte mit dieser Selbstvergewisserung zu tun, mit der Bestimmung einer Minimalidentität, die den Anpassungsmaßstab für Dauergäste und Neubürger abgeben sollte. Aber auch im Untergrund der Bildungsdiskussion, räumt man die Trivialitäten à la „Schulen ans Netz" einmal beiseite, geht es neben Wissen und Können zugleich um ein kulturelles Selbstverständnis, um die eiserne Ration Europa, mit der jeder ausgestattet werden soll. Kanondebatten sind wieder en vogue: Welche Bücher muss man kennen?
Die Bibel dürfte das einzige Werk sein, dem sein Platz auf allen Listen sicher ist. Fromme Zumutungen sind damit nicht verbunden. Das ist das Schöne an Buchreligionen wie Judentum, Christentum oder auch Islam: Man kann sich mit ihnen vertraut machen, ohne sich ihren Riten und Lebensformen zu unterwerfen, ohne koscher zu essen, nach Mekka zu wallfahren oder in die Messe zu gehen, sogar ohne das Kreuz im Klassenzimmer. Glauben – das ist eine andere Sache. Aber Lesen sollte schon sein.

Die Bibel, das alte, vielstimmige, nahe wie fremde Buch theologischer Daseinsdeutung, ist kein Werk, das seit seiner Entstehung unter Verschluss gehalten wurde. Sie begegnet uns nicht unvermittelt. Von ungezählten Menschen ist sie seit ihrer Buchwerdung zur Hand genommen worden. Diese Menschen haben die Bibel im Horizont ihres je besonderen persönlichen, gesellschaftlichen, politischen und kulturellen Kontextes immer wieder neu und immer wieder anders gedeutet und verstanden.

Zumindest für die westlichen Kulturen war kein Buch derart einflussreich wie die eine Heilige Schrift mit ihren zwei Testamenten. Im Laufe der Jahrhunderte hat sich Generation für Generation einen eigenen Reim auf dieses Buch gemacht, hat Neues und Anderes in diesem Buch entdeckt und aus ihm herausgelesen.

Einerseits wurde die Bibel dabei häufig verbogen, vereinnahmt und verzweckt. Oft diente sie als Steinbruch zur Absicherung zeitbedingter Interessen und Vorurteile – bis hin zur Legitimation von repressiver Erziehung, Unterdrückung, Inquisition, Intoleranz und Krieg.

Parallel dazu gibt es aber auch – und dies darf keinesfalls unterschlagen werden! – eine mindestens ebenso dichte und beständige Linie der authentischen und fruchtbaren Bibelrezeptionen. Immer wieder neu gelang es einfachen Leuten oder Mächtigen, Künstlern oder Gelehrten, die Bibel in ihrer Zeit glaubwürdig zur Sprache zu bringen. Nur dadurch, dass die Bibel durch pausenlose Aktualisierungen und Interpretationen lebendig gehalten wurde, vermochte sie zu einer prägenden Urkunde unserer Kultur zu werden. Nur dadurch, dass diesem Buch im Kontext je neuer Situationen je neue Bedeutungsfacetten abgerungen wurden, vermochte die Heilige Schrift, in unterschiedlichste Epochen und Konstellationen hinein zu sprechen und zu wirken.

Nicht vergessen werden darf, dass der gut zweitausendjährige Prozess der beständigen Neuinterpretation voller Konflikte ist. Die Bibel lässt sich unterschiedlich auslegen. Wie sie angemessen auszulegen ist, war und ist bis heute höchst strittig. Widersprüchliche Interpretationen der einen Bibel standen zu allen Zeiten in spannungsvoller Auseinandersetzung. Der Streit um die Bibel gehört konstitutiv zu ihrer Wirkungsgeschichte. Unterschiedliche Personen, Gruppen, Schichten und Schulen sehen die eine Bibel in unterschiedlichem Licht. Sie lesen die Bibel je anders. Ein Beispiel für solchen Streit ist das Auseinanderdriften der christlichen Konfessionen. *Hubertus Halbfas*, einer der profiliertesten Religionspädagogen der Gegenwart, erläutert diesen Zusammenhang zwischen Bibelverständnis einerseits und konfessionellen Zwistigkeiten andererseits mit folgenden Worten:

> „Der christliche Glaube, wie er sich im Gang der Zeiten entfaltete, sieht seine Legitimation in der Bibel. Die reformatorischen Kirchen betonen sogar das *sola scriptura* [lat. = ‚allein durch die Schrift'‘]. Aber wenn die Schrift tragende Quelle des Glaubensinhalts sein soll, sind Kirche und Theologie notwendig auf die Auslegung eben dieser Schrift angewiesen. Da aber ‚die Schrift‘ als eine widerspruchslose theologische Einheit gar nicht existiert, musste die ‚Interpretation der Schrift‘ zur Grundlage des Glaubensinhalts werden, was bei der Offenheit und Unabschließbarkeit des Vorgangs zum konfessionellen Wirrwarr des Christentums führte.“[52]

52 *Halbfas* (2004) 540.

Die Bibel ist ein Buch mit reicher Wirkung, das im Laufe der Jahrhunderte auf unterschiedlichste Weise gelesen wurde. Sie ist ein Buch, das sich widerspiegelt in einem schier unendlichen Strom von Gemälden, Skulpturen und Bauten, von Gedichten, Dramen und Erzählungen, von Liedern, Chorwerken und Filmen, von Sprichwörtern, Alltagsweisheiten und Redewendungen, von theologischen oder politischen Reflexionen.[53]

Nun ließe sich sicherlich fragen, ob uns dieser breite und vielfältige Strom biblischer Rezeptionen, der sich durch die Jahrhunderte zieht, nicht eigentlich gleichgültig, ob er uns nicht schlichtweg egal sein kann. Genügt es nicht, sich unmittelbar in die Entstehungszeit der Bibel ‚zurückzubeamen' – als würde zwischen uns und den biblischen Autoren ein Vakuum bestehen, eine Zwischenzeit, die wir vollkommen außer Acht lassen können? Dass ein solcher Zugang zur Bibel, welcher deren geschichtliche Wirkungen ausblendet, durchaus denkbar ist, zeigt uns ein Blick auf den *nordrhein-westfälischen Lehrplan für den Religionsunterricht in der Grundschule.* Dieser Lehrplan, der nach vorheriger Erprobung 2008 in Kraft trat, birgt folgendes Überblicksschema:

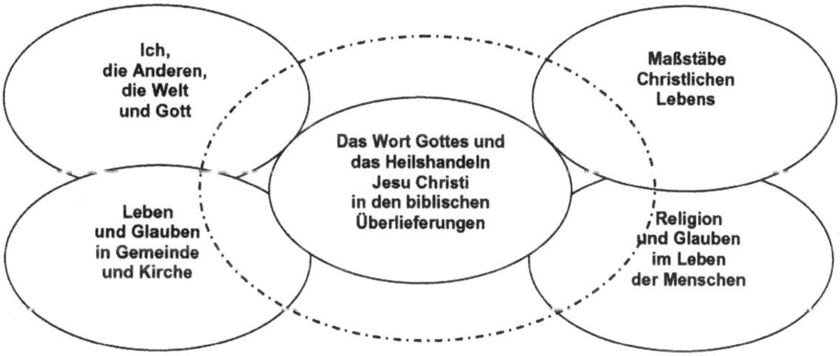

Abb. 2: „Vernetzung der Bereiche" im *NRW-Grundschullehrplan*[54]

Obwohl der Lehrplan jüngsten Datums ist, begegnet uns hier eine Art und Weise des Verstehens – eine Hermeneutik –, welche die gut zweitausendjährige Wirkungsgeschichte der Bibel unter den Tisch fallen lässt. Die heutige Zeit und die alten Bibeltexte prallen direkt aufeinander, als wäre dazwischen ‚nichts gewesen'. In der Mitte des Schaubildes steht die Bibel, darum herum das heutige Leben mit seinen religiösen Bezügen. Eine geschichtliche Vermittlung zwischen diesen beiden Polen bleibt gänzlich aus.

53 Zur ersten Orientierung vgl. *Fuhrmann* (2002) 100-106 sowie *Reventlow* (2009). Aus der unüberschaubaren Menge von Publikationen zur biblischen Wirkungsgeschichte seien besonders empfohlen: *Kircher* (2006); *Schmied* (2006); *ders.* (2007); *Roncace/Gray* (2007).

54 *Ministerium für Schule und Weiterbildung des Landes NRW* (2008) 171.

Drei Argumente sprechen gegen solch eine Zuordnung und für eine Berücksichtigung der biblischen Wirkungsgeschichte im Religionsunterricht:

1. Ein Religionsunterricht, der geschichtliche Lesarten und Widerspiegelungen der Bibel ausspart, verfehlt die Chance, den Schüler/innen zugänglich zu machen und verstehbar werden zu lassen, dass jene Welt und Kultur, in der sie hier und heute zuhause sind, nachhaltig durch biblische Einflüsse geprägt ist. Jeder Schüler, egal ob er sich selbst als christlich versteht oder nicht, kann davon profitieren, dass er über jene vielfältigen Wirkungen informiert wird, die sich bis heute niederschlagen in unserem Sprechen und Denken, in unseren Bauten, Bräuchen und Bildern, in Politik, Werbung oder Film. Zu Recht betont deshalb *Gerd Theißen*:

> „Menschenbild, Ethik, Geschichtsverständnis und Gottesbild der Bibel sind aus unserer Geschichte nicht wegzudenken. Jeder gebildete Mensch muss damit vertraut sein.“[55]

In gleichem Sinne äußert sich *Jan Ross* im zuvor dokumentierten Leitartikel. Kategorisch stellt er fest:

> „Die Bibel ist das Buch, ohne das man nichts versteht.“[56]

2. Wenn wir so tun, als gäbe es jenseits unseres eigenen beschränkten Gegenwartshorizontes keinen Strom geschichtlicher Bibelrezeptionen – etwa Bilder, Lieder oder Lebenszeugnisse –, dann berauben wir uns einer wichtigen Möglichkeit eigenen Bibelverstehens. Nämlich der Chance, über die Eigenperspektivik wirkungsgeschichtlicher Dokumente in die Vielstimmigkeit und Tiefgründigkeit biblischer Texte selbst vorzudringen. Wie andere Menschen in Geschichte und Gegenwart biblische Zeugnisse in Wort und Musik, in Bild und Gestalt, in Text und Tat übersetzen, kann heute helfen, den inneren Reichtum biblischer Texte auszuleuchten und eigene Zugänge zur Bibel zu bahnen. Wirkungsgeschichtliche Medien sind für den biblischen Unterricht keinesfalls bloß eine lernpsychologische Zutat. Sie sind nicht bloß eine verzichtbare Zugabe, um den Unterricht abwechslungsreicher zu gestalten und die Schüler ‚bei der Stange zu halten‘. Wirkungsgeschichtliche Medien haben vielmehr ihren eigenen und unersetzlichen Erkenntniswert. Biblisch inspirierte Bilder und Gedichte, Filme und Zeitungsartikel können und sollen uns helfen, das Buch der Bücher besser kennen- und tiefer verstehen zu lernen.
3. Schließlich und endlich: Würden wir den geschichtlichen Wirkungsreichtum der Bibel und ihre historische Strittigkeit ausblenden, so würden wir uns ‚in die Tasche lügen‘, was die Voraussetzungen unseres eigenen Bibelverständnisses

---

55 *Theißen* (2003) 48; vgl. a. *Brenner* (2007) 444.
56 *Ross* (2002) 1.

angeht. Wir selbst sind ein gutes Stück weit Produkt der biblischen Wirkungsgeschichte. Imprägniert durch vielfache Einflüsse, in denen wir der Bibel direkt oder – häufiger noch! – verdeckt begegnet sind, begegnen wir dem Buch der Bücher nicht unbedarft. Wer von der *Geburt Jesu* oder von seiner *Kreuzigung* liest, wer den Erzählungen von *Adam und Eva, Kain und Abel*, von der *Sintflut* oder dem *Turmbau in Babel* lauscht, stets hat er (oder sie) bereits kulturell geprägte Eindrücke und Vorstellungen parat und gespeichert. Und seien solche Einflüsse durch Werbung oder Videoclips vermittelt.

2.6 Die Bibel – ein Buch religiöser Praxis

Eine ganz wesentliche Besonderheit der Bibel besteht darin, dass sie für jene Menschen, die sich als Juden oder Christen bekennen, weit mehr ist als bloß ein Buch. *Karl Rahner* (1904-1984), einer der überragenden Theologen des 20. Jahrhunderts, hat jenen ‚Mehrwert' gegenüber anderen Büchern, den Juden wie Christen der Bibel zumessen, in folgender Weise zu umschreiben versucht:

> „Es ist bei der Heiligen Schrift nicht so wie bei einem beliebigen Buch sonst. Meist kann man ein solches Buch einmal lesen und man hat es dann ausgelesen und legt es beiseite. Weil die Heilige Schrift nicht nur Zeugnis einer religiösen Menschheitserfahrung ist, die die eines einzelnen Menschen immer übersteigt, sondern durch das Wort Gottes selber ist, der sich herabließ, in seiner eigenen Unendlichkeit und Unbegreiflichkeit sich in diesen Menschenworten mitzuteilen, darum kann man die Heilige Schrift nie auslesen und beiseite legen. Wäre sie nur menschliches Wort von endlicher Begrifflichkeit und geschichtlicher Bedingtheit (was sie gewiß auch ist), wäre in ihr nicht das Wunder der Herablassung Gottes selbst in unsere Enge geschehen und bei der Lesung immer wieder neu Ereignis werdend, dann könnte man gewiß die Schrift auslesen. Sie ist aber die unerschöpfliche Quelle unseres geistlichen Lebens."[57]

Rahner schreibt erkennbar aus der Perspektive eines Glaubenden. Er bekennt sich zum ‚religiösen Mehrwert' der Bibel. Seinen Ausführungen kann man sicherlich mit Recht entgegenhalten, dass keines der Bücher, die literarischen Ansprüchen genügen oder gar zur großen Literatur der Menschheit zählen, sich mit einem einzigen Male „auslesen" lassen. Ein gutes Buch bleibt unerschöpflich und lohnt die neuerliche Lektüre, auch wenn es nicht als Heilige Schrift angesehen wird.
Dass die Bibel wie jedes andere Buch „menschliches Wort von endlicher Begrifflichkeit und geschichtlicher Bedingtheit" ist, räumt *Rahner* unzweideutig ein. Dies verbindet die Bibel mit jeder anderen Literatur! Zugleich aber schreibt er der Bibel als christlich Glaubender eine Bedeutung zu, welche über ihren literarischen Status weit hinausgeht. Bei all ihrer menschlichen Bedingtheit betrachten Juden wie Christen die Bibel als Selbstmitteilung Gottes. In *Rahners* Worten: Die Bibel ist

57 *Rahner* (1985) 160f.

„durch das Wort Gottes selber [...], der sich herabließ, in seiner eigenen Unendlichkeit und Unbegreiflichkeit sich in diesen Menschenworten mitzuteilen." Diese Prämisse, dass die Bibel gegenüber jeglichem anderen Buch einen ‚religiösen Mehrwert' hat, lässt sich natürlich nur aus der Innenperspektive des Glaubens vertreten. Für Menschen, die den jüdischen oder christlichen Glauben nicht teilen und ihn von außen betrachten, ist der ‚religiöse Mehrwert' der Bibel existenziell nicht einholbar.

Juden wie Christen gilt die Bibel – singularisch! – als die Heilige Schrift. Zwar wird die Bibel wie andere Bücher auch gelesen und studiert, gedeutet und kommentiert. Als Heilige Schrift jedoch wird sie darüber hinaus in Gebet und Meditation, in Bekenntnis und Feier hineingenommen. Die Bibel verlebendigt sich in religiöser Praxis. Sie durchwirkt die persönliche Frömmigkeit vieler gläubiger Menschen – man denke etwa an die Bedeutung biblischer Losungen bei den reformierten Christ/innen. Wie ein roter Faden durchweben biblische Verse und Texte zudem die gemeinschaftlichen Gottesdienste christlicher Gruppen und Gemeinden. Eines von unendlich vielen Beispielen will ich kurz anführen, nämlich das *Sanctus*. Es lautet:

> „Heilig, heilig, heilig
> Gott, Herr aller Mächte und Gewalten.
> Erfüllt sind Himmel und Erde
> von deiner Herrlichkeit.
> Hosanna in der Höhe.
> Hochgelobt sei,
> der da kommt im Namen des Herrn.
> Hosanna in der Höhe."[58]

Dieses *Sanctus*, das nicht nur zum Hochgebet der katholischen Eucharistiefeier[59] gehört, sondern „in fast alle[n] christlichen Abendmahlsliturgien"[60] vorkommt, ist ein typisches Beispiel dafür, wie biblische Texte ein liturgisches Eigenleben entwickeln. Sie finden liturgische Verwendung, ohne dass ihre Herkunft der gottesdienstlichen Gemeinde präsent und bewusst sein müsste. Das *Sanctus* selbst kombiniert zwei Bibelstellen, die in der Heiligen Schrift selbst weit auseinanderliegen und keinerlei inneren Bezug aufweisen. Nämlich einerseits ein Zitat aus der Berufung des alttestamentlichen Propheten *Jesaja*, in welcher himmlische Wesen die welterfüllende Herrlichkeit JHWHs proklamieren (*Jes 6,3*)[61], und andererseits ein Zitat aus der *matthäischen* Perikope vom Einzug *Jesu* in Jerusalem (*Mt 21,9*), welche wiederum einen alttestamentlichen Psalm aufnimmt, nämlich *Ps 118,25f.* Dort heißt es: „Ach, Herr, bring doch Hilfe! Ach, Herr, gib doch Gelingen! Gesegnet sei er, der kommt im Namen des Herrn."

58 *Gotteslob* (1975) 383.
59 Vgl. *Adam* (1988) 149.
60 *Louth* (1999) 26. So z.B. *Evangelisches Gesangbuch* (1994) 1154f.
61 Vgl. *Berges* (2004) 1402.

Das *Sanctus* mag beispielhaft verdeutlichen, dass die Bibel ein Buch ist, das bis heute Verwendung im religiösen Leben gottesgläubiger Menschen findet. Juden wie Christen gilt die Bibel als Leitschnur und als Fundament ihrer religiösen Letztverankerung im unbedingten Gott. Aus Sicht dieser Glaubenden offenbart die Bibel in einmaliger und unübertreffbarer Weise, worauf die eigene Existenz gründet und wohin sie letztlich zielt. Und insofern die Bibel als dichtester und tiefster Ausdruck dafür gilt, dass das eigene Leben in Gott ‚aufgehoben' ist, wird sie im Judentum und im Christentum zum Dreh- und Angelpunkt religiösen Lebens und religiöser Überlieferung. Indem biblische Texte gebetet und gesungen, indem sie meditiert und gefeiert werden, werden sie von je neuen Generationen handelnd angeeignet.
Dass die Bibel für gläubige Juden und Christen kein Buch wie jedes andere ist, sondern ein Buch mit ‚religiösem Mehrwert', steht außer Zweifel. Für Menschen, die dem christlichen Glauben gegenüber aufgeschlossen sind und in christlichem Sinne ‚glauben lernen' wollen, ergibt sich daraus die zwingende Konsequenz, dass sie mit der Bibel vertraut werden müssen, um einen tragfähigen Zugang zu Gott zu gewinnen.
Wie aber steht es um jene Menschen, die dem Christentum indifferent, skeptisch oder ablehnend gegenüberstehen? Also auch der Mehrzahl der heutigen Schüler/innen! Ist es für sie nicht vollkommen gleichgültig, dass die Bibel für Juden und Christen keineswegs nur ein literarisches Werk ist, sondern die entscheidende Urkunde religiöser Identifikation und Praxis?
Es ist zu fragen, ob die Eigenart der Bibel als Urkunde lebendiger Religion auch für Nichtgläubige von Bedeutung ist. Die Antwort auf diese Frage hängt davon ab, inwieweit sich die Bibel verstehen lässt, ohne zu berücksichtigen, dass sie als Buch aktiver Gottesbejahung entstanden ist, überliefert wurde und bis heute ‚Verwendung'[62] findet. *Christoph Dohmen* beispielsweise gibt zu bedenken:

> „Der bekannte Ehrentitel ‚Buch der Bücher', den Menschen der Bibel verliehen haben, die doch eigentlich ein Buch aus vielen Büchern ist, bringt die Besonderheit der Bibel zum Ausdruck, weil sich hierin letztlich eine Glaubenserfahrung zu Wort meldet, die einen unüberbietbaren Unterschied [...] zu allen anderen Büchern markiert. Das Buch der Bücher ist die Bibel, insofern Menschen sie als *Heilige Schrift* lesen und so an dieses *Wort Gottes* glauben, d.h. in diesem Buch eine Begegnung mit Gott vermittelt sehen, die sie in die Aussage fassen, daß die Bibel Gottes Wort in Menschenwörtern sei."[63]

Dohmens Aussage legt nahe, dass die verwickelte Entstehung der biblischen Bücher, deren Kanonisierung zur einen Bibel, die jahrhundertelange Bibelrezeption und schließlich auch der heutige ‚Gebrauch' der Heiligen Schrift nicht alleine literarisch einholbar sind. Inhalt und Form, Rezeption und Gebrauch der Bibel waren und sind maßgeblich dadurch beeinflusst, dass konkrete Menschen sie dezidiert als reli-

62 Vgl. insb. *Päpstliche Bibelkommission* (1996) 100.
63 *Dohmen* (2003) 29f.

giöses Zeugnis sahen und sehen. Als Zeugnis also, das (in *Dohmens* Worten) „eine Begegnung mit Gott vermittelt".
Wenn dies so ist, wenn die Bibel ihrer inhärenten Logik nach nur verständlich wird als Buch gläubiger Praxis und Identifikation, dann bedeutet dies keinesfalls, dass nur derjenige etwas mit der Bibel anfangen kann, der selbst an den biblisch geoffenbarten Gott glaubt. Einen solchen Glauben dürfte man überdies von den Schüler/innen, die am schulischen Religionsunterricht teilnehmen, weder erwarten noch einfordern. Was den *eigenen* Glauben der Schüler anbetrifft, ist dem Religionsunterricht am Ort der öffentlichen Schule strengste Zurückhaltung aufgegeben. Sehr wohl aber ist es realisierbar und für eine gewinnbringende Auseinandersetzung mit der Bibel hilfreich, den Schüler/innen ein kundiges Gespür dafür zu vermitteln, dass *andere* Menschen ihr Leben mit Hilfe der Heiligen Schrift religiös verankern und gestalten.
Die Bibel ist ein Buch religiöser Praxis. Nur als Buch religiöser Praxis lässt sich die Bibel angemessen verstehen. Auch wenn die Mehrzahl der Schülerschaft für sich selbst solch religiöser Praxis distanziert gegenübersteht, kann sie doch erkennen und begreifen, dass die Bibel in einem „Überlieferungs- und Lebensraum"[64], in einer Kommunikations-[65], Lese-[66] und „Auslegungsgemeinschaft"[67] zuhause ist, wo sie nicht nur wie andere Bücher gelesen, sondern betend und bekennend angeeignet wird. In diesem Sinne stellt *Gerd Theißen* folgende Forderung an den schulischen Bibelunterricht:

> „Jede Bibeldidaktik, gleichgültig ob sie sich an Glaubende oder Ungläubige wendet, muss dem Rechnung tragen, dass die Bibel Grundlagenbuch einer lebendigen Religion ist. Mit ihren Texten wird ein Dialog mit einer transzendenten Realität aufgenommen. Das kann man verstehen, ohne dass es in kerygmatischer [= verkündigender] Weise geschehen muss, d.h. in Form eines predigthaften Appells. [...] Die transzendente Dimension des Bibeltextes kann approximativ [= annäherungsweise] verstanden werden, ohne dass sich ein Mensch existenziell in sie hineinbegibt. Das Ziel wäre nicht Einverständnis in Form eines Bekenntnisses, sondern Verständnis für das Bekenntnis – auch bei denen, die es nicht nachsprechen. Ziel wäre Achtung vor dem Glauben des anderen und ein besseres Verständnis der eigenen Haltung. Nicht Glaube ist das Ziel des Bibelunterrichts, sondern Verstehen und Achtung. Wie aber kann man die eigentliche religiöse Dimension verstehen, ohne in sie einzutreten?"[68]

Die Zielrichtung, die *Theißen* hier markiert, scheint klar: „Nicht Glaube ist das Ziel des Bibelunterrichts, sondern Verstehen und Achtung." Es gilt, den Schüler/innen die Bibel nicht nur als literarisches Werk, sondern auch als Urkunde lebendiger

64 *Karl Ernst Nipkow* nach Ritter (1989) 243.
65 *Hans Zirker* nach ebd., 146.
66 *Zirker* (1998) 18.
67 *Niehl* (1994) 29.
68 *Theißen* (2003) 109f.; vgl. a. ebd., 112.

Religion vertraut zu machen, allerdings ohne die Schüler/innen selbst zu Gläubigen machen zu wollen. Dass dieses Ziel von der Eigenart der Bibel her stringent ist, weil sie sich nur vom religiösen Gebrauch her angemessen verstehen lässt, liegt auf der Hand. Schüler/innen sollten mitbekommen, was die Bibel Juden und Christen bedeutet und wie Juden und Christen mit der Bibel umgehen.
Dieser Anspruch ist allerdings nicht einfach einzulösen. Wir stehen vor der Herausforderung, die ‚innere Logik' religiösen Handelns und Bekennens für Menschen nachvollziehbar werden zu lassen, die Religion nur aus der Außenperspektive wahrnehmen. *Theißen* selbst umschreibt das Problem mit der Formulierung: „Wie aber kann man die eigentliche religiöse Dimension verstehen, ohne in sie einzutreten?" Im gegenwärtigen Diskurs der wissenschaftlichen Religionspädagogik steht diese Frage derzeit weit oben. Kann es gelingen, das Innenleben von Religion und Glauben für Außenstehende begreifbar werden zu lassen?

2.7 Die Bibel – kein Buch für Kinder?![69]

Der siebte Gesichtspunkt, den ich unter der Überschrift „Die Bibel: Was für ein Buch?!" zur Geltung bringen will, erscheint in exegetischer Hinsicht glasklar und selbstverständlich. Die Bibel, ihre Bücher und Texte sind ausnahmslos für erwachsene Leser geschrieben und konzipiert worden. Der britische Psychologe *Ronald Goldman* bringt diese Gegebenheit unmissverständlich auf den Punkt, indem er feststellt:

> „Die Bibel [...] ist von Erwachsenen für Erwachsene geschrieben und ist in keiner Weise ein Kinderbuch."[70]

Der Religionspädagoge *Wolfgang Langer*, der sich zeit seines akademischen Wirkens intensiv um die Bibelarbeit bemühte, stellt in gleichem Sinne kurz und bündig fest:

> „Die Bibel ist kein Buch für Kinder."[71]

Und auch die Religionspädagogin *Regine Schindler*, die als sprachsensible Autorin von Kinderbüchern wie Kinderbibeln hervorgetreten ist, resümiert:

> „Die Bibel wurde nicht für Kinder geschrieben"[72].

---

69 Vgl. zum Folgenden a. *Steinwede* (1975) 46.
70 *Goldman* (1972) 75.
71 *Langer* (1986) 282.
72 *Schindler* (2000) 275; Die Fortführung des Zitates lautet: „Sehr große Teile [der Bibel] können auch nicht für Kinder umgesetzt werden, ja bleiben für die erzählenden Erwachsenen selbst teilweise rätselhaft."

Bevor Sie weiterlesen, können Sie die folgenden beiden Impulsen bedenken, um jeweils selbst knapp Stellung zu beziehen:

Arbeitsimpulse

1. Wie stehe ich zu den Aussagen von *Goldman*, *Langer* und *Schindler*?
2. Welche Konsequenzen ergeben sich aus deren Thesen für den Bibelunterricht?

Die exegetische Selbstverständlichkeit, dass sich die Bibel ursprünglich an Erwachsene wendet, bereitet jeglicher Bibeldidaktik, welche Kinder und Jugendliche im Blick hat, gehöriges Kopfzerbrechen. Wenn wir Heranwachsende in bildender Absicht mit der Bibel in Berührung bringen wollen, dann offerieren wir diesen ein Buch, das ursprünglich gar nicht auf ihr Alter und ihren Entwicklungsstand gemünzt war. Neben dem historischen und kulturellen Graben, der uns als Menschen des 21. Jahrhunderts vom Buch der Bücher trennt, tut sich eine weitere, nämlich altersspezifische Kluft auf, die den didaktischen Umgang mit der Bibel erschwert. Wir stehen vor der Schwierigkeit, schlüssige Argumente zu finden, warum es sinnvoll und gewinnbringend sein soll, Kinder und Jugendliche mit diesem Erwachsenenbuch zu konfrontieren.

Sollten sich für eine solche Verschiebung des Lesealters gute Gründe finden – und davon bin ich überzeugt[73] –, so stehen wir vor der Frage, an welchen Maßstäben sich die didaktische Auswahl und Aufbereitung biblischer Texte orientieren soll, um der Altersdifferenz zwischen den ursprünglichen Adressaten und den heutigen Schüler/innen gerecht zu werden. Um solche Maßstäbe einer schülergerechten Auswahl und Aufbereitung von Bibeltexten formulieren zu können, sind gleichermaßen die Erfahrungswelt wie der Entwicklungsstand der Schüler/innen in den Blick zu nehmen. Ziel einer altersgemäßen Auswahl und Aufbereitung biblischer Texte ist es nicht, die fremde Eigenart der Bibel zum Verstummen zu bringen, indem wir sie sprachlich und inhaltlich ‚zurechttrimmen' auf den Horizont der Kinder und Jugendlichen. Ziel ist es vielmehr, die Bibel den Schüler/innen gegenüber als einen Gesprächspartner hervortreten zu lassen, der – obgleich er anders denkt und spricht als die Schüler/innen selbst –, doch für diese verstehbar und verständlich wird.

Als Erwachsenenbuch einer fremden Zeit und Kultur ist die Bibel Kindern und Jugendlichen nur sehr eingeschränkt zugänglich. Deshalb sind didaktischer Sachverstand und didaktische Phantasie vonnöten, damit die Bibel zu einem Buch werden kann, das sich Schüler/innen ihrem Alter und ihrem Erfahrungshorizont gemäß selbstständig anzueignen vermögen. Nicht jeder biblische Text ist dieser Zielset-

73 Vgl. die vier in *Kap. 3.2.* entfalteten Legitimationsfiguren.

zung zufolge für jedes Alter geeignet! Auch müssen biblische Texte – gerade für die Grundschule – sorgsam umformuliert werden. Schließlich ist bei der Interpretation biblischer Texte dafür Raum zu lassen, dass Schüler/innen ihrem Alter gemäß biblische Texte ganz anders verstehen und deuten, als dies aus der Perspektive wissenschaftlich geschulter Erwachsener zu erwarten ist. Schüler/innen haben sogar ein Recht darauf, die Bibel ihrem Entwicklungsstand entsprechend anders zu verstehen als Erwachsene. Und Religionslehrer/innen ist es aufgetragen, das Bibelverständnis der Schüler/innen einerseits akzeptierend ernstzunehmen, andererseits aber Impulse zu setzen, die eine Fort- und Weiterentwicklung hin zu reiferen Bibeldeutungen anregen. Beide Aspekte, das Ernstnehmen wie das Vorantreiben der Bibeldeutungen, können dafür sorgen, dass die Bibel für die Schüler/innen mit ihrem Erwachsenerwerden schrittweise auch zu einem Erwachsenenbuch werden kann. *Klaus* und *Philipp Wegenast* umschreiben diese Dynamik einer entwicklungsorientierten Bibeldidaktik, die ein altersgemäßes Verstehen biblischer Texte zulässt, auch wenn es unseren Maßstäben der Richtigkeit widerspricht, mit folgenden Worten:

> „Texte werden von einem Rezipienten auf verschiedenen Stufen seiner Entwicklung je anders verstanden. Vorgaben bestimmter Interpretationen eines Textes z.B. durch einen Religionslehrer überfordern deshalb Schüler, stören oder zerstören seine ihm angemessene Rezeption, entmündigen ihn und motivieren ihn dazu, sich überhaupt von Bibeltexten zu distanzieren. […] Wir sollen dessen eingedenk werden, daß die Auslegung des Bibeltextes zuerst durch den Schüler zu leisten ist. ‚Niemals darf ein Lehrbuch seine Antwort dem Schüler schenken. Er muß dazu gezwungen werden, sie in schrittweiser Auseinandersetzung [...] selber zu erarbeiten.‘ Dabei wird das Ergebnis nicht so etwas wie eine wissenschaftlich verantwortete Exegese sein, sondern eine auf einer bestimmten Stufe optimal *mögliche* Deutung, die eine jetzt ‚angemessene‘, dem Schüler mögliche Interpretation repräsentiert. Dann erst können Versuche unternommen werden, neue Anstöße und Rückfragen ins Gespräch zu bringen.“[74]

74 *Wegenast/Wegenast* (1999) 252 mit Bezug auf *Hubertus Halbfas*.

3 Warum ausgerechnet die Bibel als Bildungsbuch?

Nachdem wir nun intensiv betrachtet haben, was die Bibel zu einem eigenartigen und sonderbaren Buch macht, wird sie nun dezidiert als „Bildungsbuch"[75] in den Blick genommen. Im bibeldidaktischen Dreieck (*Kap. 1.1*) wurde der Optimismus deutlich, dass das Buch der Bücher auch heute Menschen im Allgemeinen und Schüler/innen im Besonderen in bildender Hinsicht ‚weiterbringen' kann. Diesem Optimismus in die bildende Kraft der Bibel gilt es nun genauer nachzugehen.
Zu fragen steht dabei, welche Argumente überhaupt denkbar und vielleicht sogar überzeugend sind, um der Bibel ein besonderes Bildungspotenzial zuzuschreiben. Anders gesagt: Aus welchen Gründen soll unter unendlich vielen möglichen Inhaltsquellen, die ‚von Madonna bis Maradonna' bzw. ‚von Sartre bis (zur Sängerin) Sade' reichen, ausgerechnet die Bibel heutigen Schüler/innen zugemutet und angetragen werden?

3.1 Das dualistische Begründungsmuster

Wer nach Büchern fahndet, welche einen Gesamtentwurf der biblischen Didaktik zu geben suchen, der stößt auf wenig Auswahl. Zwei evangelische Religionspädagogen haben den Markt bibeldidaktischer Übersichtsliteratur in den letzten Jahren dominiert, nämlich zum einen *Horst Klaus Berg* mit seinem „Grundriß der Bibeldidaktik" von 1993[76] und zum anderen *Ingo Baldermann* mit seiner „Einführung in die Biblische Didaktik" von 1996.[77] Nicht nur mit diesen beiden Überblickswerken, sondern auch mit zahlreichen weiteren Publikationen haben *Berg* und *Baldermann* die Bibeldidaktik unserer Tage maßgeblich geprägt. Zwar unterscheidet sich die Art und Weise, wie beide Autoren die Bibel für Schüler/innen zu erschließen suchen, fundamental. Doch argumentieren *Berg* und *Baldermann* ganz ähnlich, um den bildenden Wert der Bibel zu begründen. Kurz gefasst kann man sagen: *Berg* und *Baldermann* als die immer noch populärsten bibeldidaktischen Autoren begründen den Bildungswert der Bibel in dualistischer Weise. Was bedeutet dies?

75 *Theißen* (2003) 15 sowie *Adam* (2003) 165.
76 *Berg* (1993).
77 *Baldermann* (1996).

Das Wort ‚Dualismus' gründet auf das lateinische Adjektiv *dualis* = *„zwei enthaltend"*[78], *„auf 2 [gegensätzliche Dinge] zielend"*[79]. Wer dualistisch argumentiert, der stellt also zwei Gegenstände einander gegenüber, die als gegensätzlich charakterisiert werden. Der eine Part wird als gut dargestellt, sein Gegenüber als böse. Der eine Gegenstand gilt als schwarz, der andere als weiß. Kurz gesagt teilt der Dualist die Welt in positiv und negativ. Und indem er dies tut, erscheint das Positive in umso hellerem Lichte, während das Negative in tiefes Dunkel eingetaucht wird.

In solch dualistischer Weise sind jene Begründungen konstruiert, die *Berg* und *Baldermann* für den Bildungswert der Bibel entfalten. Beide Autoren tendieren dazu, die Welt der heutigen Schüler/innen schwarzzumalen, um die Bibel in umso hellerem Lichte erscheinen zu lassen. Die Gegenwart wird diskriminiert, um die biblische Tradition zu glorifizieren. Ein knapper Blick auf beide Autoren soll diesen dualistischen Grundzug verdeutlichen. Vorausgeschickt sei, dass die bibeldidaktischen Konzepte von *Berg* und *Baldermann* keineswegs pauschal kritisiert werden sollen. Wir können von beiden Autoren sicherlich manch Wertvolles für einen didaktisch angemessenen und produktiven Umgang mit der Bibel lernen.

Zunächst zu *Horst Klaus Berg*.[80] Er entwirft im ersten Teil seines bibeldidaktischen ‚Grundrisses' ein wahres Horrorszenario heutiger Kindheit und Jugend. Folgende Stichworte, die er zur Beschreibung der Schülersituation anführt, sind bezeichnend: „Kompliziertheit des Lebens" (21), „‚Rädchenexistenz'" (21), „Anonymität" (22), „Bedrohungsgesellschaft" (22), „Hoffnungslosigkeit" (22), „Zwang zur Perfektion" (23) und schließlich „Leben in einer hektischen, lauten, künstlichen Welt" (23). Alles in allem sind heutige Kindheit und Jugend aus Sicht von *Berg* ein Jammertal. Die Situation der Schüler/innen ist geprägt durch „Erfahrungsdefizite" (57). Nachdem *Berg* die Lage der Heranwachsenden in solcher Weise schwarzgezeichnet hat, fällt es ihm leicht, die Bibel als strahlenden Ausweg zu präsentieren. Sie bildet das positive Gegengewicht zur negativen Welt der Heranwachsenden. Die Bibel ist aus seiner Sicht ein Inbund „an heilsamer Erfahrung, kritischer Kraft und verändernder Dynamik" (37). Und als solches positives Gegengewicht zur problematischen Welt der Schüler/innen vermag sie diesen „Hilfe und Orientierung" (37[81]) zu geben.

Berg begründet den Bildungswert der Bibel, indem er den Schüler/innen einseitig Schwächen zuschreibt, denen die vermeintlichen Stärken der Bibel gegenübergestellt werden. An folgendem Zitat wird dieser dualistische Grundzug seiner Argumentation besonders deutlich:

> Es „zeigen sich interessante Verbindungen und Konvergenzen zwischen den Erfahrungs- und Lernchancen, die die Bibel bereithält, und den [...] Erfahrungen und Bedürfnissen der Heranwachsenden.

---

78 *Wikipedia*-Artikel „Dualität" (http://de.wikipedia.org/wiki/dualität [22.03.11]).
79 *Müller/Halder* (1985) 67 [Kursivsetzung ergänzt].
80 Die nachfolgend im Haupttext angeführten Seitenzahlen verweisen auf *Berg* (1993).
81 Vgl. a. ebd., 9, 32 und 99.

> Die erste Lernchance (‚Hoffnung') betrifft die Erfahrungen der Bedrohung und das Gefühl der Hoffnungslosigkeit.
> Die zweite Lernchance (‚Lebensmodelle') könnte den bedrückenden und lähmenden Erscheinungen der Bedrohung in der ‚Dschungelwelt' die Gegenwelten des Schalom für alle befreiend entgegenhalten.
> Die dritte Lernchance (‚Heilvolle und heilende Erinnerungen an ein integriertes Leben') kann die Sehnsucht nach Einfachheit, Ganzheit ansprechen und Wege zur Selbstfindung zeigen.
> Die vierte Lernchance (‚Erkenntnis der Geschöpflichkeit und Sündhaftigkeit') könnte helfen, sich – gegen alle Perfektionszwänge – auch als begrenzten, fehlerhaften Menschen zu bejahen und kleine Wachstumsschritte zu wagen.
> Die fünfte Lernchance (‚Kommunikation') kann von denen aufgegriffen werden, die unter Anonymität und Beziehungsarmut leiden.
> Die sechste Lernchance (‚Ganzheitlichkeit') wendet sich an diejenigen, die von der Hektik und Künstlichkeit der Lebenswelt entnervt sind." (50f.)

Die Gegenwart der Schüler/innen wird hier pauschal als problematisch bestimmt. Im Gegenzug werden der Bibel ausschließlich positive Züge abgewonnen. Den vermeintlichen Defiziten der Schüler/innen werden die „Lernchancen" der Bibel als Ausweg entgegengestellt.
Nun zu *Ingo Baldermann*.[82] Seine Begründung, warum die Bibel in Bildung und Unterricht zur Sprache kommen soll, ist ähnlich ‚gestrickt'. Den deskriptiven, also beobachtbare Entwicklungen nüchtern nachvollziehenden Begriff der ‚veränderten Kindheit'[83] wendet *Baldermann* normativ, bewertend um zu einem rein negativen Szenario. Er schreibt:

> „Die Einsicht, daß wir es heute mit einer völlig ‚veränderten Kindheit' zu tun haben, hat die pädagogische Diskussion neu auf die Grundfragen zurückgeführt, doch der Begriff ist noch ein Understatement angesichts all der Zerstörungen, mit denen heutige Kinder groß werden. Wir bekommen die Auswirkungen von Jahr zu Jahr deutlicher zu spüren, schon im Primarbereich. Das Haus der Geborgenheit, das nach unserer Vorstellung Kinder brauchten, um sich entfalten zu können, ist zum Abbruch freigegeben." (10)

Sprachmächtig wie er ist, kennzeichnet auch *Baldermann* die heutige Kindheit und Jugend in düsteren Farben. „Angst" (35[84]), „Einsamkeit" (35), Schwermut (54), „Verzweiflung" (124), Bedrohung (20), „Aggressionen" (34[85]) und Verdrängung (20 und 35) sind aus seiner Sicht die beständigen Gefährten heutiger Kindheit und Jugend. Und zwar nicht etwa, weil Heranwachsende von Natur aus negativ gestimmt oder destruktiv veranlagt wären, sondern weil sie aus der Sicht *Baldermanns*

---

82 Die nachfolgend im Haupttext angeführten Seitenzahlen verweisen auf *Baldermann* (1996).
83 Vgl. *Fölling-Albers* (2001).
84 Vgl. a. *Baldermann* (1996) 20.
85 Vgl. a. ebd., 59 („Gewaltbereitschaft") und 142 („Rücksichtslosigkeit").

in einer äußeren Welt leben, die kaum Raum lässt für Hoffnung und Frieden. *Baldermann* zeichnet ein überaus pessimistisches Bild unserer Gegenwart. „Das Chaos greift um sich, nicht nur außen, auch innen" (68[86]), schreibt er. Und in dieses dunkle Bild der Gegenwart zeichnet er ebenso düstere Konturen heutiger Kindheit und Jugend ein.

Wie schon bei *Berg* ist auch für *Baldermann* die Bibel der ‚Deus ex machina', das heilsame Gegengewicht, welches die Defizite der Schüler/innen zu beseitigen hilft. Im Mittelpunkt seiner Argumentation steht die These, dass heutige Kinder und Jugendliche angesichts der bedrohlichen Welt, in der sie aufwachsen, sprachlos sind für ihre elementaren Gefühle. Ihnen fehle es an Sprache, ihre ureigenen Emotionen zu artikulieren und sich dadurch dieser Gefühle bewusst zu werden und konstruktiv mit ihnen umzugehen. Dies ist fraglos eine gewagte Behauptung! In der Bibel wiederum sieht *Baldermann* das alles entscheidende und einmalige Potenzial, Sprache für die verschütteten Emotionen zu finden. Kurz gesagt: Die Bibel hat eine Sprache parat, welche sich die emotional sprachlosen Schüler/innen zu eigen machen sollten, um lebensfähig zu werden und Hoffnung zu schöpfen. Dies ist die Grundüberzeugung *Baldermanns*. Drei exemplarische Zitate mögen diesen Gedankengang illustrieren. Dass sich diese Zitate allesamt auf die *Psalmen* beziehen, ist nicht zufällig. Schließlich bildet die Sprache der *Psalmen* die innerste Mitte von *Baldermanns* Bibeldidaktik. Er schreibt:

> „Die Kinder finden sich tatsächlich selbst in den Worten der Psalmen wieder. Sie nehmen sie als Worte, die von ihren eigenen Erfahrungen sprechen, von ihren Ängsten und Träumen. In den Gesprächen füllen sich die Worte so mit ihren Assoziationen, daß sie zu ihren eigenen Worten werden." (31) Die Worte der Psalmen „sprechen [...] von ganz eigenen Erfahrungen der Kinder, daß sich die Kinder selbst darin finden [...]. Und gerade das erfahren die Kinder [...] als die eigentlich ihnen gemäße Sprache." (40) „Die Worte der Psalmen geben mir eine Sprache für Erfahrungen, die mir sonst den Mund verschließen, und sie öffnen sie für eine Hoffnung, für die ich aus mir selbst keine Worte finde." (44)

Abermals haben wir ein dualistisches Argumentationsmuster vor uns, um die bildende Kraft der Bibel zu untermauern. Die Gewichte sind klar verteilt: hier die bedrohliche Innen- und Außenwelt der heutigen Kinder und dort die hoffnungsfrohe, authentische Welt der biblischen Texte; hier die emotionale Sprachlosigkeit der Schüler/innen und dort die emotionale Sprachmacht der Bibel; hier Hoffnungslosigkeit und dort Hoffnung.

Was ist von diesem dualistischen Argumentationsmuster zu halten, dessen sich *Baldermann* und *Berg* bedienen? Wie meine Referierung bereits erkennen ließ, sehe ich selbst solchen Dualismus außerordentlich kritisch. Meines Erachtens ist es ein pädagogischer und religionspädagogischer Taschenspielertrick, die Gegenwart schwarzzumalen, um die Inhalte von Erziehung im Allgemeinen und religiöser Bildung im Besonderen zu idealisieren.

86 Vgl. a. ebd., 58.

Dass sich ausgerechnet *Berg* und *Baldermann* einer solchen Strategie bedienen, lässt sich historisch durchaus nachvollziehen. Beide stehen im Sog einer reformatorischen Theologie, welche der Schöpfung gegenüber eher skeptisch eingestellt ist, während die katholische Theologie Welt und Natur traditionell weit optimistischer begegnet.[87] Zudem entwickelten beide Autoren ihre bibeldidaktischen Entwürfe maßgeblich in den 1980er Jahren – in einer Zeit also, in der die Bedrohung unseres Planeten durch Umweltzerstörung und Atomkrieg vehement ins kollektive Bewusstsein drang. Mag es somit begreifbar sein, warum *Berg* und *Baldermann* den bildenden Stellenwert der Bibel dualistisch grundieren, so ist ihr Begründungsmuster doch in der Sache weder redlich noch tragfähig – und zwar, weil es weder der Bibel gerecht wird noch der Gegenwart.

Einerseits liegt der dualistischen Argumentation eine verkürzte und verzerrte Wahrnehmung der Gegenwart zugrunde. Jenseits unserer eigenen, persönlichen Erfahrungen mit Kindern und Jugendlichen belehren uns vielfache Befunde aus der Kinder- und Jugendforschung darüber, dass heutige Kindheit und Jugend gleichermaßen Licht- wie Schattenseiten in sich bergen. Beispielhaft soll dies ein Zitat aus einer umfangreichen Befragung von Kindern und ihren Eltern belegen, die 2002 vom *Deutschen Jugendinstitut* durchgeführt wurde. Dort heißt es:

> „Wie leben Kinder in Deutschland? Die meisten Kinder fühlen sich in Familie und Freundeskreis wohl, aber das Wohnumfeld ist für ein Drittel der Kinder nicht kindgerecht. Die Schule wird von den Kindern ambivalent beurteilt, obgleich für die meisten Kinder die positiven Erfahrungen mit Schule überwiegen. Kinder aus einkommensschwachen Familien sind häufig benachteiligt.
>
> Wie fühlen und erleben sich die Kinder selbst? Die Kinder haben ein ausgesprochen positives Bild von sich: Fast alle 8-bis 9-Jährigen finden sich selbst ‚okay' und sind meist gut gelaunt. Sie erleben sich als sozial und kognitiv sehr aufgeschlossen. So probieren sie gerne etwas Neues aus, lernen gerne neue Kinder kennen, haben viele Ideen und glauben, dass sie sich gut in andere hineinversetzen können. Die Eltern beschreiben ihre Kinder in diesen Dimensionen ähnlich positiv, auch die jüngeren Kinder im Alter von 5 bis 6 Jahren.
>
> Für viele Kinder gehören Kummer und Enttäuschung ganz normal zum Leben dazu: Drei Viertel der 8- bis 9-Jährigen sind manchmal traurig oder ängstlich. Die Hälfte der Kinder fühlt sich manchmal alleine. Die Eltern nehmen jedoch diese Gefühlslagen nicht so häufig wahr – im Gegensatz zu Ausdrucksformen wie Wut auf andere, die ein Viertel der Kinder äußert, oder die Lust am Raufen, die ein Drittel der Jungen benennt, die aber nur von jedem sechsten Mädchen geäußert wird; diese Gefühle nehmen Eltern erwartungsgemäß stärker wahr."[88]

87 Einen bemerkenswerten Akzent setzt hier *Wolfgang Huber* (2007), der sich auf Basis der Überzeugung, dass die evangelische Kirche „Anteil an der gesamten Geschichte der Christenheit" hat, „nicht nur an den letzten fünfhundert Jahren" (ebd., 153), das schöpfungsfreundliche Axiom der mittelalterlichen Theologie zu eigen macht, dass „die Gnade die Natur nicht zerstört oder aufhebt, sondern ergänzt und vollendet" (ebd., 104). Zur religionspädagogischen Relevanz dieses Axioms vgl. *Porzelt* (2009) 123f.

88 *Projektgruppe Kinderpanel* (2004) 7.

Wie aus diesem Zitat deutlich wird – und ähnliche Befunde gibt es zuhauf – ist die Lebenswirklichkeit der Kinder und Jugendlichen keineswegs nur defizitär. Freude und Trauer, Stärken und Schwächen, Chancen und Risiken sind bei ihnen bunt gemischt.

Prototypisch bestätigt die 2007 von *Anton Bucher* koordinierte *ZDF Tabaluga tivi-Glücksstudie*, dass positive Aspekte in der Selbstwahrnehmung letztendlich klar überwiegen. Von 1.239 befragten Kindern zwischen sechs und 13 Jahren[89] bezeichnete sich dabei die überwiegende Mehrheit als „total glücklich" (40%) oder „glücklich" (44%), eine respektable Minderheit von 14% antwortete indifferent, nur ein verschwindender Rest schließlich taxierte sich selbst als „unglücklich" (1%) oder gar „sehr unglücklich" (0%).[90] Da diese positive Tendenz durch weitere empirische Studien untermauert wird, resümiert der Sozialforscher *Christian Alt* knapp und treffend:

> „Kinder [...] sind bei Weitem glücklicher als es uns die Aussagen der pessimistischen Katastrophenpropheten zur Kindheit weismachen wollen."[91]

Wer tragfähig zu begründen versucht, warum die Bibel für heutige Schüler/innen als Bildungsbuch hilfreich sein kann, der muss die Lebens- und Erfahrungswelt ebendieser Schüler/innen in ihren positiven wie kritischen Aspekten fair zur Kenntnis nehmen. Bibeldidaktische Legitimationen, welche das Leben und Erleben heutiger Heranwachsender zu einer negativen Karikatur verzeichnen, disqualifizieren sich selbst.

Selbiges gilt für *Baldermanns* Unterstellung, heutige Schüler/innen seien in grundlegenden Aspekten der eigenen Existenz sprachlos.[92] Diese Behauptung ist an den Haaren herbeigezogen. Widerlegt wurde sie in den letzten Jahren durch etliche qualitativ-empirische Studien, die eindrucksvoll vor Augen stellen, dass Kinder und Jugendliche ihre ureigenen Selbst- und Weltwahrnehmungen sehr wohl in schlüssigen Sprachformen auszudrücken wissen, welche aber achtsam vernommen und erschlossen werden wollen, um verstanden werden zu können.[93] Heranwachsende sind keinesfalls rundum sprachlos, oftmals artikulieren sie sich jedoch in anderer Weise als Erwachsene, denen wiederum die Sprache von Kindern und Jugendlichen vielfach fremd bleibt.

---

89 *Bucher* (2007) 6.

90 Ebd., 10.

91 *Alt* (2009) 32.

92 Im Rekurs auf *Baldermann* bestimmt auch *Schambeck* (2009) 76 als ein Ziel biblischen Lernens, „durch die Sprache", welche die Bibel „bestimmten Erfahrungen und Ereignissen verleiht, eine Sprache für eigene Widerfahrnisse, Ängste und Hoffnungen zu finden." Wer eine Sprache erst „finden" muss, dem wird eigene Artikulationsfähigkeit kaum zugetraut.

93 Vgl. bspw. *Bohnsack* (1989), *Schmid* (1989), *Porzelt* (1999) und *Stögbauer* (2011).

Dass es durchaus manche Menschen gibt, die sich schwertun, das eigene Fühlen und Erleben in Worte zu fassen, gilt gleichermaßen für Erwachsene wie für Heranwachsende. Waghalsig erscheint es aber, solchen Menschen die alte, fremde und eigenartige Diktion der Bibel als eigene Sprache überstülpen zu wollen, wie *Baldermann* dies anstrebt.[94] Heutige Menschen müssen in heutiger Zeit zu Sprechweisen finden, die ihrem Leben und ihrer Umwelt angemessen sind. Und diese Sprache kann nicht einfach eine Kopie oder ein Abziehbild jener Sprache sein, welche die Menschen des Alten und Neuen Testamentes für sich als tragend und wertvoll erfahren haben. Alles andere wäre barer Fundamentalismus.

Der dualistische Begründungsweg krankt neben seiner verzerrten Gegenwartswahrnehmung noch an einer zweiten, ebenso entscheidenden Stelle: Indem nämlich die biblische Überlieferung einseitig weichgezeichnet wird, wird der für das Buch der Bücher konstitutive Spannungsreichtum (*Kap. 2.2*) ausgeblendet und eingeebnet. Die Bibel ist keineswegs ausschließlich ein Buch der Hoffnung und der Befreiung, des Friedens und der Versöhnung! Zwar kommen Hoffnung, Befreiung, Friede und Versöhnung in der Bibel ohne Zweifel markant und ausdrucksstark zur Geltung. Doch sind diese positiven Existenzialien im Buch der Bücher stets verstrickt und verwoben mit den dunklen und rätselhaften Seiten der menschlichen Existenz. Die Bibel ist in sich selbst viel zu vielfältig und spannungsreich, als dass wir sie dem heutigen Leben und Erleben unkritisch und naiv als positive Gegenfolie entgegenhalten dürften. Als glanzvoller Gegenentwurf zu unserem vermeintlich trüben Leben (wie bei *Bergs* „Lernchancen") taugt die Bibel nicht. Im Buch der Bücher wird auch geflucht und geklagt, hier wird auch gedroht und gestraft, hier wird auch gelitten und gezweifelt. Bis hin zu jenen letzten Worten *Jesu* am Kreuz, von denen das *Markusevangelium* zu erzählen weiß:

> „Als die sechste Stunde kam, brach über das ganze Land eine Finsternis herein. Sie dauerte bis zur neunten Stunde. Und in der neunten Stunde rief Jesus mit lauter Stimme: Eloï, Eloï, lema sabachtani?, das heißt übersetzt: Mein Gott, mein Gott, warum hast du mich verlassen? Einige von denen, die dabeistanden und es hörten, sagten: Hört, er ruft nach Elija! Einer lief hin, tauchte einen Schwamm in Essig, steckte ihn auf einen Stock und gab Jesus zu trinken. Dabei sagte er: Lasst uns doch sehen, ob Elija kommt und ihn herabnimmt. Jesus aber schrie laut auf. Dann hauchte er den Geist aus."[95]

In der Bibel prallen dunkle und helle Seiten menschlicher Existenz ebenso aufeinander wie im Leben heutiger Schüler/innen und Erwachsener. Ein dualistisches Begründungsmuster, um die Bibel als bildend zu legitimieren, verfehlt somit nicht nur jene Erfahrungen, die wir heute machen, sondern gerade auch jene Gescheh-

---

94 Dagegen lässt *Mirjam Schambecks* Optimismus, dass „die Beschäftigung mit den biblischen Schriften Menschen befähigen" könne, „für ihre eigenen Lebenssituationen einen Ausdruck zu finden" (*dies.* (2009) 76), offen, inwieweit solch ‚gefundene' Sprache mit dem biblischen Original übereinstimmt.

95 *Mk 15,33-37.*

nisse, welche die Menschen der biblischen Zeit erlebten und als Gotteserfahrungen deuteten.
Jener Gott, den die Väter und Mütter des jüdischen wie christlichen Glaubens in biblischer Zeit erfuhren, ist keineswegs ein ausschließlich gütiger und friedlicher Gott. Die biblische Gottesrede ist ebenso plural wie das menschliche Leben damals und heute. Sie lässt sich nicht auf einen eindeutigen Nenner bringen, sondern ist spannungsreich und vielfach rätselhaft. Um dem Gott der Bibel auf die Spur zu kommen, in seinen hellen wie dunklen Seiten, in seiner Selbstmitteilung und Verborgenheit, bleibt kein anderer Weg, als die biblischen Texte mit ihren dunklen wie hellen Seiten, mit ihren Botschaften und Rätseln zu erkunden.
Der Bibel gerecht werden kann nur, wer ihre ureigene Pluralität und uneinholbare Bedeutungsfülle achtet und somit auf theologisierende oder pädagogisierende Vereinnahmungen verzichtet. Als Buch der Überraschungen und Widersprüche, der Brüche und Provokationen verlangt die Bibel nach stets neuen, aufmerksamen Wahrnehmungen und Auseinandersetzungen. Überraschungen und Widersprüche, Brüche und Provokationen werden hierbei nicht als Betriebsunfall angesehen, sondern als Energiezentrum biblischer Didaktik wertgeschätzt.

3.2 Das anthropologisch-korrelative Begründungsmodell

Wie lässt sich nachvollziehbar begründen, dass ‚ausgerechnet die Bibel' heutigen Schüler/innen in dem Sinne bildend zur Seite stehen kann, dass diese mit Hilfe der Bibel für ihr eigenes Leben weiterkommen? Dass ein dualistisches Begründungsmuster hierfür nicht tauglich ist, weil es weder der biblischen Tradition noch den Erfahrungen heutiger Kinder und Jugendlicher gerecht wird, habe ich aufzuzeigen versucht.
Notwendige Grundbedingung einer tragfähigen Legitimation biblischen Unterrichts ist es, die Bibel einerseits und die Schüler/innen andererseits nicht gegeneinander auszuspielen. Sowohl auf Seite der biblischen Erfahrungen als auch auf Seite unserer heutigen Erfahrungen finden wir Licht wie Schatten, Helles wie Dunkles, Stärken wie Schwächen, Hoffnung wie Angst, Leid wie Freude, Grenzen wie Erfüllung.
Dies voraussetzend erscheint mir das korrelative Grundmodell eines wechselseitigen Dialoges zwischen Bibel und Schüler/innen als einzig tragfähige Basis, um die bildende Kraft der Bibel denkerisch zu verantworten.
In diesem korrelativen Modell, wie es die Religionspädagogik der 1970er bis 1980er Jahre entwickelt hat[96], stehen sich biblisch überlieferte und heutige Erfahrungen

96 Vgl. den Überblick in *Porzelt* (1999) 18-38, der vom *Synodenbeschluss zum Religionsunterricht* von 1974 als ‚Eingangstor' zum religionspädagogischen Korrelationskonzept über den *Zielfelderplan für die Grundschule* von 1977 als dessen ‚Geburtsurkunde' und den *Grundlagenplan für die Sekundarstufe I* von 1984 mit dessen ‚klassischer' Ausformulierung bis hin zu den kritischen Rückfragen durch *Rudolf Englert* und *George Reilly* reicht.

grundsätzlich gleichberechtigt gegenüber. Beide sind befugt und berechtigt, den je anderen kritisch zu hinterfragen und von ihm produktiv (dazu) zu lernen. Keiner der Gesprächspartner hat von vornherein die Wahrheit oder Weisheit gepachtet, wie dies bei *Horst Klaus Berg* ebenso wie bei *Ingo Baldermann* der Fall zu sein scheint, wo biblische Erfahrungen den heutigen Erfahrungen gegenüber als prinzipiell überlegen gedacht werden. Korrelatives Denken kennt keine solche vorausgesetzte Überlegenheit. Korrelative Begegnung zwischen Schüler/innen und Bibel bedeutet vielmehr, dass beide – Schüler/innen wie Bibel – potenziell wahrheitsfähig sind, dass sie aber auch potenziell irren und daneben liegen können.

Dieses Modell der Korrelation voraussetzend, das hier nicht vertiefend dargestellt werden kann, gilt es zu fragen: Was kann es heutigen Schüler/innen für den eigenen Horizont, die eigene Handlungsfähigkeit und die eigene Lebensbewältigung ‚bringen', wenn sie sich im wechselseitigen, kritischen, produktiven und symmetrischen Gespräch[97] auf das Buch der Bücher einlassen? Diese Frage erscheint von zentraler Wichtigkeit. Gerade weil in unserer globalisierten Gesellschaft ein schier unerschöpfliches Reservoir an möglichen Gesprächspartnern denkbar ist, ist es unerlässlich, nachvollziehbar Rechenschaft zu geben, warum gerade die Bibel nach wie vor (und vielleicht sogar mehr denn je) als ein wertvolles und wichtiges Gegenüber im Bildungsgeschehen der Schule angesehen werden soll. Nur wenn sie darüber rational Rechenschaft ablegen können, vermögen Religionslehrer/innen reflektiert, gezielt und verantwortet mit der Bibel umzugehen und dieses ihr Umgehen mit der Bibel den Schüler/innen, Kollegen und Eltern gegenüber verständlich zu machen. Überdies ist der Bibelunterricht im Raum der öffentlichen Schule auch politisch von nachvollziehbaren Argumenten abhängig.

Um auf der Basis des korrelativen Modells die Bibel als wertvollen und förderlichen Gesprächspartner für heutige Schüler/innen zu legitimieren, gilt es zu berücksichtigen, dass diese Schüler/innen in der Regel nicht in der christlichen Religion verwurzelt und beheimatet sind. Zwar wird der Religionsunterricht im Westen Deutschlands nach wie vor überwiegend von Schüler/innen besucht, die getauft sind und offiziell einer der großen Kirchen angehören. Solche formelle Mitgliedschaft ist aber keineswegs zu verwechseln mit einer praktischen Vertrautheit oder einer existenziellen Bejahung des christlichen Glaubens. Jene Schüler/innen, die sich einer christlichen Konfession zurechnen, sind in der Regel weit davon entfernt, den christlichen Glauben aus persönlicher Erfahrung gründlich zu kennen und mit diesem Glauben in eigener, regelmäßiger Praxis vertraut zu sein.[98]

---

97 Knapp konturiert werden die auf *Edward Schillebeeckx* (1914-2009) zurückgehenden und in programmatischen Dokumenten zum Religionsunterricht aufgegriffenen Attribute der Wechselseitigkeit, Produktivität und Kritik in *Porzelt* (2009) 96f. Das konstitutive Merkmal der Symmetrie geht ursprünglich zurück auf *Baudler* (1987).

98 Diesen Befund untermauern unterschiedlichste empirische Studien der vergangenen Jahre; vgl. die in *Porzelt* (2009) 100 (Fußn. 147) zusammengestellten Literaturhinweise sowie – neuestens – *MDG* (2010) 40, *Gensicke* (2010) 204-207 und *Ritzer* (2010) 184.

Wer die bildende Kraft der Bibel mit Blick auf den heutigen Religionsunterricht legitimieren will, der kann nicht so tun, als wäre die Mehrheit der Schüler/innen überzeugte Christen. Um zu begründen, warum es sich für heutige Schüler/innen ‚lohnt', ausgerechnet mit der Bibel ins Gespräch zu treten, muss man Argumente liefern, die in Bezug auf jene Mehrheit der Schüler/innen stimmig sind, welche dem christlichen Glauben ahnungslos, distanziert, gleichgültig, skeptisch oder gar ablehnend gegenüberstehen. Biblischer Unterricht hat sich heute gerade mit Blick auf diese Schüler/innen zu begründen, die im Glauben und in der Kirche nicht zuhause sind. In diesem Sinne formuliert *Gerd Theißen*:

> „Warum sollte sie [= die Bibel] jeder gebildete Mensch studieren? Warum auch die, die zum biblischen Glauben kein Verhältnis haben? Warum geht mit ihr etwas Unersetzliches verloren? Antworten auf diese Fragen sind Aufgabe [...] einer offenen Bibeldidaktik, die nicht nur christlich sozialisierte Menschen im Blick hat."[99]

Die anthropologisch-korrelative Begründung biblischen Unterrichts, die ich nun skizzieren will, sucht im Sinne von *Theißen* nach Argumenten für eine offene Bibeldidaktik, welche besonders auf Schüler/innen gemünzt ist, die – mit *Hubertus Halbfas* gesprochen – „weder christlich [...] noch überhaupt an Gott"[100] glauben. Wobei jener kleinere Teil der Schülerschaft, der im Christentum existenziell beheimatet ist, im Religionsunterricht natürlich keinesfalls vergessen werden darf. Es wäre geradezu irrwitzig, wenn ausgerechnet dezidiert christliche Schüler/innen vom Religionsunterricht und seinen biblischen Gesprächsangeboten nichts profitieren könnten.

Die Überschrift ‚anthropologisch-korrelativ' kennzeichnet zwei Prämissen jenes Begründungsmusters, das ich entfalten will.

- Das Attribut ‚*korrelativ*' bringt zur Geltung, dass Bibelunterricht im Modus eines wechselseitigen Gesprächs stattfinden muss, im Gegensatz zu einer dualistischen Entzweiung von Bibel und Gegenwart.
- Das Attribut ‚*anthropologisch*' signalisiert, dass es einer tragfähigen Bibeldidaktik letztlich nicht darauf ankommen darf, die Schüler/innen zu Christen zu machen, sondern ihnen in weit umfassenderem Sinne einen Zuwachs an menschlicher Entfaltung zu ermöglichen.

Genau hier setzen jene vier Einzelargumente an, die aus anthropologisch-korrelativer Sicht für die Bibel im Unterricht sprechen. Allen diesen Argumenten liegt die bildungstheoretische Annahme zugrunde, dass jede und jeder von uns darauf angewiesen ist, sich in Dialogen seiner selbst zu vergewissern. Beständig sind wir verwickelt in Dialoge. Und nur indem wir uns durch diese Dialoge unserer selbst vergewissern, werden und bleiben wir Mensch. Die anthropologisch-korrelative Le-

---

99 *Theißen* (2003) 12.
100 *Halbfas* (1982) 49.

gitimation des Bibelunterrichts ist getragen von der Überzeugung, dass ausgerechnet und gerade die Bibel in jenen Dialogen, die uns zum Menschen machen, eine wertvolle und hilfreiche Rolle spielen kann. Die Bibel wird wertgeschätzt als ein erprobter und ein förderlicher Gesprächspartner in jenen Selbstvergewisserungsdiskursen, die uns in unserer Entwicklung und Entfaltung voran- und weiterbringen.

Die Bibel als korrelativer Gesprächspartner

zur

- **kulturgeschichtlichen**
- **ideologiekritischen**
- **existenziellen**
- **religiösen**

} **anthropologischen (Selbst)Vergewisserung**

Abb. 3: Die Bibel als vierfaches Medium anthropologischer (Selbst)Vergewisserung

Unter dem einen Dach des anthropologisch-korrelativen Begründungsmusters lassen sich zumindest idealtypisch vier Einzeldiskurse benennen, in denen die Bibel eine wichtige und unverwechselbare Rolle zu spielen vermag: der kulturgeschichtliche, der ideologiekritische, der existenzielle sowie der explizit religiöse Selbstvergewisserungsdialog. Was mit diesen vier Einzeldialogen genauer gemeint ist – und inwiefern gerade die Bibel in diesen Dialogen eine besondere Rolle spielen kann, gilt es nun zu klären. In grundlegenden Zügen verdankt sich die folgende Argumentation dem zentralen und entscheidenden Dokument der katholischen Kirche in Deutschland zum Religionsunterricht, nämlich dem *Synodenbeschluss „Der Religionsunterricht in der Schule"* aus dem Jahre 1974.[101] Nach dem Zusammenbruch eines Religionsunterrichtes, der glaubenswillige Kinder voraussetzt, die in den christlichen Glauben hineingeführt werden wollen und sollen, markiert dieser *Synodenbeschluss* eine epochale Wende. Er setzt Maßstäbe dafür, wie sich Religionsunterricht auch in nachchristlicher Zeit als Schulfach begründen lässt. Im Kern formuliert das *Synodendokument* folgende drei „Argumentationsstränge" für das Schulfach ‚Religion':

> „Wenn man den Phänomenbereich ‚Religion' überblickt, wenn man bedenkt, daß seine konkrete Ausprägung in unserem Kulturkreis das Christentum darstellt, und wenn man

101 *Gemeinsame Synode* (1976).

dazu die Aufgaben einer ‚Schule für alle' berücksichtigt, so gibt es drei Argumentationsstränge für die schulische Begründung von Religionsunterricht:
- kulturgeschichtlich
- anthropologisch
- gesellschaftlich

Es muß demnach Religionsunterricht in der Schule geben
- weil die Schule den jungen Menschen mit den geistigen Überlieferungen vertraut machen soll, die unsere kulturelle Situation geprägt haben, und weil Christentum in seinen Konfessionen zu unseren prägenden geistigen Überlieferungen gehört;
- weil die Schule dem jungen Menschen zur Selbstwerdung verhelfen soll und weil der Religionsunterricht durch sein Fragen nach dem Sinn-Grund dazu hilft, die eigene Rolle und Aufgabe in der Gemeinschaft und im Leben angemessen zu sehen und wahrzunehmen;
- weil die Schule sich nicht zufrieden geben kann mit der Anpassung des Schülers an die verwaltete Welt und weil der Religionsunterricht auf die Relativierung unberechtigter Absolutheitsansprüche angelegt ist, auf Proteste gegen Unstimmigkeiten und auf verändernde Taten.

Jeder dieser drei Argumentationsstränge hat sein spezifisches Gewicht. Werden sie miteinander verflochten, so resultiert daraus die Notwendigkeit des Religionsunterrichts in der öffentlichen Schule."[102]

Ich werde die drei „Argumentationsstränge" des *Synodenbeschlusses* im Folgenden aufnehmen. Allerdings will ich sie an einigen Stellen erweitern und verfeinern, wobei ich zu einer veränderten Aufzählung gelange.

3.2.1 Kulturgeschichtliche Selbstvergewisserung im Dialog mit der Bibel

Welche ‚guten Gründe' gibt es, die Bibel als Dialogpartner für die Selbstvergewisserung junger Menschen heranzuziehen? Das erste Argument knüpft an jenen kulturgeschichtlichen Wirkungsreichtum an, den wir als eine konstitutive Eigenart der Bibel bereits intensiv in den Blick genommen hatten (*Kap. 2.5*). Um die pädagogische Brisanz dieses kulturgeschichtlichen Wirkungsreichtums zu verdeutlichen, will ich eine Nachricht zitieren, die vor einigen Jahren im „Christ in der Gegenwart" zu lesen war – einer Wochenzeitung, die höchst solide über das religiöse und kirchliche Zeitgeschehen informiert. Die Meldung lautete:

„Führende *italienische Intellektuelle*, darunter besonders viele laizistischer und agnostischer Prägung, haben vom Bildungsministerium in Rom verlangt, in den Schul-Lehrplänen entschieden stärker wieder die Bibel zu berücksichtigen – und dies quer durch die Fächer. Die verbreitete Unkenntnis der Bibel wirke sich kulturell verheerend aus, ‚negativ auf das Verständnis von Literatur, Kunst, Musik, Politik, Recht, Wirtschaft'. Die Geschichte des Abendlandes sei ohne Bibel nicht zu begreifen, heißt es in einer Unterschriftenkampagne,

102 Ebd. 135.

die unter anderem von dem Schriftsteller und Sprachwissenschaftler *Umberto Eco* und dem Philosophen *Gianni Vattimo* angestoßen wurde. Der Dialog der Kulturen und dabei vor allem der monotheistischen Religionen werde die europäischen Gesellschaften immer stärker herausfordern. Um so wichtiger sei eine fundierte Bibelkenntnis und eine entsprechende Unterrichtsreform."[103]

Die Intellektuellen, die hier für eine konstitutive Berücksichtigung der Bibel als Bildungsbuch plädieren, verstehen sich erklärtermaßen nicht als Christen. Sie argumentieren kulturgeschichtlich. Die Bibel verstehen sie als einen unverzichtbaren Dialogpartner, damit sich Menschen der abendländischen Welt jener kulturellen Herkunft vergewissern, in die sie hineingeboren wurden. *Umberto Eco*, *Gianni Vattimo* und ihre Mitunterzeichner sind davon überzeugt, dass unsere abendländische Kultur nur verstehen kann, wer die Bibel kennt. Das Buch der Bücher hat prägenden Einfluss auf unsere Gegenwart. Wer diese Gegenwart gestalten will, muss ihre Genese kennen. Wer Zukunft haben will, muss um die eigene Herkunft wissen. Zu dieser Herkunft gehört die Bibel. Sie begleitet uns auf Schritt und Tritt. Beispielsweise in „Literatur, Kunst, Musik, Politik, Recht, Wirtschaft'".
Das kulturgeschichtliche Argument ist insofern bestechend, als es gerade auch Nichtgläubigen einleuchtend ist. Dass die Bibel unsere Kultur geprägt hat, lässt sich nachvollziehen, ohne die Bibel für sich selbst als heiliges Buch anzuerkennen. Diese Stärke des kulturgeschichtlichen Argumentes markiert aber auch dessen Grenze. Dass die Bibel auch an heutige Menschen einen unbedingten Anspruch stellen kann, bleibt aus dem Blick.[104] Die Bedeutsamkeit der Bibel für Unterricht und Erziehung ergibt sich aus ihrer kulturellen Bedeutung in Vergangenheit und Gegenwart. Je mehr diese kulturelle Bedeutung abflaut und verblasst, desto überflüssiger und verzichtbarer wird die Bibel als Bildungsbuch.[105]

3.2.2 Ideologiekritische Selbstvergewisserung im Dialog mit der Bibel

Im Gegensatz zu den 1970er Jahren, in welchen der *Synodenbeschluss* zum Religionsunterricht entstand, spielen derzeit prinzipielle Debatten um politische und gesellschaftliche Strukturen nur eine geringe Rolle. Nicht die Politik, sondern das Private steht derzeit hoch im Kurs. Die aktuelle Tagesordnung wird dominiert durch die Sorge um den einzelnen Menschen. Das Glück und Scheitern des Individuums steht im Mittel- und Vordergrund der Aufmerksamkeit. Von Kollektiven und Ge-

103 Christ in der Gegenwart 57 (48/2005) 394.

104 Vgl. *Fuhrmann* (2002) 95: „Religion lässt sich nicht ohne Substanzverluste als Phänomen der Geschichte oder der Kultur beschreiben, so sehr sie an beidem Anteil nimmt und so sehr sie sich schon immer auf beides prägend ausgewirkt hat."

105 So lässt *Rudolf Englert* (2003) 13 zufolge das Gewicht des kulturhistorischen Arguments „in dem Maße nach, wie die Zeit vergeht – jedenfalls wenn es sich um eine Zeit handelt, in welcher der Geltungsanspruch christlichen Glaubens nicht wirksam aktualisiert zu werden vermag."

meinschaften, von Schichten, Gruppen und Milieus ist dagegen viel weniger die Rede. Mit dieser Vernachlässigung der politischen und sozialen Dimension des Menschseins geht einher, dass der gesellschaftliche „Argumentationsstrang"[106], welchen das *Synodendokument* mit Blick auf den Religionsunterricht stark macht, ins Hintertreffen geraten ist. Dieser gesellschaftliche Argumentationsstrang schreibt der religiösen Tradition im Allgemeinen und der Bibel im Besonderen das Potenzial zu, gegen ‚unberechtigte Absolutheitsansprüche' zu sensibilisieren.

Gruppen und Gesellschaften tendieren dazu, Ideen und Gegenständen von begrenzter und eingeschränkter Bedeutung unbedingte, absolute Bedeutsamkeit zuzuschreiben. Wo solches geschieht, wo Bedingtes zum Unbedingtem und Relatives zu Absolutem umgedeutet wird, ereignet sich Ideologiebildung.[107] Kollektive schaffen Überzeugungen, die als solche unhinterfragt akzeptiert werden, obwohl sie in der Sache fragwürdig sind.

Zu nennen sind für unsere gegenwärtige Gesellschaft insbesondere beruflicher Erfolg, materieller Reichtum, attraktives Aussehen, Sportlichkeit und Jugend als begrenzte Werte, die zu Ideologien hochstilisiert werden. Diesen zeitbedingten Gütern kann die biblische Tradition alternative Werte gegenübersetzen – etwa das Vertrauen auf Gott, die Liebe zum Nächsten, den Respekt gegenüber dem Fremden und Schwachen.

Indem Schüler/innen mit der Bibel ins Gespräch kommen, können sie erfahren, dass jene Ideologien, die sie in unserer Gesellschaft eingeimpft bekamen, keineswegs fraglose Gültigkeit beanspruchen müssen. Ebenso wie sich die Werte der biblischen Tradition kritisch hinterfragen lassen müssen, ist es auch legitim und notwendig, die Werte unserer heutigen Gesellschaft auf die Probe zu stellen. Die Bibel kann Schüler/innen die Augen dafür öffnen, dass man die Wirklichkeit auch anders sehen und deuten kann, als wir dies als Angehörige einer ökonomisierten Leistungsgesellschaft gewohnt sind. In diesem Sinne kann die Auseinandersetzung mit der Bibel für die Brüchigkeit heutiger Ideologien sensibilisieren und dazu ermutigen, nach alternativen Orientierungen Ausschau zu halten.

Eine biblische Tradition, in der solches mit besonderer Intensität geschieht, ist die Prophetie. Als Beispiel eines ideologiekritischen Textes will ich eine Prophetenrede aus dem *Buch Jesaja* vorstellen. Sogar der Gottesdienst bleibt hier nicht vor beißender Kritik verschont, insofern er sich zu etwas Unbedingtem aufschwingt, demgegenüber die Gerechtigkeit gegenüber den Mitmenschen auf der Strecke bleibt. *Protojesaja* schreibt:

> „Hört das Wort des Herrn, ihr Herrscher von Sodom! Vernimm die Weisung unseres Gottes, du Volk von Gomorra!

106 *Gemeinsame Synode* (1976) 138.

107 Als ‚Ideologie' verstehe ich hier mit *Giuseppe Catalfamo* (1921-1989) „in einem sehr allgemeinen, dafür aber konsensfähigen Sinne […] das Verabsolutieren einer Teilwahrheit bzw. einer partiellen Möglichkeit und eine durch Vereinfachung einer Totalerklärung erzielte Rechtfertigung" (*ders.* (1984) 8).

Was soll ich mit euren vielen Schlachtopfern?, spricht der Herr. Die Widder, die ihr als Opfer verbrennt, und das Fett eurer Rinder habe ich satt; das Blut der Stiere, der Lämmer und Böcke ist mir zuwider.
Wenn ihr kommt, um mein Angesicht zu schauen – wer hat von euch verlangt, dass ihr meine Vorhöfe zertrampelt?
Bringt mir nicht länger sinnlose Gaben, Rauchopfer, die mir ein Gräuel sind. Neumond und Sabbat und Festversammlung – Frevel und Feste – ertrage ich nicht.
Eure Neumondfeste und Feiertage sind mir in der Seele verhasst, sie sind mir zur Last geworden, ich bin es müde, sie zu ertragen.
Wenn ihr eure Hände ausbreitet, verhülle ich meine Augen vor euch. Wenn ihr auch noch so viel betet, ich höre es nicht. Eure Hände sind voller Blut.
Wascht euch, reinigt euch! Lasst ab von eurem üblen Treiben! Hört auf, vor meinen Augen Böses zu tun!
Lernt, Gutes zu tun! Sorgt für das Recht! Helft den Unterdrückten! Verschafft den Waisen Recht, tretet ein für die Witwen!“[108]

3.2.3 Existenzielle Selbstvergewisserung im Dialog mit der Bibel

Die existenzielle Argumentation zielt auf das Erfahrungsfundament des Menschseins. Wer die Bibel als existenzielles Dokument liest, identifiziert sie als Buch, in dem menschliche Widerfahrnisse, Erlebnisse und Erfahrungen zum Ausdruck kommen. Der Gott der Bibel offenbart sich inmitten menschlicher Geschichte – und keineswegs am Leben und Erleben der Menschen vorbei.
Wer die Bibel liest, begegnet grundlegenden Widerfahrnissen, Erlebnissen und Erfahrungen des Menschseins. So stößt er auf Trauer und Angst, auf Liebe und Lust, auf Konflikt und Gewalt, auf Freundschaft und Hass, auf Schuld und Sterblichkeit, auf Hoffnung und Freude.
All diese Grunderfahrungen, die in der Bibel zur Sprache finden, verbinden uns Heutige mit der biblischen Zeit. Wenn wir die Bibel lesen, begegnen wir dem, was uns selbst bewegt und umtreibt. Allerdings begegnen wir den eigenen Existenzerfahrungen im Spiegel fremder Interpretationen und Deutungen. In der Regel drückt sich die Bibel befremdlich anders aus, als wir dies heute tun würden, wenn sie Gefühle, Gestimmtheiten und Gedanken der menschlichen Existenz zur Sprache bringt (vgl. *Kap. 2.3*).
Doch gerade weil die Bibel das vermeintlich Selbstverständliche der menschlichen Existenz in überraschender Eigenartigkeit widerspiegelt, eröffnet sie die Chance, sich eigener Erlebnisse und Erfahrungen bewusst werden zu können. Die Bibel spricht von dem, was uns bewegt und umtreibt, ohne unsere eigenen Deutungen und Sprechweisen bloß zu verdoppeln. Insofern sie das Selbstverständliche verfremdet, wirft sie ihre Leser/innen zurück auf das eigene Dasein. Sie gibt uns zu denken über unsere eigene Existenz und konfrontiert uns mit der Frage, wie wir

108 *Jes 1,10-17.*

unser Leben und Erleben deuten. Sie problematisiert unsere Erfahrungen und provoziert neue Deutungen. Als ein Buch, das menschliches Leben und Erleben in außerordentlich dichter, prägnanter Weise versprachlicht und dabei zugleich in den Horizont Gottes stellt (vgl. *Kap. 2.4*), stellt uns die Bibel vor die Aufgabe, eigene Deutungen für unser Dasein zu suchen.
Es gibt unendlich viele Beispiele für biblische Texte, die eine existenzielle Selbstvergewisserung provozieren können. Die leidenden Gerechten *Hiob* und *Jesus von Nazaret* stellen vor die Frage, wie mit ungerechtem Leid umzugehen ist. Die *Josefsnovelle* in der Vätergeschichte und das *Gleichnis vom barmherzigen Vater* konfrontieren mit Geschwisterkonflikten. *Psalmen* und *Gebete* tragen Urbefindlichkeiten des Menschseins in packender Sprache vor Gott. *Propheten* fordern Gerechtigkeit ein, die *Parabel von den Arbeitern im Weinberg* wirft die Frage auf, was überhaupt gerecht ist. Die Bibel ist zum Bersten gefüllt mit erfahrungsgesättigten Texten.
Würden wir diese Texte nur als Abziehbilder unserer eigenen Erlebnisse und Erfahrungen lesen, so würden wir sie verfehlen. Literarische Texte im Allgemeinen und biblische Texte im Besonderen reduzieren sich nicht auf ein ‚Bei mir ist das genauso!'. Nur wenn fühlbar, erlebbar und erkennbar wird, dass die Erfahrungsrede der Bibel Ähnliches und Unähnliches, Fremdes und Nahes in sich vereint, kann sie für heutige Existenzvergewisserung produktiv werden. Wie solches geschehen kann, skizziert und reflektiert der Religionspädagoge *Werner Simon* im nachfolgend dokumentierten Beitrag, dem eine biblische Erzählung vorausgestellt ist.

„Weiter sagte Jesus: Ein Mann hatte zwei Söhne. Der jüngere von ihnen sagte zu seinem Vater: Vater, gib mir das Erbteil, das mir zusteht. Da teilte der Vater das Vermögen auf. Nach wenigen Tagen packte der jüngere Sohn alles zusammen und zog in ein fernes Land. Dort führte er ein zügelloses Leben und verschleuderte sein Vermögen. Als er alles durchgebracht hatte, kam eine große Hungersnot über das Land und es ging ihm sehr schlecht. Da ging er zu einem Bürger des Landes und drängte sich ihm auf; der schickte ihn aufs Feld zum Schweinehüten. Er hätte gern seinen Hunger mit den Futterschoten gestillt, die die Schweine fraßen; aber niemand gab ihm davon. Da ging er in sich und sagte: Wie viele Tagelöhner meines Vaters haben mehr als genug zu essen und ich komme hier vor Hunger um. Ich will aufbrechen und zu meinem Vater gehen und zu ihm sagen: Vater, ich habe mich gegen den Himmel und gegen dich versündigt. Ich bin nicht mehr wert, dein Sohn zu sein; mach mich zu einem deiner Tagelöhner. Dann brach er auf und ging zu seinem Vater. Der Vater sah ihn schon von weitem kommen und er hatte Mitleid mit ihm. Er lief dem Sohn entgegen, fiel ihm um den Hals und küsste ihn. Da sagte der Sohn: Vater, ich habe mich gegen den Himmel und gegen dich versündigt; ich bin nicht mehr wert, dein Sohn zu sein. Der Vater aber sagte zu seinen Knechten: Holt schnell das beste Gewand und zieht es ihm an, steckt ihm einen Ring an die Hand und zieht ihm Schuhe an. Bringt das Mastkalb her und schlachtet es; wir wollen essen und fröhlich sein. Denn mein Sohn war tot und lebt wieder; er war verloren und ist wiedergefunden worden. Und sie begannen, ein fröhliches Fest zu feiern. Sein älterer Sohn war unterdessen auf dem Feld. Als er heimging und in die Nähe des Hauses kam, hörte er Musik und Tanz. Da rief er einen der Knechte und fragte, was das bedeuten solle. Der Knecht antwortete: Dein Bruder ist gekommen und dein Vater hat das Mastkalb schlachten lassen, weil er ihn heil und gesund wiederbekommen hat. Da wurde er zornig und wollte nicht hineingehen. Sein Vater aber kam heraus und redete ihm gut zu. Doch er erwiderte dem Vater: So viele Jahre schon diene ich dir, und nie habe ich gegen deinen Willen gehandelt; mir aber hast du nie auch nur einen Ziegenbock geschenkt, damit ich mit meinen Freunden ein Fest feiern konnte. Kaum aber ist der hier gekommen, dein Sohn, der dein Vermögen mit Dirnen durchgebracht hat, da hast du für ihn das Mastkalb geschlachtet. Der Vater antwortete ihm: Mein Kind, du bist immer bei mir, und alles, was mein ist, ist auch dein. Aber jetzt müssen wir uns doch freuen und ein Fest feiern; denn dein Bruder war tot und lebt wieder; er war verloren und ist wiedergefunden worden." [109]

Werner Simon

Stationen der Begegnung[110]

Eine biblische Geschichte. Ich hörte sie zum ersten Mal im Vorbereitungsunterricht auf die Erstbeichte: als „*Gleichnis vom verlorenen Sohn*". Sie erzählte von einem Sohn, der schuldig wurde, der umkehrte, der bereute und dem vergeben wurde – und von der großen Freude des Vaters darüber, dass der Sohn, der „verloren" war, „wiedergefunden" wurde. Eine Beispielgeschichte. Als ich dem Gleichnis im Religionsunterricht des 6. Schuljahres wieder begegnete, trug es in der damaligen Schulbibel die Überschrift: ein „*Gleichnis von der Güte Gottes*". Der Blickwinkel, aus dem heraus ich die Erzählung des Gleichnisses verstand, änderte sich. Gottes Güte im Bild des barmherzigen Vaters – sie wurde für mein Gottesbild und für meine Gottesbeziehung grundlegend und bleibend wichtig. Einige Jahre später, als ich das Gleichnis erneut las, wurde ich darauf aufmerksam, dass es ja nicht nur von einem Sohn, sondern von zwei Söhnen erzählte. Ich las es nun auch als ein „*Gleichnis von zwei Brüdern*". Mich irritierte das Verhalten des älteren Bruders. Warum kann er sich nicht mitfreuen über die Rückkehr seines jüngeren Bruders? Und wie wird die Geschichte weitergehen? Das Gleichnis endet mit einem offenen Schluss und mit einer Leerstelle. Wiederum einige Jahre später las ich *André Gides* Erzählung „*Die Rückkehr des verlorenen Sohns*". In dieser Erzählung kehrt der „verlorene Sohn" zurück, nicht aus Reue und in Erkenntnis seiner Schuld, sondern resigniert und entmutigt im Versuch, die im Aufbruch von zu Hause gewonnene Freiheit in der Fremde zu leben. Zu spät gewinnt er die Einsicht, dass der Vater auch in der Fremde bei ihm war („Ich wartete am Ende des Weges auf Dich"). Und im Rückblick muss er erkennen: „... so hätte ich Dich also, ohne heimzukehren, wiedergewinnen können." *Gide* erzählt in einer Verfremdung des biblischen Gleichnisses von der

109 *Lk 15, 11-32.*

110 *Simon* (2003) 13f.; vgl. insb. *Niehl* (2006) 83-89 mit Bezug auf die Erzählung von David und Goliat in *1 Sam 17,1-58.*

unstillbaren Sehnsucht des Menschen nach Freiheit und von dem ebenso unstillbaren Bedürfnis des Menschen nach Beheimatung. Eine Gegengeschichte zur Erzählung des biblischen Gleichnisses oder eine aktualisierende Neuinterpretation? Mir fiel auf, was ich bisher übersehen hatte: Der Aufbruch des jüngeren Sohnes in ein fernes Land wird im biblischen Gleichnis nicht getadelt. Der Vater bittet den Sohn nicht, zu bleiben.

Das Studium der Theologie eröffnete wenige Jahre später neue und weitere Perspektiven für das Verständnis des „*Gleichnisses vom Vater und den zwei Söhnen*". Ich las das Gleichnis nun im Zusammenhang der beiden ihm im Text des Lukasevangeliums vorangehenden Gleichnisse vom verlorenen Schaf (Lk 15,3-7) und von der verlorenen Drachme (Lk 15,8-10): als ein „*Gleichnis von der Freude über das Wiederfinden des Verlorenen*". Ich interpretierte es im Kontext seines „Sitzes im Leben Jesu" und seines „Sitzes im Leben der Gemeinde des Lukasevangeliums". Das Gleichnis wirbt. Es will Verständnis wecken für das Verhalten Jesu gegenüber den „Zöllnern und Sündern": *... der Menschensohn ist gekommen um zu suchen und zu retten, was verloren ist* (Lk 19,10). Auch der Zollpächter Zachäus ist ein *Sohn Abrahams* (Lk 19,9). Jesu Handeln aktualisiert die Liebe Gottes zu den „Verlorenen". Das Gleichnis des Lukasevangeliums wirbt auch um unser Einverständnis und um unsere Mitfreude.

Stationen der Begegnung mit einer biblischen Geschichte. Sie zeigen: Wir verstehen Texte der Bibel – Erzählungen, Psalmen, ein Wort Jesu, ein Sprichwort der Weisheitsliteratur – in lebensgeschichtlich verorteten Zusammenhängen. Ihre Bedeutung erschließt sich uns kontextuell: im Kontext und vor dem Hintergrund unserer lebensgeschichtlichen Erfahrungen. Neue lebensgeschichtliche Perspektiven lassen uns neue und bisher unbekannte Aspekte wahrnehmen, erschließen den Bedeutungsreichtum einer biblischen Erzählung und führen so zu einem vertieften Verständnis ihrer Sinnzusammenhänge. Biblische Texte bieten insofern vielfältige Chancen des Lernens. Sie geben zu denken und machen nachdenklich. Sie wecken beim Hören oder Lesen Fragen und stellen auch selbst Fragen. Biblische Erzählungen verwickeln und verstricken uns in das Geschehen, von dem sie erzählen. Sie laden ein, Stellung zu nehmen und Position zu beziehen. Wir verknüpfen biblische Geschichten mit anderen, nicht biblischen Geschichten und vergleichen sie. Wir hören oder lesen einen biblischen Text zum wiederholten Mal. Er ist uns vertraut. Und doch werden wir mit ihm nicht fertig, kommen an kein Ende. *Unser Verständnis biblischer Texte ist Frucht vielfältiger lebensgeschichtlich vermittelter Lernerfahrungen.* Wir können erzählen, wo, wann und warum eine biblische Geschichte für uns so wichtig geworden ist, dass wir uns an sie erinnern können und sie nicht vergessen haben. Diese Erzählung ist Teil unserer Lebensgeschichte. Sie kann darüber hinaus Teil einer in diese Lebensgeschichte eingebetteten Glaubensgeschichte werden.

Vor dem Weiterlesen lohnt es, sich im Lichte der Überlegungen von *Werner Simon* – wenn möglich im Austausch mit Anderen – mit der folgenden Frage auseinanderzusetzen:

Arbeitsimpuls

- Was kann ein/e Schüler/in im Dialog mit der Parabel vom Vater und den zwei Söhnen (*Lk 15,11-32*) lernen?

3.2.4 Religiöse Selbstvergewisserung im Dialog mit der Bibel

Das vierte und letzte Argument, das im Kontext einer korrelativ-anthropologischen Legitimation der Bibel als ‚Bildungsbuch' zu nennen ist, betrifft den besonderen, nämlich *religiösen* Interpretationshorizont, der für die Bibel kennzeichnend ist. Damit wird die dreifache Optik des *Synodenbeschlusses* überschritten. Dass ebendort der kulturgeschichtlichen, anthropologischen und gesellschaftlichen Fundierung schulischen Religionsunterrichts keine dezidiert religiöse Begründung zur Seite stand, mag darin begründet sein, dass im Jahre 1974 bei aller Hellsichtigkeit der damaligen Situationsanalyse[111] denn doch davon auszugehen war, dass das Gros der Schüler/innen bereits in basaler Weise mit Sprache und Vollzügen des christlichen Glaubens vertraut sei. Diese Annahme ist heute – fast vier Jahrzehnte später – obsolet. Da die Eigenlogik gelebten wie gelehrten Glaubens den allermeisten Schüler/innen inzwischen komplett fremd ist, erscheint es nun unerlässlich, der vom *Synodendokument* entwickelten dreifachen Begründung des schulischen Religionsunterrichts ein viertes Argument hinzuzufügen, welches das Kennenlernen und Verstehen des kennzeichnend Religiösen als Spezifikum des Faches ausweist. Insofern im Religionsunterricht verstehbar wird, dass und in welcher Weise Menschen ihr Dasein im Strome religiöser Überlieferungen in einem letzten, unbedingten Grund veranker(te)n, leistet das Fach einen unverzichtbaren und unersetzbaren Beitrag zur schulischen Bildung.

Bei der Sichtung jener Charakteristika, welche die Bibel zu einem eigenartigen und besonderen Buch machen, waren wir ja bereits darauf gestoßen, dass die Bibel beständig mit der Gottesvokabel operiert, wenn sie vom Menschen spricht und das menschliche Dasein deutet (*Kap. 2.4*). Es ist für die Bibel typisch, dass sie menschliche Erfahrungen als Gotteserfahrungen interpretiert. In dem Sinne, dass sie ebenso beständig wie ausdrücklich Gott thematisiert, ist die Bibel durch und durch ein religiöses Buch. Als religiöses Buch wiederum ist sie für die Mehrzahl heutiger Schüler/innen ein fremdes Buch.

111 Vgl. *Gemeinsame Synode* (1976) 123-131.

Gerade auch die religiöse Eigenart der Bibel birgt besondere Lernchancen. Niemand muss das eigene Leben religiös interpretieren. Im Dialog mit der Bibel können Schüler/innen aber zumindest erfahren, dass es überhaupt die ernsthafte Möglichkeit gibt, das eigene Leben religiös zu deuten. Die Bibel kann Schüler/innen die Chance eröffnen, Gott als Interpretament menschlichen Daseins kennenzulernen.[112] Solches Kennenlernen der biblischen Gottesrede kann und soll zwei Zielen dienen:

1. Es gilt, den Schüler/innen die Möglichkeit zu geben, die Gottesrede *für sich selbst* zu erproben, um begründet zu dieser Gottesrede Position beziehen zu können. Ziel des Religionsunterrichts ist es ja nicht, dass Schüler/innen unbedingt selbst religiös werden müssen, wohl aber, dass sie in religiösen Fragen ausreichend bewandert und kundig sind, um sich begründet und verantwortet gegenüber dem religiösen Glauben verorten zu können. Die Gottesrede der Bibel kennenlernen, um sich zu vergewissern, wie man selbst zum Gottesglauben steht, dies ist ein grundlegendes Ziel des Religionsunterrichts. Und zu solcher religiöser Selbstvergewisserung soll der Dialog mit der Heiligen Schrift beitragen.
2. Auch wenn Schüler/innen zum Ergebnis kommen, ihr eigenes Leben nicht mit Bezug auf Gott zu deuten, ist es wertvoll und wichtig, dass sie *anderen Menschen gegenüber*, die sich als ausdrücklich religiös verstehen, Verständnis und Respekt entgegenbringen. Wer für sich den Gottesglauben ablehnt, sollte zumindest Anderen zubilligen, ernsthaft an Gott glauben zu können.

Der *Synodenbeschluss* formuliert in diesem Sinne für den Religionsunterricht in der öffentlichen Schule folgende nüchterne Zielsetzungen:

> „Schulischer Religionsunterricht [...] ist ein Gewinn:
> - wenn die Schüler beim Verlassen der Schule Religion und Glaube zumindest nicht für überflüssig oder gar unsinnig halten;
> - wenn sie Religion und Glaube als mögliche Bereicherung des Menschen, als mögliche Kraft für die Entfaltung seiner Persönlichkeit, als möglichen Antrieb für die Realisierung von Freiheit begreifen;
> - wenn die Schüler Respekt vor den Überzeugungen anderer gewonnen haben;
> - wenn sie fähig sind, in der Diasporasituation des Glaubens sich begründet und verantwortlich mit dem lebensanschaulichen Pluralismus auseinanderzusetzen und sich der Wahrheitsfrage zu stellen;
> - wenn ihre Entscheidungsfähigkeit und Entscheidungswilligkeit so gefördert wurden, daß sie imstande sind, ihre persönliche Glaubenseinstellung zu überprüfen, zu vertiefen oder zu revidieren und so eine gewissenhafte Glaubensentscheidung zu treffen;

---

112 Im Sinne einer zentralen bibeldidaktischen Zielsetzung (nicht aber einer ungeschützten Tatsachenbehauptung) ist *Mirjam Schambeck* (2009) 76f. zuzustimmen, wenn sie „die Beschäftigung mit der Bibel“ als „Beitrag“ klassifiziert, um „die Art und Weise kennenzulernen, wie die Welt in einer religiösen Perspektive gesehen und verstanden werden kann“, und um „den religiösen Weltzugang, die religiös konstitutive Rationalität kennen und aktivieren zu lernen.“

- wenn die Schüler, je nach Möglichkeit, angestoßen von diesem Unterricht, zu einer engagierten Begegnung mit der Wirklichkeit des Glaubens, einschließlich der konkreten Kirche, bereit und fähig sind."[113]

Als Medium religiöser Selbstvergewisserung kann die Bibel Schüler/innen die Chance eröffnen, religiöse Daseinsdeutungen kennenzulernen und auf die Probe zu stellen. Nicht, dass die Schüler/innen selbst gottesgläubig werden, ist das Ziel des Religionsunterrichts, sondern dass sie den Gottesglauben in seiner eigenen Logik wahr- und ernstnehmen, um sich mit Sinn und Verstand diesem Gottesglauben gegenüber zu positionieren und gottesgläubigen Menschen gegenüber Toleranz zu zeigen. *Gerd Theißen* bringt diese Zielrichtung religiöser Selbstvergewisserung auf die prägnante Formel:

> „Nicht Glaube ist das Ziel des Bibelunterrichts, sondern Verstehen und Achtung."[114]

3.3 Bibelunterricht als Lebenshermeneutik – das Konzept der narrativen Identität

Die Bibel besitzt ein vierfaches, nämlich kulturgeschichtliches, ideologiekritisches, existenzielles und religiöses Potenzial, um Schüler/innen zur bildende Erweiterung ihres Horizontes und ihrer Handlungsfähigkeit zu verhelfen.
Bevor ich nun ein Konzept entfalte, das diese vier Perspektiven der bildenden Selbstvergewisserung umgreift, sind Sie als Leser/in eingeladen, selbige noch einmal näher zu betrachten und abwägend zu ihnen Stellung zu nehmen. Hierzu zwei Fragen:

Arbeitsimpulse

1. Welche der vier Selbstvergewisserungsperspektiven erscheint mir/uns warum am einleuchtendsten?
2. Welche der vier Selbstvergewisserungsperspektiven bereitet mir/uns warum die größten Schwierigkeiten?

Alle vier Perspektiven, die im anthropologisch-korrelativen Modell biblischen Unterrichts zusammenfinden, zielen letztlich darauf, die Schüler/innen bei der Entwicklung von Standpunkten zu unterstützen, welche sich im Horizont ihrer eigenen Person und der Welt, mit der sie zu tun haben, als tragfähig erweisen. Bildlich gesprochen geht es um das Ur- und Kernziel jeglicher Bildung, nämlich Menschen

113 *Gemeinsame Synode* (1976) 142f.
114 *Theißen* (2003) 110; vgl. ebd., 112 und 264.

dabei zu helfen, auf ihren eigenen Beinen in der Welt zu stehen. Wie aber lässt sich begründen, dass ausgerechnet die Begegnung mit Literatur dazu beitragen kann, in bildendem Sinne ‚auf eigene Füße zu kommen'?

Der überragende französische Philosoph *Paul Ricoeur* (1913-2005) hat hierzu ein Modell entwickelt, das Orientierung und Hilfestellung bieten kann. Dieses Konzept der ‚narrativen Identität' wurde mit Blick auf die biblische Didaktik durch *Franz W. Niehl* entdeckt und durchdacht.[115]

Was bedeutet nun ‚narrative Identität' – und inwiefern kann uns dieser Begriff nützlich sein, um den bildenden Wert der Bibel zu begreifen? Hierzu einige Gedanken.

Die Wendung ‚narrative Identität' setzt sich aus zwei Worten zusammen:

- Dem Adjektiv ‚narrativ' liegt das lateinische Verbum *narrare = erzählen* zugrunde. Zwei unterschiedliche Partizipien führen uns auf die Spur der Wortbedeutung, nämlich das aktivische ‚erzählend' und das passivische ‚erzählt'. Das Adjektiv ‚narrativ' bezeichnet gleichermaßen ein erzählendes Darstellen wie ein erzähltes Dargestelltwerden.
- Das Substantiv ‚Identität' wiederum stammt vom lateinischen Pronomen *idem = derselbe, der nämliche.*

Humanwissenschaftlich thematisiert der Identitätsbegriff die Frage, was unsere „Selbigkeit und Selbstheit"[116] ausmacht. Was – so könnte man fragen – kennzeichnet unsere individuelle Besonderheit und woran lässt sie sich festmachen in all dem Wandel und all den Wirrungen, die wir biographisch durchleben? Anders gefragt: Was charakterisiert uns als einmalige Personen über all die körperlichen, psychischen und geistigen Veränderungen hinweg, die uns im Laufe der Jahre und Jahrzehnte widerfahren? Wie also konstituiert sich Personsein in der Zeit?

Ricoeurs Antwort auf diese Frage nach der Selbstheit und Selbigkeit ist, dass unsere Identität ganz elementar mit dem Grundakt des Erzählens zu tun hat. Wer wir sind, erfahren und begreifen wir, indem wir unseres Lebens erzählend gewahr werden! „Identität [...] ist auf Erzählung *angewiesen*. Ohne Erzählung verliert sich die Identität in der Zeit. Für Identität als narrative Identität ist Erzählung ein wesentliches Element"[117]. *Ricoeur* selbst umreißt diesen Gedanken mit folgenden Worten:

> „Was berechtigt dazu, daß man das [...] Subjekt [...] ein ganzes Leben lang, das sich von der Geburt bis zum Tod erstreckt, für ein und dasselbe hält? Die Antwort kann nur narrativ ausfallen. Auf die Frage ‚*wer?*' antworten, heißt [...] die Geschichte eines Lebens erzählen. Die erzählte Geschichte gibt das *wer* der Handlung an. *Die Identität des* wer *ist* [...] *eine narrative Identität.*"[118]

115 Wie kein anderer Religionspädagoge hat sich *Franz W. Niehl* über Jahrzehnte hinweg für eine Bibeldidaktik eingesetzt, welche die hermeneutischen Diskurse in Philosophie sowie Sprach- und Literaturwissenschaften produktiv aufnimmt.

116 *Ricoeur* (1996) 142.

117 *Streib* (1994) 189.

118 *Ricoeur* (1991) 395 mit Bezug auf *Hannah Arendt* (1906-1975).

Um unserer Selbstheit und Selbigkeit auf die Spur zu kommen, müssen wir unser Leben erzählen und dieses unseres Lebens als erzählten gewahr werden. Dies ist der erste Gesichtspunkt dessen, was *Ricoeur* mit der Wendung ‚narrative Identität' bezeichnet. Sehr anschaulich umschreibt dies *Franz W. Niehl*:

> „Jeder, der einen biblischen Text liest, hat bereits eine Lebensgeschichte. Ihre Gestalt gewinnt diese Lebensgeschichte in einem Kranz von Erzählungen und Erinnerungsbildern. Mein Leben: das sind die Geschichten, die sich in mir angesammelt haben. Und wenn einer herausfinden will, wer er ‚wirklich' ist, dann muß er sich die Bilder und Erzählungen vergegenwärtigen, in denen sich sein Leben verdichtet hat. So hat jeder seine eigene innere Welt: die Summe seiner Erzählungen und Bilder. Indem wir uns diese Geschichten und Bilder immer wieder in Erinnerung rufen und an ihnen arbeiten, entwickeln wir unser Selbstbewußtsein, unser Ich."[119]

Soweit der erste, nämlich ichbezogene Aspekt, der im Konzept der narrativen Identität zentral ist. „Mein Leben: das sind die Geschichten, die sich in mir angesammelt haben." Unser Selbst, unser Ich bestimmt sich als in eigenen Erzählungen Erzähltes.

Eine zweite Perspektive kommt hinzu. Unsere Identität, unsere „Selbigkeit und Selbstheit" erschöpft sich *Ricoeur* zufolge nicht in jenen Geschichten, die wir von uns selbst darzulegen wissen. Ebenso notwendig, damit wir Ich werden und unseres Ichs bewusst werden, sind andere, sind fremde Erzählungen. Identität konstituiert sich demzufolge nicht in solipsistischer Ich-Fixierung. Identität wächst nicht, wo wir nur auf uns selbst blicken. Im Gegenteil: Wir dürsten nach und sind angewiesen auf fremde Erzählungen. In der Begegnung mit solchen fremden Erzählungen vermögen wir in ein Wechselspiel einzutreten – nämlich ins Wechselspiel von Identifizierung und Abgrenzung. Wir treten ein in fremde Welten. Wir durchleben fiktive Geschichten. Und in der Begegnung mit fremden Welten, im Durchleben fiktiver Geschichten beziehen wir Position. Wir stellen uns auf die Probe. Und indem wir uns auf die Probe stellen, vermögen wir immer wieder neu zu uns selbst zu finden.

Aus einem guten Roman oder einem guten Film gehe ich verändert und geläutert heraus. Indem ich mich auf den Roman oder den Film eingelassen habe, indem ich mitlebe und mitleide, mich auf die eine oder andere Seite schlage, indem ich in die fremde Handlung eintrete, dort innerlich Partei ergreife oder mich abgrenze, trete ich mit meinem eigenen Selbst in Kontakt. Identität bedarf somit, um sich ihrer selbst bewusst zu werden und sich auszuformen, der Erzählungen Anderer. Sie ist narrative Identität nicht nur im Rekurs auf eigene, sondern auch im Blick auf fremde Erzählungen. *Ricoeur* selbst fasst diesen Gedanken in folgende Worte:

---

119 *Niehl* (1998) 5f.

> Die Literatur ist „ein weiträumiges Laboratorium für Gedankenexperimente, in denen die Variationsmöglichkeiten narrativer Identität auf den Prüfstand der Erzählung gestellt werden."[120] Wir „erforschen [...] unablässig neue Bewertungsweisen für Handlungen und Figuren. Die Gedankenexperimente, die wir im großen Laboratorium der Einbildung durchführen, sind auch Forschungsreisen durch das Reich des Guten und des Bösen. [...] Dank dieser Bewertungsübungen im Bereich der Fiktion kann die Erzählung letzten Endes ihre Erschließungs- und Verwandlungsfunktion gegenüber dem Empfinden und Handeln des Lesers [...] ausüben."[121]

Im Konzept der narrativen Identität tritt neben die Selbstvergewisserung im eigenen Erzählen die Selbstvergewisserung durch Konfrontation mit fremden Erzählungen. Wir brauchen fremde Geschichten und Bilder, damit sich unser Selbstbewusstsein erproben und läutern kann. Mit einprägsamen Worten konkretisiert die Schriftstellerin *Ulla Hahn*, in welcher Weise die Begegnung mit literarischen Erzählungen die Identitätsentwicklung bereichert:

> „Erzählende Literatur bietet dem Leser so etwas wie ein Probeleben, in das er sich hineinbegeben und aus dem er gestärkt zurückkehren kann in sein eigenes Leben. Und das bedeutet: Er kann sein eigenes Leben nach allen Seiten erweitern. Das Probeleben verändert auch seine Wahrnehmung, es hat möglicherweise Einfluss auf sein Handeln."[122]

Nach der Klärung, was narrative Identität in ihrem Bezug auf eigenes Erzähl*en* und fremde Erzähl*ungen* bedeutet, gilt es nun, Brücken zu schlagen zur biblischen Didaktik. Ich denke, diese Brücken liegen auf der Hand.

Vorausschicken muss ich allerdings eine Relativierung und Präzisierung. Im strengen Sinne kann als Erzählung keineswegs jeder x-beliebige Text oder jede x-beliebige Äußerung bezeichnet werden. Erzählen ist ein ganz bestimmter Darlegungsmodus, der im Kern dadurch gekennzeichnet ist, dass konkrete Einzelerlebnisse, die real geschehen oder aber fiktiv erdacht sein können, in ein zeitliches Nacheinander gerückt werden. In diesem Sinne werden Erzählungen stets durch ‚Und dann'-Verknüpfungen gebildet und ‚zusammengehalten'. Der Biographieforscher *Hans-Christoph Koller* umschreibt diese Struktur treffend:

---

120 *Ricoeur* (1996) 182.

121 Ebd., 201; vgl. insb. *Niehl* (1998) 6: „Wenn wir [...] eine fremde Erzählung hören, wenn wir mit Bildern konfrontiert werden, dann entwickelt sich ein Dialog zwischen unserer inneren Welt und den kulturell vermittelten Erzählungen und Bildern. Unsere ‚Arbeit am Ich' kommt dadurch neu in Gang. Was dabei geschieht, kann man gut an Kindern beobachten. Sie erleben die Erzählung mit. Ein seelisch gesundes Kind identifiziert sich mit den klugen und tüchtigen Heldinnen und Helden, aber es erleidet auch Gefahren und Feindseligkeiten, denen seine Helden ausgesetzt sind. – In der Begegnung mit Literatur können wir also probeweise in eine fremde Identität schlüpfen. Und im Gespräch mit der Erzählwelt eines Textes können wir unsere eigene Erzählwelt – und damit unsere Identität – überprüfen und erweitern."

122 *Hahn* (2005) 38.

„Was ist überhaupt ‚Erzählen', und wodurch unterscheidet es sich von anderen Kommunikationsformen oder Diskursgattungen? Einen Grundkonsens aller Erzähltheorien stellt wohl die Einsicht dar, daß das Erzählen es in ganz besonderer Weise mit der Zeit zu tun hat. Eine Erzählung präsentiert eine Anzahl von Ereignissen in einer ganz bestimmten zeitlichen Reihenfolge, die nicht beliebig abgeändert werden kann, ohne zugleich die Erzählung als solche zu verändern. Eine Abfolge vom Typus ‚a und dann b' macht also gewissermaßen die elementare Struktur des Narrativen aus."[123]

Erzählen ist nur eine und zwar eine ganz bestimmte Art und Weise menschlicher Kommunikation. Mit Blick darauf, wie sich personale Identität konstituiert, ist Erzählen in doppelter Hinsicht von außerordentlicher Bedeutsamkeit:

1. Wie keine andere Darstellungsform ist das Erzählen geeignet, den zeitlichen Wandel zur Geltung kommen zu lassen und gleichzeitig das Übergreifende einer individuellen oder kollektiven Geschichte herauszuarbeiten, das die vielen situativen Augenblicke miteinander verknüpft, verbindet und verschweißt.
2. In besonderer Weise ist das Erzählen prädestiniert, die innere und äußere Welt des Menschen miteinander zu verzahnen. Im Erzählen kommt das Innen wie das Außen zur Geltung – der interne Kosmos menschlichen Fühlens, Denkens, Erlebens, Bangens und Hoffens gleichermaßen wie der externe Kosmos von Geschehnissen, Mitmenschen, Kultur, Gesellschaft und Natur, in den wir eingebettet und eingespannt sind.

Ohne die einzigartige Qualität des narrativen Darstellungsmodus zu leugnen, der ja gerade für die qualitativ-empirische Forschung von höchster Bedeutung ist[124], gilt es zu fragen, ob es neben dem Erzählen nicht auch andere Ausdrucksformen gibt, in denen sich menschliche Identität finden, ausdrücken und erproben kann.

Im Gegensatz zu *Paul Ricoeur*, der sich streng auf die Narration bezieht, spricht *Franz W. Niehl* von „Erzählungen und Bildern"[125], wenn er auf identitätsbedeutsame Ausdrucksformen zu sprechen kommt. *Niehl* deutet damit an, dass es über das Erzählen hinaus auch weitere Darstellungsweisen gibt, die für die Selbstvergewisserung wichtig und authentisch sein können.

Ich stimme dieser Ausweitung ausdrücklich zu. Zu denken ist etwa an poetische Texte – beispielsweise Gedichte, Gebete und Klagen. Oder an nonverbale Ausdrucksformen wie Bilder der Kunst. Oder gerade an Musik, die zu hören nach wie vor „die wichtigste Medientätigkeit der gesamten Adoleszenz"[126] darstellt. *Jürgen Barthelmes* und *Ekkehard Sander*, die sich eingehend mit dem Medienkonsum Heranwachsender befasst haben, sprechen bezeichnenderweise davon, dass Jugendliche Musik als „‚Anker' im ‚Meer der Biographie'" wertschätzen, „da bestimmte Lieder

123 *Koller* (1993) 34; vgl. a. *Schülein/Stückrath* (1992) 58 mit Bezug auf *David E. Rumelhart* (1942-2011).

124 Vgl. *Porzelt* (2000) 68f. mit Bezug auf *Fritz Schütze* und *Harry Hermanns*.

125 *Niehl* (1998) 6.

126 *Barthelmes/Sander* (2001) 92 [Kursivsetzung getilgt]; vgl. ebd., 125 und 275.

und Musikstücke sich mit bestimmten Situationen und damit verbundenen Stimmungen ([...]) verknüpfen."[127]
Identität findet und erprobt sich im eigenen Erzählen und in der Begegnung mit fremden Erzählungen. Vorsichtig ließe sich dieser Kernsatz der narrativen Identitätstheorie vielleicht ausweiten: Identität findet und erprobt sich im eigenen ästhetischen Ausdruck und in der Begegnung mit fremdem ästhetischem Ausdruck.[128] Diese Erweiterung der Theorie von *Ricoeur* berücksichtigend gilt es nun endlich nach dem ‚Nährwert' zu fragen, den das Konzept der narrativen Identität – ich bleibe bei dieser engeren Begrifflichkeit – für die biblische Didaktik ‚abwirft'. Ich will diesen kurz umreißen.
Im Spiegel der *Ricoeurschen* Theorie betrachtet geschieht im biblischen Unterricht eine „Konfrontation der Welt des Textes mit der des Lesers"[129]. „Die Welt des Textes und die Welt des Lesers [kommen] miteinander in Kontakt"[130], bis dahin, dass ein „Streit zwischen Text und Leser"[131] entstehen kann. Ziel dieser Konfrontation, dieses Kontaktes, dieses Streits ist letztlich die Identitätsfindung und -entwicklung der Schüler/innen. Ihnen sollen die biblischen Texte zu Diensten sein, um ‚auf eigene Füße zu kommen' und die ‚eigene Spur zu finden'.
Allerdings ist solches nur möglich – und hier deckt sich die Idee der narrativen Identität mit dem Grundgedanken des bildungstheoretischen Dreiecks (*Kap. 1.1*) –, insofern die ‚Welt' der biblischen Texte nicht eingedampft und eingeebnet wird. Nur in ihrer Eigenständigkeit und in ihrer Widerspenstigkeit zur Welt der Schüler/innen können die biblischen Texte dazu anstiften, sich selbst in Identifikation mit ihnen und in Abgrenzung von ihnen auf die Probe zu stellen. Zu solchem Zwecke aber will der biblische Unterricht und will biblische Didaktik letztlich die Bibel Schüler/innen gegenüber ins Spiel bringen. Die biblischen Texte in ihrer Eigenheit und Widerständigkeit, in ihrer Fremdheit und Nähe wollen Medien sein, welche die Schüler/innen zur Erprobung und Weiterentwicklung ihrer eigenen Identität nutzen. Nicht dass Schüler/innen im christlichem Sinne gläubig werden, ist letztlich das Ziel biblischer Didaktik, sondern dass sie eigene Standpunkte entwickeln können, die für das Leben tragfähig sind – und zwar Standpunkte im kulturgeschichtlichen und ideologiekritischen, im existenziellen und religiösen Sinne.
Hier schließt sich der Kreis zu jenen vier Perspektiven eines anthropologisch-korrelativ begründeten Bibelunterrichts, die ich zuvor vorgestellt habe. Zwei zentrale Merkmale dieses Konzeptes will ich abschließend noch einmal herausstellen:

---

127 Ebd., 100; vgl. insb. ebd., 109.

128 Das Adjektiv ‚ästhetisch' lässt sich zurückführen auf das griechische Substantiv *aísthesis* = *sinnliche Wahrnehmung*. Beim ästhetischen Lernen spielt die sinnliche Wahrnehmung als besondere Form der Erkenntnis eine Schlüsselrolle (vgl. *Porzelt* (2009) 39f.).

129 *Ricoeur* (1991) 395.

130 *Ders.* (1996) 195.

131 Ebd., 198.

1. Ein anthropologisch-korrelativer Bibelunterricht ist per se *dialogisch* strukturiert. Im Mittelpunkt steht das wechselseitige, kritische, produktive und symmetrische Gespräch zwischen der Welt biblischer Texte und der Welt der Schüler/innen. Es geht um einen Dialog, der durch Ernsthaftigkeit und Offenheit geprägt ist, keineswegs aber um eine einseitige Indoktrinierung durch die Bibel oder um eine vordergründige Anpassung an heutige Plausibilitäten.
2. Anthropologisch-korrelativer Bibelunterricht zielt letztlich auf *Lebenshermeneutik*. Er sucht Schüler/innen zu befähigen, ihr eigenes Leben in Vergangenheit, Gegenwart und Zukunft besser zu verstehen, damit sie es besser bewältigen können. In stringenter Weise verdeutlicht *Franz W. Niehl* diesen lebenshermeneutischen Zielpunkt:

> „*Wir lesen Literatur, weil wir mit Hilfe der Literatur unser Leben vermessen.* Auf der Suche nach einer entwicklungsfähigen Identität, auf der Suche nach Freiheit, Gerechtigkeit und Frieden *begegnen wir auch der Erzählwelt der Bibel.* Ihre Geschichten kommen ins Gespräch mit der Lebensgeschichte des Lesers und stoßen den Prozeß der Selbstfindung und Lebensorientierung immer neu an.“[132] „In Symbolen, die unmittelbar einleuchten, in Erzählungen, die intuitiv als zutreffend erkannt werden, verhandelt die Bibel das menschliche Leben. Vielfältig gerät sie dabei in Streit mit unseren Erfahrungen und Gewohnheiten. Am Leitfaden biblischer Erzählungen können wir deshalb auch erfassen, welche Irrwege und welche Wege uns offenstehen. Erst wenn das geschieht, entdecken wir den Reichtum der Bibel. Vielleicht wird auch *Bibelunterricht* dann das, was er sein kann: *ein nachdenkliches Gespräch über lebensbegründende Erfahrungen ...*“[133]

3.4 „Warum aber gerade die Bibel? Warum kein anderes Buch?“

Das letzte Teilkapitel zur Legitimation des Bibelunterrichts soll eine Frage beleuchten, die im bisherigen Gedankengang offengeblieben ist, obgleich ihr ausschlaggebende Bedeutung zukommt. *Gerd Theißen* umschreibt diese entscheidende Frage mit den Worten „Warum aber gerade die Bibel? Warum kein anderes Buch?“[134]
Gehen wir von der Voraussetzung aus, dass biblischer Unterricht letztendlich darauf zielt, Schüler/innen Gelegenheiten zu eröffnen, um in der Begegnung mit der Bibel – wie *Niehl* schreibt – das eigene Leben zu „vermessen“. Woher – so ist zu fragen – nehmen wir unseren Optimismus, dass ausgerechnet die Bibel in besonderer Weise dazu prädestiniert sein soll, Menschen beim ‚Vermessen‘ ihres Lebens zur Seite zu stehen?

---

132 *Niehl* (1994) 62.
133 Ebd., 63.
134 *Theißen* (2003) 192.

Gibt es nicht neben der Bibel mannigfach andere Schriften und Bücher, in denen Erfahrungen des Menschseins gleichermaßen verdichtet und konturiert zur Sprache kommen wie in der Bibel? Gibt es nicht vielfache Überlieferungen jenseits der biblischen Tradition, die ebenso durchdrungen sind von menschlichen Nöten und Hoffnungen, von Leidenschaft und Leid, von Freundschaft und Einsamkeit, von Sterblichkeit und Liebe? Niemand kann behaupten, dass die Bibel das einzige Buch ist, das in sprachmächtiger Weise erfahrungsgesättigt vom Menschen zu erzählen weiß. Und auch wenn wir nach Schriften Ausschau halten, die das Menschsein im Angesicht Gottes deuten, stoßen wir in unterschiedlichen Religionen und Traditionen auf höchst beeindruckende Dokumente. Nüchtern ist festzustellen, dass die Bibel weder als Menschheits-Literatur noch als Gottes-Literatur ein Monopol besitzt. Zweifellos kann man dem Buch der Bücher zuerkennen, dass es einen unermesslichen „Schatz“[135] an Weisheit und Erfahrung in sich birgt, der über viele Generationen hinweg in eine „großartige“[136] und „lang erprobte Sprache“[137] gemündet ist. Doch gibt es eben auch andere hervorragende Werke der Weltliteratur, die sich dazu eignen, die eigene Identität zu entdecken und zu erproben im Gegenüber zur Welt des Textes, so wie wir dies im Bibelunterricht anstreben.
Zu fragen steht also, was uns dazu bewegt, der Bibel anderer Literatur gegenüber einen „Vertrauensvorschuß“[138] zu geben. Was an der Bibel ist in unseren Augen so hervorstechend, dass wir ihr – der Bibel – als Bildungsbuch einen besonderen, einen hervorragenden Rang einräumen?
Ich gebe zu, diese Frage nach guten Gründen dafür, warum gerade die Bibel im Zentrum eines Unterrichts stehen soll, der Schüler/innen zur Deutung und Bewältigung ihres Lebens verhelfen will, ist außerordentlich schwer zu beantworten. Ich kenne keine Antwort, die locker und eindeutig von den Lippen käme – und werde eine solche auch nicht liefern (können). Stattdessen will ich nachfolgend einen Artikel dokumentieren, der sich an dieser Frage abarbeitet und darum ringt, was denn nun jenes Besondere an der Bibel sei, das einen ‚Vertrauensvorschuss‘ diesem Buch gegenüber rechtfertigen kann. Besagter Text stammt vom Exegeten *Thomas Söding*. Auch er ist nicht in der Lage, *Theißens* Frage „Warum aber gerade die Bibel? Warum kein anderes Buch?“ unzweifelhaft zu beantworten. Dennoch lohnt die Lektüre, da seine Reflexion zumindest Spuren und Hinweise birgt, welche die eigene Suche nach ‚guten Gründen‘ für das Bildungsbuch Bibel bereichern können. Zur Auseinandersetzung mit *Södings* Artikel lohnt es,

---

135 *Niehl* (1998) 5 und *Theißen* (2003) 115.

136 Ebd., 181.

137 Ebd., 180.

138 *Zirker* (1998) 18; *Niehl* (1994) 91; *ders.* (1998) 16. Dass das Wort „Vertrauensvorschuss“ nicht unbedingt – wie hier intendiert! – im Sinne eines Ermutigtseins zur eigenständigen Begegnung mit der Bibel verstanden werden muss, sondern auch verwendet werden kann, um doktrinäre Disziplin einzufordern, veranschaulicht *Avemarie* (2009) 329.

Arbeitsimpulse

1. sich unmittelbar nach der Lektüre auf *drei Aussagen, die* ich *für besonders bedenkenswert halte,* festzulegen,
2. um sich danach (wenn möglich) mit anderen Leser/innen über die getroffene Auswahl auszutauschen und auf *drei Aussagen, die* wir *für besonders bedenkenswert halten,* zu einigen.

Thomas Söding

Heilige Schrift? Gottes Wort?

Das Buch der Bücher im Jahr der Bibel[139]

Die Schwarzseher wollen es nicht glauben. Aber das Image der Bibel ist nach wie vor gut, der Respekt vor ihr groß, auch bei den Gebildeten unter den Verächtern des Christentums. Die Literaten wissen sie mehr denn je zu schätzen. Die meisten Wissenschaftler haben ihre Reserve abgelegt. Die Künstler und Musiker nähern sich ihr neu, die Kulturpolitiker können ihr nicht ausweichen. Zwar gibt es immer wieder die Vorbehalte, die Bibel sei veraltet. Und daß im Klassenzimmer Jubelstürme ausbrechen, wenn die Bibel angesagt ist, wird man nicht ohne weiteres behaupten können. Aber wenn es ernst wird im Leben, wenn an der Oberfläche gekratzt wird, wenn Krisen zu bewältigen und Feste zu feiern sind, wissen die meisten, daß sie keine Allerweltsworte hören wollen, sondern die Stimme eines bewährten und geprüften Glaubens, der nicht einfach das Echo der eigenen Empfindungen widerspiegelt, sondern Zeugnis vom ganz Anderen gibt, von einem Jenseits der tiefsten Depressionen und der kühnsten Wunschträume. Die bekanntesten und beliebtesten, die aufschlußreichsten und geheimnisvollsten, die weitreichendsten und konzentriertesten dieser Worte finden die allermeisten Christen nach wie vor in der Heiligen Schrift – unter den Katholiken eher mehr als in früheren Zeiten.

Freilich bricht auch bei denen, die es gut mit der Bibel meinen, sehr schnell Unsicherheit bei der Frage auf, worauf sich die hohe Erwartung gründet. Worin liegt die Besonderheit der Bibel? Was macht sie zum „Buch der Bücher"?

Bücherschätze

Man könnte sich schnell mit ein paar bekannten Eindrücken beruhigen: Kein anderes Buch hat den abendländischen und in großen Teilen auch den morgenländischen Kulturkreis so stark beeinflußt wie die Bibel. So viele Bestseller es gibt, auf Dauer gibt es nur einen Longseller: die Bibel. Kein anderes Buch wird häufiger

139 *Söding* (2003).

verkauft, häufiger gedruckt, häufiger übersetzt. Keines wird häufiger, intensiver und mit mehr Andacht gelesen als dieses Buch. Was aber bei anderen Produkten freudestrahlend als Ausweis hoher Popularität und großer Relevanz verkauft würde, wirft bei der Bibel noch einmal die Sinnfrage auf. Ganz zu Recht. Sieben Prozent der Christen, heißt es, sollen regelmäßig die Bibel lesen. Das ist unglaublich viel, wenn man den Vergleich anderer Bücher heranzieht, und es ist unglaublich wenig, wenn man vom Anspruch des Evangeliums her denkt. Ist die Bibel die einäugige Königin unter den Blinden? Aber selbst wenn man optimistischer ist: Reicht die Erfolgsgeschichte als Qualitätsnachweis? Ist es die Zustimmung einer großen Lesegemeinde durch Jahrhunderte hindurch, die der Bibel das Attribut der Heiligen Schrift zuerkennt? Die Sympathie, die für die Grundbotschaften der Bibel – Freiheit, Gerechtigkeit, Gnade, Erlösung, Glaube, Liebe, Hoffnung – auch außerhalb der Kirchenmauern entwickelt werden, sollten die Insider nicht verachten. Aber Masse heißt noch nicht Klasse. Hinge der Wert der Bibel am Applaus des Publikums, würde sich letztlich die Kirche zur Herrin der Heiligen Schrift aufschwingen müssen. Das Erste (!) Vatikanische Konzil hat diesen Irrglauben in aller wünschenswerten Klarheit zurückgewiesen.

Geheimnis Gottes

Ist es dann ihr religiöser Gehalt, der die Heiligkeit der Bibel begründet? Kein Zweifel: Ohne die spirituelle Tiefe der Psalmen, ohne die ethische Klarheit der Bergpredigt, ohne die prophetische Kritik des offenen und mehr noch des verborgenen Götzendienstes, ohne die Anthropologie der Gottebenbildlichkeit von Mann und Frau, ohne die Wahrnehmung menschlichen Leidens und menschlicher Freude, ohne die Hoffnung wider alle Hoffnung über den Tod hinaus würde die Bibel nie und nimmer die Heilige Schrift sein können. Aber: Echte Frömmigkeit gibt es in allen Religionen. Wer wollte behaupten, daß es wahrhaft gute Menschen nur im Christentum gäbe? Steht etwa Sokrates an persönlicher Authentizität, gedanklicher Schärfe und geistiger Substanz dem Apostel Paulus irgendwie nach? Will man wirklich in einem globalen Ideenwettbewerb Jesus gegen Buddha aufbieten, Johannes gegen Konfuzius, Matthäus gegen Zarathustra und Petrus gegen Mohammed?

Eine Antwort auf die Frage, worin das Besondere der Bibel besteht, läßt sich nicht in noch so subtilen Theorien über sie finden, sondern nur in ihr selbst. Wer den religiösen, den ethischen, den spirituellen und theologischen Gehalt der Bibel, der ihre Faszination zu großen Teilen ausmacht, verstehen will, muß sich von den alt- und neutestamentlichen Texten zu den Quellen leiten lassen, von denen sie selbst sagen, daß sie aus ihnen schöpfen. Wer diesen Weg mitgeht, wird nicht gezwungen, im biblischen Wortsinn zu glauben, aber nähert sich jener Welt erlittenen und erkämpften, angefochtenen und entwickelten, vitalen und inspirierenden Gottesglaubens, in der die Bibel entstanden ist und den sie bezeugt.

In der Erfahrung des lebendigen Gottes liegt der Schlüssel nicht nur zu den entscheidenden Aussagen und Inhalten der Bibel, sondern auch zu ihrer Entstehung. Gewiß muß der inflationär gebrauchte Begriff der Erfahrung geschützt werden: vor Banalisierung wie vor einer Fixierung auf ekstatische Erlebnisse. Aber er kann doch die Augen öffnen für die Verbindung von Erkenntnis und Praxis, von Wahrnehmung und Reflexion, von existentiellem Angesprochensein und lebensgeschichtlicher Antwort, die für die biblische Gottesrede, die alt- wie die neutestamentliche, im Kern typisch ist und nicht nur die je Einzelnen in Beschlag nimmt, sondern auch die Gemeinschaft des Gottesvolkes prägt. Erfahrung und Zeugnis gehören zusammen. Dem Reden geht das Hören voraus, und wem das Herz voll ist, dem fließt der Mund über.

Die Bibel beider Testamente sagt, nichts sei erstaunlicher, als daß Menschen überhaupt die Möglichkeit eröffnet wird, von Gott zu reden, ohne daß sie nur leere Worte gebrauchen. Nie ist die Gottesrede selbstverständlich, immer geht die Initiative von Gott aus. Nie bestätigt sie einfach die Hoffnungen, Wünsche und Vorurteile, immer erschließt sie – häufig durch das Gericht hindurch – den unendlichen Horizont der Liebe, die stärker ist als der Tod.

Die Provokation der Inspiration

Die Bibel sagt aber auch, gleichfalls im Alten wie im Neuen Testament, daß Gott sich nicht in majestätisches Schweigen, in eine metaphysische Einsamkeit, eine himmlische Isolation zurückzieht, sondern sich äußert – unmittelbar als er selbst, aber auf eine menschliche Art und Weise: dadurch, daß er Anteil an der menschlichen Geschichte, besonders der Leidensgeschichte nimmt und den Geist, das Herz, den Willen und Verstand, die Seele von Menschen beflügelt, sein Wesen und seinen Willen zu erkennen und zu bezeugen. Das geschieht zwar, wie Paulus sagt, so, daß wir ihn nur „wie durch einen Spiegel nur in einem dunklen Wort“ erkennen (1 Kor 13,12). Aber es geschieht, und zwar nach der Erfahrung und dem Zeugnis der biblischen Autoren und Leser, der Redaktoren und Tradenten so, daß Gott ihnen nichts vormacht, sondern sich ihnen – zur gegebenen Zeit und am gegebenen Ort – so zeigt, wie er wahrhaft ist. Indem Gott, wie die Bibel sagt, den menschlichen Weg der Kommunikation geht, macht er sich und sein Wort angreifbar. Es ist verletzlich. Es wird mißverstanden, mißbraucht, mißdeutet, überhört. Aber nur dieser menschliche Weg, den Jesus selbst bis zum bitteren Ende gegangen ist, kann der Offenbarungsweg des Gottes sein, der Liebe ist (1 Joh 4,8.16) und deshalb die Verheißung ewigen Lebens mit sich bringt.

Hier liegt die eigentliche Provokation für die Moderne. Die meisten Zeitgenossen haben sich in einer Welt eingerichtet, die sie vielleicht, weil sie gewaltig kompliziert ist und ständig neues Leben hervorbringt, auf irgendeine göttliche Macht zurückführen wollen. Aber im mechanistischen Weltbild, das nach wie vor unterschwellig weit verbreitet ist, bleibt für einen lebendigen Gott, der die Welt jeden Tag neu erschafft und Menschen in seinen Dienst nimmt, kein Platz. Die Krise dieses allzu einfachen, ideologisch hoch belasteten Kosmos-Modells, an dem kein guter Physiker mehr festhält, sollte neue Spielräume des Denkens schaffen für das, was die Bibel über Gott, sein Wesen und sein Handeln zu sagen hat. Aber dann wäre die Theologie neu in der Pflicht, mit den Mitteln heutiger Wissenschaft darzustellen, was eigentlich Inspiration ist und worin die Wahrheit der Bibel besteht.

Über die Inspiration der Heiligen Schrift läßt sich trefflich spekulieren. Viele Erklärungsmodelle sind derart übersteigert, daß sie den Inspirationsgedanken selbst in Mißkredit bringen: Ist ernstlich die – relativ junge – Idee einer Verbalinspiration zu vermitteln, wonach jedes Jota und jedes Häkchen der Bibel so und nicht anders vom Heiligen Geist diktiert und von den Autoren fein säuberlich notiert worden sei? Man mag gutfinden, wie stark die Bedeutung des Textes gewürdigt wird. Aber wo bleibt in diesem Modell der menschliche Faktor? Der katholischen Kirche hat es in der Neuzeit enorm geschadet, daß sie – im vermeintlichen Glauben, modern zu sein, – sich nicht vorstellen konnte, die aufkommenden Naturwissenschaften könnten zu anderen Ergebnissen über den Lauf der Sonne und den Stand der Sterne und die Form der Erde kommen, als in der Bibel geschrieben steht. Das Ergebnis konnte nur sein, daß die wissenschaftsgläubige Neuzeit zwar viel über die Inspiration von Künstlern, von Genies, von Wissenschaftlern und Philosophen sprechen mochte, aber dem Ursprungsgedanken der Schriftinspiration gerne den Abschied geben wollte.

Gottes Geist

Umgekehrt landet man sehr schnell in Sackgassen, wenn man versucht, die Bibel von zeitbedingten Einkleidungen zu befreien, um so auf die nackte Wahrheit zu stoßen – die man dann meist in einigen ehernen Grundsätzen der Moral meinte finden zu können, in einigen zeitlosen Ideen und echten Empfindungen, die es nur zu beherzigen, zu bewahren und nachzuahmen gälte. Lehrreich ist die Inspirationslehre der Alten Kirche. Sie berücksichtigt nicht die Herausforderungen der Moderne, ist aber viel weiter, offener und tiefer als die kirchliche Inspirationslehre (evangelischer wie katholischer Konfession) in der Neuzeit. Zum einen wäre kein Kirchenvater der Idee verfallen, nur die biblischen Schriften seien inspiriert: „Der Geist weht, wo er will" (Joh 3,8). Zum anderen ist ihre Inspirationstheologie nie nur auf die Produktion, sondern immer zugleich auf die Rezeption, die Aufnahme der Bibel ausgerichtet: Den inspirierten Texten und Autoren entsprechen inspirierte Leser. Die Kraft des Geistes ist so stark, daß er nicht nur die Voraussetzung schafft, authentisch von Gott zu reden und zu schreiben, sondern auch dieses Wort zu verstehen. Die Wahrheit der Schrift ist dann nicht die Summe ihrer physikalischen, historischen, psychologischen Aussagen abzüglich der offenkundigen Irrtümer, sondern das Zeugnis des lebendigen Gottes in der Vielfalt der Stimmen und der Dramatik der Geschichte, die im Paradies ihren Anfang nimmt, den Sündenfall nicht verschweigt, aber im Zeichen des Kreuzes von einer Hoffnung über alle Hoffnung hinaus zu erzählen weiß. Die Inspiration der biblischen Autoren und Texte bezieht sich darauf, genau diese Geschichte zu bezeugen und zu leben – und die Inspiration der Leser bis heute, die Wahrheit dieser Geschichte zu erkennen. Dazu bedarf es der ganzen Bibel, die zwar als Einheit, aber nicht als uniforme Größe vor Augen treten soll – und zwar in all ihrer Vielstimmigkeit, aber nicht als Kakophonie, sondern als Symphonie hörbar werden will.

Die moderne Skepsis bleibt. Aber sofern sie sich auf die unglaubliche Möglichkeit richtet, daß es Gottes Geist gibt, der Menschen seine Wahrheit erschließt, spiegelt sie wider, daß es sich am Ende um eine Glaubensfrage handelt. Die Skepsis hilft, fromme Illusionen zu durchschauen. Aber sie verdient ihrerseits Skepsis, wenn sie die Möglichkeit solcher geistgewirkten Rede in Abrede zu stellen sucht. Sie müßte im gleichen Maße bezweifeln, daß es Wahrheit und echte Liebe und absolute Werte und unveräußerliche Rechte gibt. Das könnte sie nur, wenn sie sich absolut setzte – und würde sich dann in den Selbstwiderspruch setzen, alles relativieren zu wollen, nur die eigene Relativierung nicht.

Die Dialektik der Aufklärung

Die Skepsis an der Skepsis begründet noch nicht das Recht des Inspirationsglaubens, aber eines Bestehens auf Gottes Wahrheit jenseits des Fundamentalismus. Gehört es nämlich zum Geheimnis der Inspiration, daß Gott durch seine Schöpfung, durch die Geschichte und durch bestimmte, von ihm auserwählte Menschen, durch ein bestimmtes, von ihm erwähltes Volk, durch einen bestimmten, von ihm vor aller Schöpfung gezeugten Sohn handelt, dann gilt es, die „Sprache des Fleisches“ (*Hans Urs von Balthasar*) zu lernen. Nicht jenseits der Geschichte ertönt Gottes Wort, sondern in ihr, und nicht durch die Ausschaltung, sondern durch die Indienstnahme des Faktors Mensch. Die Bibel ist nicht einfach das Wort Gottes; sie ist es als das Wort von Menschen und durch das Wort von Menschen.

Das hat enorme Konsequenzen für die Schriftauslegung. Es kann ihr nicht darum gehen, die biblischen Texte vor den Einflüssen ihrer Umwelt zu immunisieren, sondern darum, sie bis zur letzten Konsequenz als Texte, als geschichtliche Zeugnisse, als Dokumente der Religionsgeschichte auszulegen – und darin das Wort Gottes im Menschenwort aufzuspüren.

Um dies unter den Bedingungen modernen Denkens zu leisten, hat die Schriftauslegung starke Impulse aus der Aufklärung und dem modernen Denken erhalten. Erst die „Alternative“ der Evolutionstheorie hat einen neuen Weg zur Theologie der Schöpfungsgeschichte gebahnt. Erst die Kritik am historischen Quellenwert der Bibel hat die Augen für die Theologie der Erinnerung im Alten wie im Neuen Testament geöffnet. Erst der Aufweis, daß die biblischen Schriften literarisch sich ziemlich nahtlos in ihre Zeit einreihen lassen, hat auf der Ebene der Texte das Geheimnis des Christus widergespiegelt, der „in allem uns gleich geworden ist“ (Hebr 2,17).

Umgekehrt war es der Fehler der Aufklärung, Gott auf das Maß menschlicher Vernunft zurechtstutzen zu wollen. Deshalb die Zweifel am Schöpfungsglauben, an den Wundern Jesu, am leeren Grab, an der Auferstehung und der Jungfrauengeburt. Die Dialektik der Aufklärung ist in der Philosophie längst erkannt. Die Grenzen naturwissenschaftlicher Erkenntnis werden deutlich gesehen. In der Exegese und der Bibelpastoral hat sich beides noch nicht überall herumgesprochen.
Es ist Zeit für eine neue Bibellektüre: die keine Angst hat vor Kritik und keine vor der Kritik der Kritik; die dem Zweifel nicht ausweicht, ohne einer letzten Ambivalenz Tribut zu leisten; die alle historischen und philologischen Methoden benutzt und gleichzeitig deren unausgesprochenen Voraussetzungen bedenkt; die den Glauben weder auf das Symbolische noch auf das Faktische reduziert; die von der Bibel ins Leben der Kirche und der einzelnen Christenmenschen sich leiten läßt und von dort aus zurück zum Wort Gottes in der Heiligen Schrift; vor allem: die im Interesse der Menschen nach der Wahrheit fragt, nach historischer und theologischer, ohne den paulinischen Vorbehalt zu leugnen, daß vollkommenes Erkennen erst der Vollendung des Reiches Gottes verheißen ist.

Zwar orientierten sich gerade katholische Christ/innen über Jahrhunderte hinweg eher am Lehrgebäude des Katechismus denn an biblischen Texten. Nichtsdestotrotz wurde der Bibel in Zeiten, in denen Christsein so selbstverständlich war wie das eigene Geschlecht oder die Haarfarbe[140], über alle christlichen Konfessionen hinweg weithin fraglose Autorität zuerkannt. Nahezu einhellig galt sie als eine maßgebliche Richtschnur für Glaube und Leben. Je mehr sich inzwischen soziokulturelle Tendenzen der Rationalisierung (Entscheidungen wollen begründet verantwortet werden!), der Pluralisierung (vielerlei Sinnsysteme stehen gleichzeitig zur Wahl!) und der Säkularisierung (der Gottesglaube verliert an Plausibilität!) durchgesetzt haben, desto unwiderruflicher zerrann solch fraglose Wertschätzung der Heiligen Schrift. So tritt heute an die Stelle einer selbstverständlichen Gewissheit um ihre zentrale Bedeutung offenkundig jene offene Frage, die *Söding*[141] zutreffend markiert:

> „Worin liegt die Besonderheit der Bibel? Was macht sie zum ‚Buch der Bücher'?" (77)

Mit dem Zerbrechen ihrer fraglosen Autorität wird die Wertschätzung der Bibel legitimationspflichtig. Um sie als Buch der Bücher aus der unermesslichen Fülle anderer literarischer Werke herauszuheben, bedarf es tragfähiger Argumente – und dies gerade mit Blick auf einen Religionsunterricht, dessen Schüler/innen die Prämissen des christlichen Glaubens in aller Regel kaum kennen oder nicht teilen. In der Argumentation, die *Söding* im vorgelegten Text entfaltet, um die „Besonderheit" (77) der Bibel zu untermauern, lassen sich drei grundsätzliche Perspektiven unterscheiden.

140 Vgl. *Berger* (2000) 811.
141 Die nachfolgend im Haupttext angeführten Seitenzahlen verweisen auf *Söding* (2003).

1. Mit dem kulturgeschichtlichen Wirkungsreichtum der Bibel, den er recht unkritisch in die Gegenwart hinein verlängert, bringt *Söding* zunächst einen Gesichtspunkt ins Spiel, der unabhängig von individuellen Glaubensentscheidungen *für jeden Menschen nachvollziehbar* sein könnte. Da sich jedoch der innere Wert eines Buches nicht an dessen äußerer Nachfrage verifizieren lässt, greift die kulturhistorische Argumentation allein zu kurz, um der Bibel in inhaltlicher Hinsicht herausragenden Wert zusprechen zu können. Nur weil die Bibel in der Vergangenheit emsig rezipiert wurde, muss ihr hier und heute noch längst keine überragende Qualität zugesprochen werden.
2. Das Scheitern des kulturgeschichtlichen Versuches, die innere Autorität der Bibel zu begründen, verweist auf die Notwendigkeit, inhaltliche Gesichtspunkte ausfindig und geltend zu machen, die einen besonderen Rang der Bibel untermauern können. Genau an diesem Punkt aber, wo die Argumentation ins Inhaltliche umschlägt, wechselt *Söding* vom Modus einer prinzipiell für jeden Menschen zugänglichen Gedankenführung in eine *Innenperspektive, die ausschließlich Gläubigen zugänglich ist.* Kristallisationspunkt dieser Binnenargumentation ist die – eben nur für Gläubige nachvollziehbare – Überzeugung, die Bibel sei von Gott selbst inspiriert. Dass eine göttliche Inspiration (von lat. *inspiratio* / griech. *émpneusis = Anhauch*) auf Höhe unserer Zeit nur redlich vorstellbar ist, wenn man die literarische Autorenschaft der biblischen Schriftsteller ebenso ernstnimmt wie die geschichtliche Verwurzelung der Schrift[142], verdeutlicht *Söding* zweifelsfrei. Dies ändert nichts daran, dass der Optimismus in die göttliche Inspiriertheit der Bibel nur binnenperspektivisch einholbar ist. Für Juden wie Christen kann die Bibel den Rang des lebens- und überlebensnotwendigen Buches einnehmen, gerade weil sie darauf vertrauen, dass sie „Wort Gottes im Menschenwort" (78) und uneinholbares Medium der Selbstmitteilung Gottes sei. Für Menschen hingegen, welche die Annahme einer göttlichen Inspiriertheit der Bibel erst gar nicht teilen, mag die unzugänglich bleibende Inspirationsthese allenfalls einen Anstoß geben, die Bibel genauer kennenzulernen. Als triftiger Anhalt, um argumentativ vom besonderen Rang der Bibel überzeugt werden zu können, taugt die Inspirationsannahme für sie nicht.[143]
3. Wer stichhaltig zu begründen sucht, warum es am Ort der öffentlichen Schule wertvoll oder gar unverzichtbar sein soll, ausgerechnet der Bibel zu begegnen, sollte Argumente vorbringen, die über die christlich-kirchliche Binnenperspektive hinaus auch für Menschen zugänglich sind, die dem Glauben gegenüber

142 Vgl. insb. *DV 11f.*

143 Insofern „Offenbarungsansprüche [...] nicht so zu vertreten [sind], dass man im Diskurs [...] den göttlichen Standpunkt für sich selbst reklamiert, um damit die eigenen Überzeugungen unter Berufung auf Offenbarung zu autorisieren, legitimieren oder immunisieren" (*Kreiner* (2006) 173), kann die Postulierung einer göttlichen Inspiration der Bibel auch nicht Ausgangspunkt einer allgemein nachvollziehbaren Legitimierung ihrer besonderen Qualität sein.

indifferent, skeptisch oder ablehnend gegenüberstehen. Auch wenn *Södings* theologischer Rekurs auf die Inspirationslehre mangels Nachvollziehbarkeit für Nichtgläubige kaum tauglich ist, um eine besondere Autorität der Bibel im Bildungsdiskurs plausibel werden zu lassen, birgt sein Artikel einige Anknüpfungspunkte, die eine *offene Auseinandersetzung mit der Bibel* als legitim und lohnend erscheinen lassen. Prinzipiell gelangt jeder Versuch, die inhaltliche Bedeutsamkeit und Besonderheit der Bibel in übergreifender Weise zu begründen, an die eherne Grenze, im Akt des Begründens selbst abstrakt und blutleer zu werden. Zwar liefert die Gewissheit, dass sich die Bibel über Jahrtausende hinweg als kulturgeschichtliches, ideologiekritisches, existenzielles und gerade auch religiöses Dokument ‚bewährt'[144] hat (*Kap. 3.2*), einen fundierten Anhaltspunkt, um die Bibel im Bildungskanon von Schule und Religionsunterricht zu verankern. Erproben und erweisen lässt sich die inhaltliche Qualität wie der bildende Wert der Bibel aber letztendlich nur in der je neuen, konkreten Begegnung mit ihren Texten. Vollkommen zu Recht verweist deshalb *Söding* darauf, dass sich die kennzeichnende Besonderheit der Bibel nur in ihrem konkreten Gebrauch erweisen kann:

> „Eine Antwort auf die Frage, worin das Besondere der Bibel besteht, läßt sich nicht in noch so subtilen Theorien über sie finden, sondern nur in ihr selbst. Wer den religiösen, den ethischen, den spirituellen und theologischen Gehalt der Bibel, der ihre Faszination zu großen Teilen ausmacht, verstehen will, muß sich von den alt- und neutestamentlichen Texten zu den Quellen leiten lassen, von denen sie selbst sagen, daß sie aus ihnen schöpfen. Wer diesen Weg mitgeht, wird nicht gezwungen, im biblischen Wortsinn zu glauben, aber nähert sich jener Welt erlittenen und erkämpften, angefochtenen und entwickelten, vitalen und inspirierenden Gottesglaubens, in der die Bibel entstanden ist und den sie bezeugt." (77)

Im Einklang mit dem protestantischen Prinzip des „Nihil extra usum – nichts außerhalb des Gebrauchs"[145] entscheiden sich der Wert und die Wahrheit der Bibel ebenso wie die Berechtigung, sie als Buch der Bücher aus dem Strom der Literatur hervorzuheben, letztendlich in der konkreten, je neuen Auseinandersetzung mit ihren Texten. Diese Auseinandersetzung steht in Schule und Unterricht unter bildendem Vorzeichen, was einschließt, dass die Schüler/innen „nicht gezwungen" sind, „im biblischen Wortsinn zu glauben" (77), wenn sie den Worten und Sätzen der Bibel begegnen, um in Identifikation wie Distanznahme der eigenen Identität auf die Spur zu kommen. Dass der pädagogisch unhintergehbare Eigensinn der die Bibel interpretierenden Schüler/innen auch theologisch rundum legitim ist, verdeutlicht *Söding* abermals im Rekurs auf die Inspirationslehre. Im Gegensatz zur späteren

144 Dass sich Überlieferungen „immer erneuerter Bewährung" aussetzen müssen, um als wahr und bewahrenswert gelten zu können, verdeutlicht *Gadamer* (1999) 292.

145 *Meyer-Blanck* (2002) 93.

apologetischen Stoßrichtung untermauerte der Inspirationsgedanke in der Alten Kirche eine symmetrische Wertschätzung von Text und Leser.[146] Damals wie heute vermag die Bibel nur zu sprechen, sofern sie auf schöpferische Rezipienten trifft, die ihre eigenen Gewissheiten wie Ungewissheiten in die Lektüre hineinnehmen[147]:

> „Den inspirierten Texten und Autoren entsprechen inspirierte Leser.“ (78[148])

Wenn Kinder und Jugendliche tatsächlich in ernsthafte Gespräche mit der Bibel treten, dann werden deren Texte wohl kaum ‚in Watte gepackt‘. Biblische Texte sind aber gar nicht darauf ausgelegt, unter einer Schutzglocke betulicher Zurückhaltung verwahrt zu werden. Vielmehr fordern und vertragen sie jegliche ernsthafte Infragestellung, sofern sich die Leser/innen umgekehrt auch durch die Bibel selbst anfragen lassen. Im Einklang mit dem Ideal einer wechselseitigen, kritischen, produktiven und symmetrischen Korrelation fordert *Söding* den Mut, dem Buch der Bücher mit offenem Visier und ohne Scheu vor Risiken zu begegnen:

> „Es ist Zeit für eine neue Bibellektüre: die keine Angst hat vor Kritik und keine vor der Kritik der Kritik; die dem Zweifel nicht ausweicht“ (78).

146 Vgl. *Gabel* (1996) 536: „Während die patristischen und scholastischen Inspirations-Aussagen häufig in einem spirituellen und pastoralen Kontext stehen (weil die Schrift inspiriert ist, kann sie geistlich ([…]) ausgelegt und so für das Leben des einzelnen und der Kirche fruchtbar werden), dominiert nun [in der Neuzeit] die apologetisch-defensive Zielrichtung der Inspirations-Theologie (weil die Bibel inspiriert ist, kann der Wahrheitsanspruch ihrer Aussagen nicht bezweifelt werden).“

147 Vgl. *Schambeck* (2009) 180: „Es ist allemal spannend zu verfolgen, wie Schüler/innen auf ihre Weise Texte aktualisieren. So verkommen Texte eben nicht zu Dokumenten vergangener Zeiten, die höchstens einen musealen Anspruch erheben können. Biblische Texte können so vielmehr als Lebensworte entdeckt und für heute erinnert werden.“

148 Vgl. *Gabel* (1996) 536 mit Bezug auf *Origenes von Alexandrien* (ca.185-ca.254); „Derselbe Geist, der in den Verfassern am Werk war, ist auch im Leser und Deuter wirksam“. Vgl. a. *Kügler* (2009) 151: „In einem gelungenen Leseprozess steht auf der einen Seite der inspirierte Text, auf der anderen Seite der/die inspirierte Leser/in – und beide ringen miteinander.“

4 Ein Blick in die biblische Hermeneutik

Biblische Didaktik reflektiert Lehr- und Lernprozesse, in welchen das Buch der Bücher zur Geltung kommt. Sie bedenkt, überdenkt und durchdenkt biblische Lehr- und Lernprozesse mit dem Ziel, dass die Bibel als Bildungs-‚Gegenstand' im konkreten Alltag von Unterricht und Erziehung verantwortet, gewinnbringend und angemessen ins Spiel kommen kann.
Zum ‚Geschäft' bibeldidaktischer Reflexion gehört zunächst, sich Rechenschaft darüber zu geben, was die Bibel als besonderes Buch ausmacht und kennzeichnet. *Kap. 2* suchte dieser Aufgabe unter dem Titel „Die Bibel: Was für ein Buch?!" gerecht zu werden. Zum ‚Geschäft' bibeldidaktischer Reflexion gehört zudem, sich über das bildende Potenzial der Bibel Rechenschaft abzulegen. Dieser Herausforderung widmete sich *Kap. 3* unter der Überschrift „Warum ausgerechnet die Bibel als Bildungsbuch?" In *Kap. 4* soll es nun gezielt um hermeneutische Fragestellungen gehen. Der Titel lautet „Ein Blick in die biblische Hermeneutik". Zugrunde liegt die Überzeugung, dass wir die Bibel im realen Unterricht nur sinnvoll und angemessen ins Spiel bringen können, wenn wir eine kundige und tragfähige Vorstellung davon haben, wie sich das Buch der Bücher über die enorme Distanz hinweg, die uns von seiner Entstehung trennt, heute verstehen lässt.
Was geschieht – so könnte man in weitestem Sinne fragen –, wenn Menschen, die in einer bestimmten inneren und äußeren Welt verwurzelt sind, kulturellen Zeugnissen begegnen, die einer anderen, einer fremden Welt entstammen? Wobei solch fremde Kulturzeugnisse unterschiedlichster Art sein können – beispielsweise musikalisch, literarisch, filmisch, bildlich oder architektonisch.
Mit Blick auf die Bibel lässt sich diese grundlegende Frage zuspitzen. Im Zentrum steht hier die Begegnung zwischen heutigen Leser/innen und den alten Texten der Heiligen Schrift. Wie sich diese Begegnung gestaltet, was sie kennzeichnet und wie sie ‚funktioniert', diese Fragen stehen im Blickpunkt der biblischen Hermeneutik. Nach genauerer Klärung des Wortes ‚Hermeneutik' werden zwei Modelle vorgestellt, die das Begegnungsgeschehen zwischen heutigen Leser/innen und biblischen Texten aus komplementärem Blickwinkel erhellen können.

4.1 Was bedeutet ‚Hermeneutik'?

Zunächst zur naheliegenden Frage, was denn nun eigentlich mit jenem Wort ‚Hermeneutik' gemeint ist, das ja im bisherigen Gedankengang schon einige Male auftauchte und nicht nur für die Theologie, sondern für jegliche Literatur-, Kultur- und Geisteswissenschaft von entscheidender Bedeutung ist.

Eine sachlich treffende und sprachlich einprägsame Begriffsbestimmung liefert uns ein überragender Theoretiker der hermeneutischen Philosophie, nämlich *Hans-Georg Gadamer* (1900-2002)[149]:

> „Hermeneutik ist die Kunst des *hermaeneúein*, d.h. des Verkündens, Dolmetschens, Erklärens und Auslegens. ‚Hermes' hieß der Götterbote, der die Botschaften der Götter den Sterblichen ausrichtet. Sein Verkünden ist offenkundig kein bloßes Mitteilen, sondern Erklären von göttlichen Befehlen, und zwar so, daß er diese in sterbliche Sprache und Verständlichkeit übersetzt. Die Leistung der Hermeneutik besteht grundsätzlich immer darin, einen Sinnzusammenhang aus einer anderen ‚Welt' in die eigene zu übertragen."[150]

Gadamer ruft zunächst die sprachliche Wurzel des Hermeneutikbegriffs in Erinnerung. Zugrunde liegt das griechische Verbum *hermaeneúein = übersetzen*. Hermeneutik befasst sich also mit einem Übersetzungsgeschehen. Zwischen welchen Gegenübern findet dieses Geschehen statt? *Gadamer* zufolge besteht die hermeneutische Aufgabe darin, „einen Sinnzusammenhang aus einer anderen ‚Welt' in die eigene zu übertragen." Als Gegenüber werden unterschiedliche ‚Welten' gekennzeichnet. In der Begegnung mit der Bibel sind dies die Welt des heutigen Lesers und die Welt des biblischen Textes.

Wie finden beide ‚Welten' zueinander? Unter welchen Bedingungen können wir davon ausgehen, dass die Übertragung des biblischen ‚Sinnzusammenhangs' in die Welt gegenwärtiger Schüler/innen gelungen ist? Was ist zu beachten, wenn wir als Lehrer/innen gelingende Übertragungs- und Übersetzungsleistungen zwischen den biblischen Texten und heutigen Schüler/innen begünstigen wollen? All diese Fragen fallen in den Gegenstandsbereich der biblischen Hermeneutik. Sie reflektiert das Verständigungsgeschehen zwischen der Bibel, die in einer fremden Zeit und Kultur zuhause ist, und den heutigen Menschen. In diesem Sinne ist die biblische Hermeneutik eine „Reflexion über den Vorgang des Verstehens und Auslegens"[151] der Bibel in andere, in neue Kontexte hinein.

Von der biblischen Hermeneutik zu unterscheiden ist die biblische Exegese, deren historisch-kritische Ausprägung sich zu einer Schlüsseldisziplin der heutigen Theologie entwickelt hat. Das Wort ‚Exegese' stammt vom griechischen Verbum *exaegeisthai = erklären, erläutern*. Im Gegensatz zur Hermeneutik, die den Brückenschlag zwischen ‚Damals' und ‚Heute' sucht, zielt die Exegese darauf, den Sinn und die Bedeutung von Texten in ihren ursprünglichen, ihren historischen Kontexten zu erfassen. Was wurde damals in welcher Weise und vor welchem Hintergrund in welcher Absicht kundgetan? – dies ist die Grundfrage des exegetischen Vorgehens.[152] Verdeutlicht und klar herausgestellt wird die grundlegende Differenz zwi-

149 Knapp und präzise wird die Philosophie *Gadamers* umrissen in *Zapf* (1998).
150 *Gadamer* (1974) 1061.
151 *Theißen* (2003) 64.
152 Es geht der Exegese somit darum, „den Aussagewillen" biblischer Texte „innerhalb ihrer je konkre-

schen Hermeneutik und Exegese bereits in den 1960er Jahren durch den Religionspädagogen *Wolfgang Langer*. Er schrieb damals:

> „Die literarhistorische Analyse der neutestamentlichen Schriften und die kritisch-historische Erforschung der dahinterliegenden Geschehnisse können immer nur zu einer besseren Erkenntnis der Entstehung dieser Schriften, ihrer Absichten und ihrer Beziehung zu den historischen Ereignissen und damit zu einem genaueren Verstehen ihrer Aussagen und ihrer Bedeutung *für ihre Zeit*, für den Glauben der Urchristenheit führen. Eine Theologie, der es um das Ausrichten der christlichen Botschaft in Verkündigung und Unterweisung *hier und heute* geht, kann sich damit allein nicht begnügen. Sie muß vielmehr die Bedingungen erschließen und bewußt machen, unter denen der Glaube des Neuen Testaments als für heute und alle Zeit gültig und möglich verstehbar gemacht werden kann. Sie hat danach zu fragen, wie das im geschriebenen Text ‚erstarrte‘ Wort wieder zum lebendigen, mündlichen, ansprechenden und Glauben beanspruchenden Wort werden kann. Und sie wird schließlich auch Antwort gehen müssen auf die Frage, wie der hinter dem Wort der Schrift stehende Jesus von Nazareth, der vor 2000 Jahren gelebt hat, noch heute Grund und ‚Anhalt‘ des Glaubens sei.
> Das Bewußtwerden der gefährlichen Kluft zwischen einer wissenschaftlichen Arbeit am Text, die beim Text stehen bleibt, und einer praktischen Verwendung des Textes, die sich auf die aus seiner literarischen und historischen Bedingtheit stammenden Schwierigkeiten des Verstehens nicht einlassen will, hat den hermeneutischen Prozeß wieder in seiner Ganzheit in den Blick treten lassen und Bemühungen angeregt, ‚... aus dem fatalen Dualismus des Interpretierens herauszukommen‘. Diejenige theologische Arbeit, die sich bewußt einer [...] Erörterung der Bedingungen für die Vergegenwärtigung und das gegenwärtige Verstehen des Schriftwortes zuwendet, sammelt sich heutigentags [...] unter dem Titel ‚Hermeneutik‘“[153].

Langers Ausführungen beziehen sich zwar ausdrücklich auf das Neue Testament. Die Fragestellung, die er hellsichtig markierte, gilt aber zweifelsohne für den gesamten biblischen Kanon einschließlich des ‚Ersten‘, Alten Testaments.
Zunächst arbeitet *Langer* heraus, dass die Aufgabe wie Grenze der biblischen Exegese darin besteht, die Bibel „*für ihre Zeit*“ verstehbar werden zu lassen. Ziel ist es, den „angestammten damaligen Sinnhorizont“[154] zu rekonstruieren, in dem biblische Texte ursprünglich formuliert und rezipiert wurden. Erkundet wird also, was die Worte der Bibel in ihren ursprünglichen Verwendungssituationen aussagen wollten und konnten. In ihrem eigentlichen Sinne ist die Exegese „nur mit dem befaßt [...], was einmal war: sie läßt den Leser der antiken Texte des AT und NT in deren Vergangenheit zurück“[155]. Indem sie nach dem vergangenen Textverständnis zurückfragt, lässt uns die Exegese zugänglich werden, was die alten Worte der Bibel in den alten Kontexten ihrer Entstehung bedeuteten.

---

ten Anfangs- und Aufbruchsumstände verstehbar zu machen.“ (*Müller* (2008) 32)

153 *Langer* (1966) 420f. mit Bezug auf *Kurt Frör* (1905-1980).

154 *Müller* (1984) 334.

155 Ebd., 346.

Die Aufgabe biblischer Hermeneutik setzt *Langer* hiervon klar ab. Die Hermeneutik findet ihren Zielpunkt im *„hier und heute"* der je aktuellen Textverwendung. Uraufgabe der Hermeneutik ist die ‚aktualisierende Interpretation'[156]. Ausgehend von den alten Texten und ihrer ursprünglichen Aussageabsicht fragt sie nach verantwortbaren Lesarten in neuen Situationen und Konstellationen. Im Kern gleicht die Hermeneutik somit einem Brückenbau. Um die „Gegenwartsrelevanz biblischer Texte"[157] einzuholen, sucht das hermeneutische Projekt mit Redlichkeit und Mut, die kulturelle, soziale und zeitliche Distanz zwischen dem ‚Damals' der Textwerdung und dem ‚Heute' der Textrezeption zu überwinden[158], wobei die Wirkungsgeschichte durchaus Brückenpfeiler liefern kann, welche den Bau einer Verbindung erleichtern.[159]

Im dokumentierten Zitat beklagt *Wolfgang Langer* eine ‚gefährliche Kluft' zwischen einer hermeneutiklosen Exegese einerseits und einer exegeselosen Hermeneutik andererseits. Man könnte auch von zwei Irrwegen sprechen. Der eine Irrweg bestünde darin, die ursprüngliche Bedeutung der biblischen Texte festzuschreiben. Wer so verfährt, der ignoriert, dass diese alten Texte in gewandelten Situationen anders und neu zu sprechen vermögen. Der zweite Irrweg bestünde darin, bei der Übertragung der alten Texte in die heutige Zeit außer Acht zu lassen, was diese Texte seinerzeit meinten und wollten. Wer dergestalt handelt, der läuft Gefahr, die alten Texte gegen ihre ursprüngliche Intention zu vereinnahmen und zu verzwecken.

Erkennbar wird zum einen, dass das exegetische Mühen letztendlich irrelevant bleibt, wenn die hermeneutische Vergegenwärtigung ausbleibt. Treffend stellt das Dokument der *Päpstlichen Bibelkommission* zur „Interpretation der Bibel in der Kirche" von 1993 fest, dass „jede Textexegese [...] durch eine ‚Hermeneutik' im modernen Sinn des Wortes ergänzt werden"[160] muss. Ebenso berechtigt lässt sich aussagen, dass eine fundierte Hermeneutik (und Didaktik!) der Bibel darauf angewiesen ist, die exegetische Perspektive auf die alten Texte zur Kenntnis zu nehmen. Gerade diese zweite Forderung stößt im religionspädagogischen Alltag vielfach auf Hindernisse und Widerstände. Einen biblischen Kommentar zur Hand zu nehmen, bevor man einen Bibeltext im Unterricht inszeniert und thematisiert,

156 *Zirker* (1979) 44.

157 *Müller* (1984) 333.

158 Vgl. *van der Ven* (1994) 54.

159 Als Referenzpunkt zur Bestimmung *syn*chroner (zeitgleicher) und *dia*chroner (zeitübergreifender) Bibellektüre gilt üblicherweise die aktuelle Rezeptionssituation, sodass die heutige Auseinandersetzung mit der kanonischen Textgestalt als *syn*chron und die rückblickende Erkundung der Textentstehung als *dia*chron gekennzeichnet wird (vgl. *Kirchschläger* (1987) 131-133; *Fischer* (2005) 54, 66, 183 und 186). Die hermeneutische Herausforderung und Problematik wird aber weit plastischer, wenn man den Zeitindex des Bezugs zur Heiligen Schrift vom Referenzpunkt der Textentstehung aus betrachtet. In solcher Optik rückt die Exegese den Text in die *Syn*chronizität seiner ursprünglichen antiken Kontexte, während die Hermeneutik *dia*chron auf weit entfernte Kontexte je neuer Interpretationen ausgreift.

160 *Päpstliche Bibelkommission* (1996) 66; vgl. insb. ebd., 90.

ist leider alles andere als selbstverständlich.[161] Als praxistaugliche Kommentarreihe empfiehlt sich nach wie vor die *Neue Echter Bibel.*[162] Sie erschließt den deutschen Text der biblischen Einheitsübersetzung in knapper, fundierter und gut lesbarer Weise, auch wenn neueste Forschungsergebnisse der Exegese aufgrund ihres Erscheinungsdatums nicht berücksichtigt sind. Sehr hilfreich für die alltägliche Unterrichtsvorbereitung ist überdies das weit aktuellere, von *Erich Zenger* (1939-2010) herausgegebene und 2004 erstmals aufgelegte *Stuttgarter Alte Testament.*[163] In einem einzigen Band kommentiert es die alttestamentlichen Texte der Einheitsübersetzung auf verständliche, profunde und gut lesbare Weise. Eine exzellente Lesehilfe bietet schließlich auch der jüngst erschienene *Kommentar zur Zürcher Bibel*[164], der sämtliche Bücher des (reformierten) Kanons in drei erschwinglichen Bänden knapp und erhellend erläutert.
Das vorliegende Kapitel soll Erkenntnisse der biblischen Hermeneutik sichten, die hilfreich sind, um die Bibel im konkreten Unterrichten bildend wirksam werden zu lassen. Nachdem nun geklärt ist, was das Wort ‚Hermeneutik' bedeutet und wie sich der exegetische vom hermeneutischen Blickwinkel unterscheidet, werden nachfolgend zwei Modelle einer biblischen ‚Verstehenslehre' in den Blick gerückt, die gerade in didaktischer Perspektive höchst aufschlussreich sind.

4.2 Kontextuelle Kraftfelder eines (biblischen) Textes

Ein jedes Zeugnis menschlichen Daseins – sei es etwa ein Musikstück, ein Bild oder ein literarischer Text – verdankt sich einem ganz bestimmten Entstehungszusammenhang, der durch mannigfache Einflüsse und Gegebenheiten geprägt ist. Diese Einflüsse und Gegebenheiten sind einerseits kollektiver, gemeinschaftlicher und andererseits – darin eingebettet – individueller, persönlicher Art. Zu nennen sind beispielsweise die jeweilige Gesellschaftsordnung, das ökonomische System, die zeitbedingte Ideen- und Vorstellungswelt oder das persönliche Geschick des Autors. Auch biblischen Texten ergeht es keineswegs anders. Auch sie sind Produkt einer ganz bestimmten Epoche, einer gewissen Gesellschaft, einer besonderen Kultur. Auch sie sind Spiegel zeitbedingter Biographien.
Was aber geschieht nun, wenn diese biblischen Texte *je neu* gelesen und bedacht, meditiert und gefeiert werden? *Horst Klaus Berg*, dessen dualistische Begründung biblischer Didaktik ich im vorigen Kapitel kritisch aufs Korn genommen habe, entwickelte zu dieser Frage ein erhellendes Modell, das maßgeblich durch *Georges Casalis* (1917-1987), einen evangelischen Befreiungstheologen, inspiriert wurde.

---

161 Vgl. die Problemanzeige in *Weiß* (1995) 8f.
162 *NEB-AT* (1980ff.) und *NEB-NT* (1983ff.).
163 *Zenger* (2004).
164 *Evangelisch-reformierte Landeskirche Zürich* (2010).

Berg deutet das zeitübergreifende, diachrone Verstehen von Texten als eine Verzahnung je neuer und unterschiedlicher ‚Kontexte'. Genauer gesagt spricht er – in Anlehnung an *Casalis* – von kontextuellen ‚Kraftfeldern', die sich im Verstehensprozess berühren und begegnen. Der Plural „Kraftfelder"[165] mag verwundern. Genau in diesem Plural aber liegt die besondere Erschließungskraft dieses bibelhermeneutischen Modells. Was also ist gemeint mit der Vokabel ‚kontextuelles Kraftfeld' – und inwiefern sind beim Verstehen eines Textes unterschiedliche ‚Kraftfelder' im Spiel? Dies gilt es nun zu klären. Ein Schaubild, das ich von *Berg* ausgehend entwickelt habe (vgl. 131), soll dabei als Basis dienen.

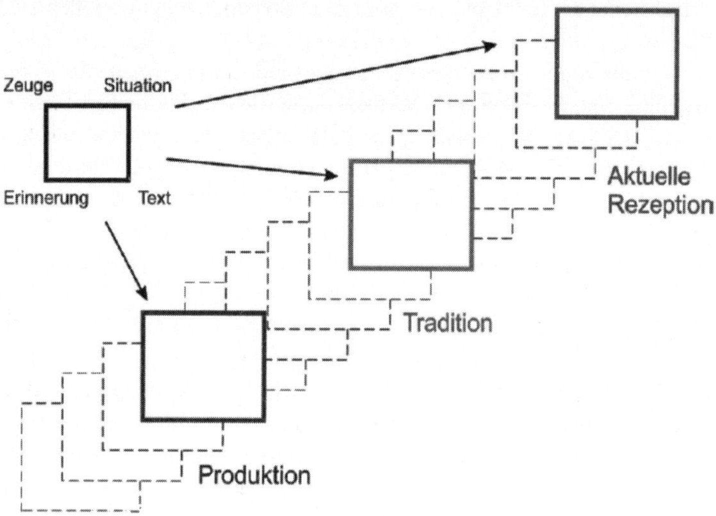

Abb. 4: ‚Kontextuelle Kraftfelder' eines Bibeltextes nach *Horst Klaus Berg*

Wie aus der Grafik erkennbar wird, konstituiert sich das Verstehen biblischer Texte als ein komplexes und dynamisches Geschehen in der Zeit. Wer die Bibel zu erschließen sucht, der steht als einzelnes Glied in einer langen Kette unterschiedlichster Interpretationen.

- *„Produktion"* (129): Die Interpretationskette beginnt bereits mit der Entstehung der biblischen Texte selbst. Bei weitem die meisten Schriften der Bibel sind nicht in einem Zuge entstanden, sie gehen nicht auf einen bestimmbaren Einzelautoren zurück, der sie in überschaubarer Zeit vollendet hätte. In der Regel sind die biblischen Bücher also nicht Autoren-, sondern Traditionsliteratur. Sie spiegeln einen

165 *Berg* (1993) 129. Im Haupttext dieses Teilkapitels angeführte Seitenzahlen verweisen auf diese Publikation.

Prozess des Textwachstums wider, der Jahrzehnte und Jahrhunderte lang dauerte. So sind die Texte, wie sie heute vor uns liegen, das Ergebnis einer vielfachen Relecture. Über Jahrzehnte und Jahrhunderte hinweg wurden die alten Worte nicht nur je neu gelesen, sondern auch den neuen Kontexten entsprechend erweitert und umgestaltet. Dieser Prozess der Textproduktion gelangte erst mit der Kanonisierung der biblischen Schriften an sein Ende. Mit dieser Kanonisierung (von griech. *kanōn = Maßstab, Richtschnur* bzw. hebr. *qanæ = Messrohr*) bestimmte die Glaubensgemeinschaft, welche Bücher definitiv zur Heiligen Schrift gezählt werden. Veränderungen am Text dieser Heiligen Schriften waren fortan ausgeschlossen. Bis zur Kanonisierung jedoch war die Textproduktion permanent im Fluss.

- *„Tradition"* (129): Nach der Kanonisierung der biblischen Texte, die nicht über Nacht erfolgte, sondern in mehreren Schritten, waren Textänderungen tabu. Die Texte waren nun zwar fixiert, ihre dynamische Interpretation ging jedoch unaufhörlich weiter. Was in der Überblicksskizze unter ‚Tradition' verbucht wird, bezeichnet die wechselhafte Interpretation der biblischen Schriften nach Abschluss der eigentlichen Textproduktion. Noch angemessener und verbreiteter als der Terminus der ‚Tradition' erscheint mir allerdings das Wort ‚Wirkungsgeschichte'. Zwar wurde nun – in Tradition oder Wirkungsgeschichte – nicht mehr unmittelbar in die Gestalt der biblischen Texte eingegriffen. Nichtsdestotrotz setzten die vorhandenen Texte je nachdem, von wem sie in welcher Zeit, Gesellschaft und Kultur gelesen wurden, je neue Interpretationen und Deutungen frei. Und zwar wechselhafte Deutungen, die sich keineswegs nur in Worten äußerten, sondern auch in Bildern und Skulpturen, in Architektur und Musik, in Riten, Bräuchen und Symbolen. Beständig wurde und wird die Bibel neu interpretiert. Ein und derselbe Text setzt je nach Kontext andere und oftmals auch erstmalige Bedeutungen frei! Und diese Dynamik je neuer Relectures, in denen die eine Bibel in wechselnden Kontexten neu gelesen und anders verstanden wird, dauert fort bis zu jenem Punkt, den das Schaubild als ‚aktuelle Rezeption' bezeichnet.
- *Aktuelle „Rezeption"* (129): Die Kette der Interpretationen mündet im ‚Hier und Jetzt' jeder heutigen Begegnung mit biblischen Texten. Auf den Religionsunterricht gewendet bedeutet dies, dass die Schüler/innen selbst mit ihrer eigenen „verstehende[n] Aufnahme"[166] des biblischen Textes die lange Kette der Relectures zu einem vorläufigen Abschluss bringen. Auch die aktive und perspektivische Aneignung der Bibel, welche die Schüler/innen vollbringen, vermag dem Buch der Bücher neue und vielleicht wertvolle Bedeutungen abzuringen. Dass der Prozess der Interpretationen prinzipiell offen und unabschließbar ist und der biblische Text auch in zukünftigen Kontexten neue Deutungen und Bedeutungen freisetzen wird, bleibt davon unberührt.

166 *Duden Universalwörterbuch* (1996) 1253.

In jedem der einzelnen ‚Kraftfelder', die im unerschöpflichen Prozess des Verstehens miteinander verknüpft sind, wirken *Berg* bzw. *Casalis* zufolge die gleichen „Momente" (128) zusammen. Zum einen ist da natürlich der biblische „*Text*" (128) selbst als in der Produktion noch wandelbarer, später dann unwandelbarer ‚Gegenstand' des hermeneutischen Geschehens. Ihm gegenüber steht der Leser des biblischen Textes, den *Berg* selbst als „*Zeuge*" (128) bezeichnet. Vermittelt wird die Begegnung zwischen Text und Leser zum einen durch die raumzeitliche „*Situation*" (128), in welcher der Leser steht, und zum anderen durch die – individuelle wie kollektive) – „*Erinnerung*" (131), die den Leser prägt.[167]
Entscheidend am Modell der ‚kontextuellen Kraftfelder' scheint mir, dass es das Verstehen biblischer Texte als dynamisches und offenes Geschehen in der Zeit zu veranschaulichen vermag. ‚Die Bibel verstehen' bedeutet grundsätzlich, sie als Leser/in in einer bestimmten Epoche, an einem bestimmten Ort, in bestimmten gesellschaftlichen, kulturellen, persönlichen Kontexten auf je besondere Weise zu verstehen. Die eine Bibel setzt in je neuen Kontexten je andere Bedeutungen frei.
Für den Religionsunterricht eröffnet dies zum einen einen schier unerschöpflichen Reichtum an Perspektiven, unter denen der kanonische Text der Bibel betrachtet werden kann. Eine Fülle an Zeugnissen aus der Entstehungs- und Wirkungsgeschichte der Bibel kann uns helfen, den Reichtum der kanonischen Texte zu erahnen und zu erschließen.
Zum anderen wird am Modell der ‚kontextuellen Kraftfelder' deutlich, dass die Schüler/innen selbst als aktive Rezipienten des biblischen Textes eine konstitutive Rolle spielen. Keine der unendlich vielen Deutungen der Heiligen Schrift, die in der Geschichte entwickelt wurden, vermag die eigene, die besondere Interpretation des je einzelnen Schülers zu ersetzen. Umgekehrt gesprochen: Jeder Schüler muss sich die ‚alte' Bibel in seiner spezifischen Lebenssituation neu aneignen. Ihm in dieser Aneignung ermutigend zur Seite zu stehen, ist eine Kernaufgabe biblischen Unterrichts. Dies schließt ein, dass die Schüler/innen nicht bei der erstbesten Deutung biblischer Texte stehen bleiben, die ihnen naheliegend erscheint. Vielmehr sollen sie durch kritische und sperrige Impulse dazu motiviert und vielleicht auch provoziert werden, ihre aktuellen Deutungen biblischer Texte auf die Probe und in Frage zu stellen, um sie den eigenen Fähigkeiten entsprechend weiterzuentwickeln.

4.3 Das hermeneutische ‚Dreieck'

Um zu erhellen, was geschieht, wenn heutige Leser/innen den alten Texten der Bibel verstehend begegnen, soll nun ein zweites Modell zur Sprache kommen. Im Gegensatz zur kontextuellen Hermeneutik nach *Horst Klaus Berg* spielt die Wir-

167 *Berg* selbst verengt das Moment der ‚Erinnerung' in biblisch-religiösem Sinne (vgl. *ders.* (1993) 130).

kungsgeschichte der biblischen Texte in diesem Modell keine Rolle. Dieser Mangel wird dadurch beglichen, dass uns das hermeneutische ‚Dreieck‘, das nun vorgestellt wird, einen präzisen und differenzierten Blick auf jene Komponenten erlaubt, die im Prozess des Verstehen aufeinandertreffen.
Folgende ‚Eckpunkte‘ werden im Modell des hermeneutischen ‚Dreiecks‘ als entscheidend für jegliches Verstehen fremder Kulturzeugnisse ausgemacht[168]:

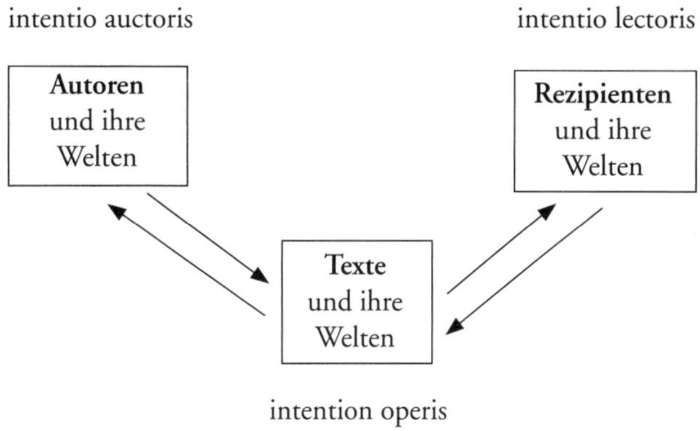

Abb. 5: Hermeneutisches ‚Dreieck‘

1. die „Autoren und ihre Welten“ – also die individuellen oder kollektiven Produzenten kultureller Zeugnisse in ihren besonderen Lebenslagen;
2. die „Texte und ihre Welten“ – also jene kulturellen Zeugnisse selbst, welche sich den Autoren verdanken, mit ihrer besonderen Form und Inhaltlichkeit;
3. die „Rezipienten und ihre Welten“ – also jene Menschen, welche die vorgegebenen kulturellen Zeugnisse in je neuen Lebenslagen verstehend aufzunehmen suchen.

Die Dreizahl der Verstehenskomponenten, die hier namhaft gemacht wird, erscheint wohl unmittelbar einleuchtend. Keiner der Eckpunkte ist wegzudenken aus einem Verstehensprozess, der ebenso im engeren Sinne auf Texte als Wortzeugnisse gemünzt sein kann wie im weiteren Sinne auf Texte als kulturelle Dokumente, die auch bildlich, musikalisch, dramatisch oder architektonisch gefasst sein können. An jedem Verstehensprozess sind in irgendeiner Weise Autor, Text und Rezipient beteiligt – dies scheint unzweifelhaft.

---

168 Vgl. *Oeming* (1998) 5; *Manfred Oeming* selbst operiert mit dem Modell eines ‚hermeneutischen Vierecks‘. Auf einer Ebene mit den hier angeführten Komponenten führt er die „Sachen und ihre Welten“ (ebd.) an, was mir jedoch wenig schlüssig erscheint, da sich die als ‚Sache‘ bezeichnete „*Wirklichkeit*, die die Autoren angerührt hat, die die Texte hervorgerufen hat und auf die die Texte verweisen und die schließlich die Leser umgibt“ (ebd., 140) stets nur geschichtlich vermittelt über Autoren, Texte und Rezipienten entdecken und erahnen lässt.

Betrachten wir das Schaubild näher, dann tritt jedoch ein gravierendes Problem hervor. Deutlich wird, dass zwischen den Autoren einerseits und den Rezipienten andererseits keinerlei direkte Verbindung besteht. Dieser Befund gibt zu denken. Er signalisiert einen Grundtatbestand jeglichen Fremdverstehens. Ein unmittelbarer Weg zu den Autoren ist uns versperrt. Die Autoren selbst und ihre Welten sind uns entrückt. Uns als Rezipienten bleiben nur Spuren, welche die Autoren uns hinterlassen haben. Nur im Medium der Texte vermögen wir den Autoren zu begegnen.
Was aber geschieht, wenn wir uns mit Texten beschäftigen? Und unter welchen Bedingungen können wir mit Fug und Recht sagen, dass wir Texte verstanden haben? Ist unser Verstehen dann gelungen, wenn wir diejenigen Absichten wiedererkennen, welche die Autoren ursprünglich in die Texte hineingelegt haben? Über diese und ähnliche Fragen nachzudenken, dazu soll das Modell des hermeneutischen ‚Dreiecks', das ja genauer betrachtet ein unvollständiges Dreieck ist, nun eingehender ergründet werden.

4.3.1 Autonomie des Textes

Der Text ist Dreh- und Angelpunkt jedes Verstehensprozesses. Er verbindet und er trennt Autoren und Rezipienten.
Zunächst wird ein Text von einem individuellen oder (in der Bibel zumeist) kollektiven Autor erschaffen. Der Autor entäußert sich im Text. Doch sobald der Text freigesetzt ist, sobald ein Brief verschickt, sobald ein Gedicht veröffentlicht, sobald ein Bild verkauft ist, wendet sich das Blatt. Ist die Produktion abgeschlossen, so wird der Text freigelassen. In seiner ihm eigenen Gestalt und Inhaltlichkeit gewinnt der Text nun „Eigenständigkeit"[169]. Oder – synonym gesprochen: Er gewinnt Autonomie (von griech. *autós = selbst* und *nómos = Gesetz*), also „Unableitbarkeit und Eigengesetzlichkeit"[170]. Der Autor verliert das Interpretationsmonopol über den Text, der Text wiederum emanzipiert sich vom Autor. *Christoph Dohmen* umschreibt diesen Vorgang treffend mit folgenden Worten:

> „So steht der Text als eigenständige Größe da, und sein Autor, der ihn als Text auf den Weg gegeben hat, sieht sich selbst diesem Eigenleben des Textes gegenüber. So gesehen ist es keine Besonderheit, wenn ein lebender Autor eingestehen muß, daß dieses und jenes, was die Interpreten seines Werkes darlegen, von ihm zwar nicht (bewußt) intendiert war, aber im Text tatsächlich enthalten ist. Lebt der Autor nicht mehr oder läßt er sich aus welchem Grund auch immer nicht mehr befragen, dann ist man eindeutig und ausschließlich auf den Text angewiesen."[171]

169 *Niehl* (1994) 81.
170 *Hiebel* (2008) 27.
171 *Dohmen* (2003) 37; vgl. *Weiß* (1995) 19 („Im Umgang mit biblischen Texten [...] sollte man sich im klaren sein, daß sich der Text selbst, sein Autor usw. gegen den Betrachter ebensowenig wehren können, wie es die Landschaft gegenüber ihrem Betrachter kann.") und *Motté* (2003) 4 („Doch so leicht kann sich der Autor nicht heraushalten. Er kann letztlich nicht verhindern, dass Leser das

Gleich einem erwachsen gewordenen Kind entwickelt der Text ein uneinholbares Eigenleben. Dieses Eigenleben des Textes betrifft aber keineswegs nur dessen Relation zu seinen Produzenten.
Genauso wenig, wie der Autor den Text durch ausschließliche Interpretationsgewalt zu zähmen vermag, ist dem Rezipienten eine zähmende Vereindeutigung des Textes vergönnt. Jedem neuen Leser, der an ihn herantritt, begegnet der Text als ein Gegenüber mit Eigenart und Eigensinn. Der Text deckt sich nicht mit unserer inneren und äußeren Welt. Er verdoppelt sie nicht einfach. In seiner Eigenart und seinem Eigensinn steht der Text vielmehr in Spannung zur Welt des Rezipienten. Der Text bedarf zwar unserer Interpretation, um lebendig zu werden. Er ist auf den Leser angewiesen. Niemals aber erschöpft sich der Text in dem, was wir aus ihm ‚herauslesen'. Er steht dem Leser eigenständig und eigenwertig gegenüber.
Die Autonomie des Textes erstreckt sich somit nach zwei Seiten hin – gegenüber dem Autor wie gegenüber dem Leser. Das Dokument der *Päpstlichen Bibelkommission* von 1993 umschreibt diesen Sachverhalt im Rekurs auf *Paul Ricoeur* mit folgenden Worten:

> „Eine erste Distanz liegt zwischen dem Text und seinem Autor; denn sobald er verfaßt ist, bekommt der Text eine gewisse Autonomie seinem Autor gegenüber; er beginnt eine ‚Sinn-Karriere'. Eine andere Distanz trennt den Text von seinen jeweiligen Lesern; diese müssen die Andersartigkeit der Welt des Textes respektieren."[172]

Ein Text geht nicht auf in dem, was der Autor in ihn ‚hineinlegen' wollte. Ebenso erschöpft er sich nicht darin, was dieser oder jener Leser zu einem bestimmten Zeitpunkt aus ihm ‚herauszulesen' meint. Texte sind letztlich unwägbar und unauslotbar. Sie lassen sich nicht einholen durch Autor oder Leser.
Nur dadurch, dass Texte eigenartig und eigensinnig sind, nur dadurch, dass sie ein Geheimnis in sich tragen, können sie zu einem echten Dialogpartner werden, der nicht nur unsere Vorstellungen nachplappert, sondern der selbst etwas zu sagen hat. Nur so aber vermag die Bibel im Bildungsgeschehen ein Gegenüber zu sein, an dem sich Schüler/innen ‚reiben' und ‚abarbeiten' können, um ihre eigene Identität zu erproben und aus freien Stücken weiterzugestalten. Für einen verantworteten Bibelunterricht sind somit Mittel und Wege unabdingbar, welche den Text in seiner Autonomie, Fremdheit und Widerständigkeit offenkundig werden lassen. Biblische Didaktik ist angewiesen auf Methoden, die entdecken lassen, was der Text in seiner Autonomie zu sagen hat. Eine dieser Methoden, nämlich die strukturale Bibellektüre, wird in *Kap. 5.2* näher vorgestellt werden.

---

von ihm benutzte Vokabular und die Bilder in einem weiten, von der Tradition seit Jahrhunderten angereicherten Bedeutungshof erfassen, wozu auch religiöse Inhalte gehören. Er hat die Geschichte publiziert und damit freigegeben. Den dadurch ausgelösten Lese- und Verstehensprozess kann er nicht mehr bestimmen.").

172 *Päpstliche Bibelkommission* (1996) 65 mit Bezug auf *Paul Ricoeur*; vgl. a. ebd., 49.

4.3.2 Polysemie des Textes

Eng verknüpft mit der Autonomie des Textes ist dessen Polysemie (von griech. *polýs* = *viel* und *saema* = *Zeichen*) – was soviel bedeutet wie ‚Vielsinnigkeit' oder „Mehrdeutigkeit"[173].

Eben wurde festgestellt, dass sich der freigesetzte Text vom Autor emanzipiert hat. Für die Rezipienten wiederum eröffnet dies unermessliche Spielräume. Einen Text zu verstehen, bedeutet keinesfalls, ihn im Sinne des Autors interpretieren zu müssen. Die Rezipienten gewinnen Freiheit gegenüber dem ursprünglichen Textsinn. In ihrer Lebenslage können und dürfen sie den Text anders deuten, als dies zum Zeitpunkt seiner Produktion der Fall war. Nicht mehr nur jene Bedeutung zählt, welche der Autor in seiner Welt in den Text ‚hineingelegt' hat. Mindestens gleichermaßen legitim sind Interpretationen, welche dem Text in neuen Situationen anderen Sinn zu entlocken vermögen. Wie im Kontextmodell von *Berg* deutlich wurde, prägte diese Freiheit, den alten Texten neue Bedeutungen abzuringen, die gesamte Auslegungsgeschichte der Bibel. Zwei Beispiele mögen dies pro toto verdeutlichen:

- Die Messiasverheißungen des Alten Testamentes waren ihrem ursprünglichen Sinn nach nie und nimmer auf die historische Person *Jesus von Nazaret* gemünzt. Dies hinderte die Christen jedoch keineswegs daran, ebendiese Verheißungen auf Christus als den Auferstandenen zu beziehen.
- Vielfach finden wir in den Evangelien Worte, die vom vorösterlichen *Jesus* geprägt worden waren, die dann aber von nachösterlichen Christengemeinden auf ihre gewandelte Situation hin umgedeutet wurden.

Kein Kulturzeugnis erschöpft sich darin, nur eine einzige Bedeutung in sich zu tragen – beispielsweise jene, die der Autor vielleicht ursprünglich bei der Textproduktion im Sinne hatte. Nein, für kulturelle Zeugnisse im weiteren und literarische Texte im engeren Sinne ist es geradezu kennzeichnend, dass ihnen eine nicht einholbare Vielfalt an möglichen Bedeutungen innewohnt. Diese Bedeutungsvielfalt kann durch je andere und neue Rezeptionen ans Licht gebracht werden. Texte bergen also ein ebenso unauslotbares wie unaufhebbares Reservoir möglicher Deutungen und Bedeutungen. Texte zu verstehen wird somit zur kreativen Herausforderung für die Rezipienten. Einen Text zutreffend verstanden hat nicht unbedingt derjenige Rezipient, welcher die Autorenintention ‚trifft', sondern derjenige, welcher den alten Wortlaut in neuen Lebens- und Problemlagen angemessen und ertragreich zum Sprechen bringt. Wie Texte überhaupt sind auch die Texte der Bibel keineswegs eindeutig. Auch biblische Texte bergen unermesslich viele Bedeutungen. Prägnant umschreibt dies *Manfred Oeming* in seinem lesenswerten Überblick über die biblische Hermeneutik:

173 *Nieragden* (1998) 431.

„*Niemand kann sagen, daß er die Bibel verstanden habe.*“[174] „Das Verstehen der Bibel ist – wie alles Verstehen – aufgrund der Geschichtlichkeit unseres Daseins unhintergehbar zum Wandel ‚verdammt‘ und führt zu keinem definitiven Abschluß.“[175]

Weil biblische Texte wie jederart Literatur polysem sind, bleibt das Ringen um ihr Verständnis stets vorläufig. Diesen hermeneutischen Vorbehalt pointiert *Franz W. Niehl* mit Blick auf die Erzählung von der „Bindung Isaaks“ (*Gen 22,1-19*), indem er mahnt:

„Wer sagt: Ich habe diesen Text verstanden, der ist an ihm gescheitert.“[176]

Niehls Hinweis gilt keineswegs nur für einige wenige, besonders sperrige Texte der Bibel. Sämtliche Texte der Heiligen Schrift stehen unter dem Vorbehalt, nie und nimmer erschöpfend interpretiert und gedeutet werden zu können. Wer meint, sie verstanden zu haben, der ist an ihnen gescheitert. Da dem so ist, verfehlt auch ein Unterricht, der bestimmte Deutungen monopolisiert, die Eigenart der biblischen Überlieferung.

4.3.3 Konstitutivität des Lesers

Eng mit der Autonomie und der Polysemie des Textes verknüpft ist die Konstitutivität des Rezipienten. Damit ist gemeint, dass ein Text immer erst durch das Handeln des Lesers, stets durch sein Aufnehmen und Deuten ‚zu Ende geschrieben‘ wird.[177] Dass es der Rezipient ist, der einen Text durch seine aktive und kreative Interpretationsleistung vollendet, ist literaturwissenschaftlich ein recht junger Gedanke.[178] *Christoph Dohmen* fasst die Grundidee dieses rezeptionsästhetischen Konzeptes wie folgt zusammen:

„Hat man traditionell etwas vorschnell und einfach den Sinn eines Textes mit der Intention seines Autors gleichgesetzt, so hat die Rezeptionsforschung demgegenüber den Blick dafür geöffnet, daß ein Text nur durch seine Rezipienten lebendig wird und daß sie es sind, die durch ihre Möglichkeiten und Intentionen im Zuge der Auslegung des Textes seinen Sinn entstehen lassen.“[179]

---

174 *Oeming* (1998) 175.

175 Ebd., 183. Vgl. insb. die Forderung *Franz W. Niehls* (2005) 96, dass „die Mitte“ im Interpretationsprozess „frei bleiben muss für den Text selbst, der sich grundsätzlich dem verstehenden Zugriff entzieht.“

176 Ebd., 89.

177 Vgl. insb. *ders.* (1994) 28 sowie – mit Blick auf die Rezeption von Kunstwerken – *Lahrmann* (2009) 631f.

178 *Heinz Antor* (1998) 458 datiert die Entstehung der Rezeptionsästhetik als literaturtheoretischem Ansatz „Ende der 1960er Jahre“. Eine knappe, eingängige Klärung grundlegender rezeptionsästhetischer Gedanken findet sich in *Schöttler* (2006) 13f.

179 *Dohmen* (2003) 40.

Auch die Bibel bleibt unvollständig ohne den interpretierenden Leser. Er ist es, der sich einen ‚eigenen Reim' machen muss auf die Vielsinnigkeit biblischer Texte. *Thomas Söding* brachte diesen Sachverhalt in jenem Artikel, der in *Kap. 3.4* dokumentiert wurde, auf die Formel:

> „Den inspirierten Texten und Autoren entsprechen inspirierte Leser."[180]

Joachim Theis, der sich am Beispiel der Erzählung vom barmherzigen Samariter (*Lk 10,25-37*) intensiv damit befasst hat, wie konkrete Schüler/innen biblische Texte rezipieren, umschreibt die Konstitutivität des Lesers nüchterner mit folgenden Worten:

> „Das Verstehen des Textes ist keine passive Übertragung des Textes in die Wissensstruktur des Rezipienten. Manche Information wird übernommen wie vom Autor bzw. Text beabsichtigt, manche weggelassen oder verkürzt, manche in anderem Zusammenhang neu kombiniert. Aus ein- und demselben Text sind unterschiedliche *Texte* entstanden gemäß der *Vorerfahrung* des Lesers."[181]

Für die biblische Didaktik hat die Konstitutivität des Lesers radikale Folgen. ‚Lernen im Dialog mit der Bibel' ist undenkbar ohne die kreative und selektive Eigenaktivität der Schüler/innen. Die Texte sprechen letztlich ausschließlich so, wie sie vom konkreten Schüler auf seinem jeweiligen Entwicklungsstand und in seiner jeweiligen Situation verstanden werden. Auch wenn es uns absolut nicht passen mag, wie dieser und jener konkrete Schüler den biblischen Text versteht, bleibt es doch dabei, dass für ihn selbst – subjektiv gesehen – seine eigene Rezeption die letztlich gültige Lesart des Textes darstellt.

Biblischer Didaktik ist es aufzutragen, die Rezeptionen der Kinder und Jugendlichen für voll zu nehmen. Auch wenn die Interpretation eines Schülers – wie *Fritz Oser* sagt – „auf alle Fälle anders aussieht als diejenige des Lehrers bzw. des Kommentators"[182], bildet sie doch den Ausgangs- und Zielpunkt biblischer Didaktik. Die konkreten Bibelrezeptionen der Schüler/innen sind ernstzunehmen, keineswegs aber dürfen sie als unveränderlich gelten. Eine Bibeldidaktik, welche in bildendem Sinne auf die Erweiterung des Horizontes und der Handlungsfähigkeit zielt, steht vor einer doppelten Aufgabe: Einerseits sind die Schüler/innen zu ermutigen, ihre eigenen Bibelrezeptionen zu kommunizieren, ohne dass sie mit Tadel und Herablassung rechnen müssen. Andererseits gilt es, die Bibelrezeptionen der Schüler/innen je neu zu verflüssigen. Ziel ist es, die Schüler/innen zu bewegen, ihr eigenes Verständnis biblischer Texte Schritt für Schritt kritisch zu prüfen und produktiv weiterzuentwickeln.

---

180 *Söding* (2003) 78.
181 *Theis* (2005) 236.
182 *Oser* (1987) 214.

Drei knappe Interviewausschnitte, die nachfolgend dokumentiert sind, können einen plastischen Eindruck vermitteln, wie sich das Verstehen eines biblischen Textes mit zunehmendem Alter wandelt. In dreierlei Weise wird in diesen Auszügen ein und dieselbe Erzählung zum Thema, nämlich mit der *Sintflutgeschichte* aus *Gen 6,1-9,17* ausgerechnet jener Text, den Kinder auch in einer Studie von *Helmut Hanisch* und *Anton Bucher* am häufigsten als jene „Geschichte aus der Bibel, die dir *am besten* gefällt"[183], präsentierten.[184]
Als Leser/in sind Sie nun eingeladen, die dokumentierten Interviewauszüge – für sich oder gemeinsam mit Anderen – sorgsam zu erkunden, um auf Basis der eigenen Wahrnehmungen didaktische Hypothesen zu entwickeln. Folgende Impulse können dabei hilfreich sein:

Arbeitsimpulse

1. Beschreiben Sie jeweils sprachliche und inhaltliche Eigenarten der drei Nacherzählungen!
2. Welche markanten Unterschiede werden sichtbar?
3. Welche Entwicklung lässt sich mit zunehmendem Alter der Proband/innen erkennen?
4. Was lässt sich aus den Schülerrezeptionen lernen für eine angemessene Bibeldidaktik?

Die Sintfluterzählung im Spiegel aktueller Schülerrezeptionen[185]

Beispiel 1: Grundschülerin / 8 Jahre / 3. Klasse

Sarah	also da war Jesus, nee, doch nicht (3) äh – ähm (2) die Arche Noah da waren Tiere drauf
(Iv	mmh)
Sarah	und – ähm- dann war da irendwie so ne Überflutung und dann hat war – ähm- da der Mann Arche glaub ich und (3) der hat den alle geholfen

183 *Hanisch/Bucher* (2002) 126.

184 Von 2.402 Kindern, die 1999 befragt wurden (zur Stichprobe vgl. ebd., 14f.), kürten immerhin 15,1% diese *Arche Noah-Erzählung* spontan zur eigenen Lieblingsgeschichte, *Mose-Narrationen* wurden mit 13,1% am zweithäufigsten gewählt (ebd., 40).

185 Die Interviews wurden im Rahmen meines empirisch-religionspädagogischen Projektseminars an der Universität Münster im Wintersemester 2005/06 von *Julia Beintken*, *Ruth Pförtner*, *Dörthe Strohm* und *Esther Willmes* durchgeführt, transkribiert und sequenziell ausgewertet. Um die Anonymität der Proband/innen zu gewährleisten, wurden die angeführten Vornamen frei erfunden.

Beispiel 2: Grundschülerin / 10 Jahre / 4. Klasse

Anne	mmh (7) da baut so'n Mann -mmh- en ganz großes Schiff
(Iv	mmh)
Anne	und (.) dann kommen da immer zwei (.) Tiere das sind ganz verschiedene
(Iv	ja)
Anne	und (2) dann gehen die alle auf's Schiff
Iv	ja
Anne	und dann kommt (.) dann kommt ne große Flut mit Regen (2) und Sturm und dann (3) dann sind die alle in der Arche Noah gerettet

Beispiel 3: Gymnasiast / 14 Jahre / 8. Klasse

Tim	ja -ähm- (4) Arche Noah, also die Menschen im Land die haben ganz oft Sünden begangen, dann hat Gott die immer gewarnt und die haben trotzdem weitergemacht, also die haben nich' drauf gehört und gedacht da passiert sowieso nichts, also haben die immer weitergemacht und irgendwann hat Gott das Land dann überflutet
Iv	(ja)
Tim	und dann hat – äh- Noah, also der hat die Arche gebaut, und ganz viele Tiere hat er mitgenommen und Gott hat ihm das befohlen, dann -ähm- ist er mit denen da weggeschwommen, also weggefahren mit 'nem Schiff, also da aus 'm Land, ja und dann sind die irgendwoanders hin

Drei Schüler/innen unterschiedlichen Alters rekonstruieren eine biblische Geschichte, die ihnen spontan in den Sinn kam. Unabhängig voneinander wählten sie die *Sintflutgeschichte*. In frappanter Weise unterscheiden sich die Form und der Inhalt ihrer Rezeptionen:

- Sarah (8 Jahre) stellt zunächst zentrale Bilder des erzählten Geschehens nebeneinander: „da war [...] die Arche Noah da waren Tiere drauf und [...] dann war da irendwie so ne Überflutung". Ihre Darstellung mündet im rettenden Handeln des „Mann Arche", womit Noach gemeint sein könnte – „der hat den alle geholfen". In aufzählendem Duktus umschreibt der Interviewausschnitt somit eine geglückte Rettung.
- Anne (10 Jahre) entfaltet eine zeitlich gegliederte Handlungskette. Subjekte sind Noach („so'n Mann"), die „Tiere", „die alle" und die „Flut mit Regen [...] und Sturm". Tätigkeiten werden durch variierende Verben umschrieben („baut", „kommen", „gehen", „kommt"). Partikeln, Adverbien und Adjektive detaillieren das Geschehen (z.B. „ganz großes", „ganz verschiedene"). Die Nacherzählung gipfelt im Zustandspassiv[186] „dann sind die alle in der Arche Noah gerettet". Auch hier spitzt sich die Handlung also auf eine geglückte Rettung zu, allerdings ist kein einzelner Akteur auszumachen, dem sich das positive Ende verdankt. Im

186 Vgl. *Duden Grammatik* (1995) 180f. und *Helbig/Buscha* (1996) 175f.

Gegensatz zur vorigen Sequenz formuliert Anne eine Erzählung im eigentlichen Sinne, einzelne Geschehnisse rücken dabei in ein stimmiges zeitliches Nacheinander.

- Tim (14 Jahre) präsentiert eine ausgefeilte theologische Erzählung, Diese setzt damit ein, dass Gott „die Menschen im Land“ mehrfach vergeblich wegen ihrer „Sünden“ warnt. Angesichts ihrer Unbelehrbarkeit „hat Gott das Land dann überflutet“. Auf Gottes ausdrücklichen Befehl hin baut Noah die Arche als Zuflucht für „ganz viele Tiere“. Der Ausgang der Handlung schließlich bleibt in einer gewissen Schwebe. Dass die Arche aus dem zerstörten Land „weggeschwommen, also weggefahren“ ist, signalisiert Überleben. Offen bleibt die Zukunft der Geretteten („und dann sind die irgendwoanders hin“). Im Kontrast zu den beiden anderen Paraphrasen ist Gott in der hiesigen Interviewsequenz der bestimmende Akteur des Geschehens. Die vernichtende Flut begründet sich als Strafe Gottes aus dem ignoranten Fehlverhalten der Menschen, der Fluchtraum der Arche entsteht auf Gottes Initiative. Die Abfolge der erzählten Handlung wird nicht mehr nur referiert, sondern – zumindest mit Blick auf die Sintflut selbst – auch theologisch plausibilisiert.

In ihrer Unterschiedlichkeit spiegeln die betrachteten Interviewsequenzen exemplarisch wider, dass Schüler/innen ein und denselben Bibeltext in unterschiedlichem Alter außerordentlich verschieden rezipieren. Die zunehmende Komplexität der Darstellung, die dabei sichtbar wird, bestätigt die Befunde der entwicklungspsychologischen Erzähltheorie von *Dietrich Boueke* und *Frieder Schülein*. Erzählfähigkeit entwickelt sich ihnen zufolge in vier Stufen. Aus der „isolierten Darstellung einzelner Ereignisse“[187] (Stufe 1), die bei der 8-jährigen Sarah deutlich sichtbar wird, erwächst – bei förderlichen Lernanreizen – jene „lineare Ereignisdarstellung“[188] (Stufe 2), die sich bei der 10-jährigen Anne ausmachen lässt. Die Erzählung des 14-jährigen Tim kann als ‚handlungslogisch strukturierte Darstellung‘[189] (Stufe 3) identifiziert werden, insofern hier „ein Ereignis als ein das weitere Geschehen ‚auslösendes‘ [...] erkennbar“ wird, „das einen gegenüber den Anfangsereignissen ([...]) neuen Zustand darstellt“[190]. Fraglich scheint hingegen, ob Tims Nacherzählung „‚affektiv‘ so markiert ist“, dass sie „den Zuhörer in das Geschehen zu ‚involvieren‘“[191] vermag und somit als „narrativ strukturierte Ereignisdarstellung“[192] (4. Stufe) anzusehen ist.

Ohne Zweifel setzt die Entwicklung der Erzählfähigkeit gewichtige Rahmenbedingungen, die das altersspezifische Verständnis biblischer Texte prägend beeinflussen.

---

187 *Boueke/Schülein* (1991) 38.
188 *Boueke et al.* (1995) 130.
189 *Boueke/Schülein* (1991) 38.
190 *Boueke et al.* (1995) 131; vgl. ebd., 193.
191 Ebd., 131; vgl. ebd., 193.
192 Ebd., 11.

Rekonstruiert werden vermag ein biblischer Text immer nur auf dem aktuellen kognitiven und damit auch sprachlichen Entwicklungsniveau des jeweiligen Rezipienten. Allerdings erschöpft sich die Eigenart unterschiedlicher Rezeptionen keineswegs in jenen sprachformalen Gesichtspunkten, die *Boueke* und *Schülein* erhellend konzeptualisiert haben. Ob Schüler/innen die Sintfluterzählung etwa als Rettungs- oder als Vernichtungsgeschichte reformulieren, welcher Person oder Instanz sie die Vernichtung der Mehrheit und die Rettung der Minderheit ursächlich zuschreiben, dies sind inhaltliche Weichenstellungen, die mit generalisierenden Entwicklungsmodellen kaum erfasst werden können.
Nicht zuletzt wirft die vergleichende Betrachtung der dokumentierten Schülerrezeptionen die drängende Frage auf, wie bibeldidaktisch sinnvoll mit solcher Unterschiedlichkeit umzugehen ist. Studierende, denen ich besagte Interviewausschnitte vorlegte, tendierten oftmals dazu, die weniger komplexen Paraphrasen von Sarah und Anne gegenüber der elaborierten Nacherzählung von Tim als defizitär einzustufen. Aufgabe von Lehrer/innen solle sein, die Schüler/innen baldmöglichst zu sprachlich differenzierten und am besten auch noch theologisch fundierten Rezeptionen zu geleiten. Aus dem Blick gerät in solch pädagogisierendem Überschwang, dass jede der dokumentierten Nacherzählungen ihre eigene Logik und Stimmigkeit besitzt, die Aufmerksamkeit und Anerkennung verdient. Wenn Sarah die Sintflutgeschichte als isolierte Bilderfolge einer geglückten Rettung durch Noach rekonstruiert, wenn Anne denselben Bibeltext als lineare Ereignisfolge auffasst, in der sich – wie von selbst! – Rettung vollzieht, dann verdienen diese beiden Rezeptionen ebensolchen Respekt wie die elaborierte Gotteserzählung von Tim. *Nicht gegen* das Bibelverständnis von Kindern und Jugendlichen anzukämpfen, sondern deren Rezeptionen einerseits wertschätzend aufzunehmen und andererseits beharrlich durch entwicklungsförderliche Impulse zu flankieren, wäre somit Pflichtprogramm jeder Bibeldidaktik, welche die Konstitutivität und Inspiriertheit der Leser/innen ernstnimmt.

5 Inspirationen und Korrektive der Textauslegung

Von der unausschöpfbaren Vieldeutigkeit der Bibel, von der stetigen Dynamik und der uneinholbaren Offenheit ihrer Interpretation war nun ausgiebig die Rede. Im Rekurs auf moderne Strömungen der Hermeneutik und der Literaturwissenschaften habe ich herausgearbeitet, dass die Auslegung der Bibel ein geschichtliches Geschehen ist. Maßgeblich geprägt wird dieser Prozess des Bibelverstehens durch je neue Leser/innen in ihrer raumzeitlichen Situation und ihrer kulturellen Verwurzelung, in ihrer psychischen Verfasstheit und ihrem lebensgeschichtlichen Erfahrungshorizont.

Zweifellos eröffnen die Geschichtlichkeit, Dynamik und Offenheit des Bibelverstehens, von denen die Rede war, enorme Freiheit und Freiräume für den Umgang mit der Heiligen Schrift – auch und gerade im Unterricht. Wenn wir voraussetzen, dass sich die Bedeutung biblischer Texte in einem unendlichen Gespräch erschließt, das sich zwischen Text und Leser je neu entspinnt, dann gestaltet sich biblischer Unterricht als ein vielstimmiges Geschehen und eine spannende Entdeckungsreise. Verschiedene Schüler/innen können mit Fug und Recht zu unterschiedlichen Deutungen eines Gleichnisses, einer Wundergeschichte, eines Psalms oder eines Toratextes gelangen. Diese Freiheit und Vielfalt, welche für einen dialogischen Bibelunterricht kennzeichnend ist, wirft jedoch auch gewichtige Probleme auf. Zu fragen ist nämlich, ob in der Interpretation biblischer Texte alles erlaubt, ob jegliche Deutung zulässig ist! Pointiert lässt sich fragen, ob die Deutung der Bibel beliebig sein darf. Erschöpft sich also die gemeinsame Suche nach Deutungen, die im biblischen Unterricht stattfinden sollte, darin, dass jeder Schüler ebendas vom Stapel lässt, was ihm momentan gerade einleuchtend erscheint? Ist die Polysemie biblischer Texte und die Konstitutivität des Lesers dahingehend (miss)zuverstehen, dass letztlich egal ist, was wir zur Bibel sagen? Erfüllt sich der unterrichtliche Umgang mit biblischen Texten darin, dass jede Schülerin eine ihr schlüssig erscheinende Interpretation ‚herausblubbert'? Ist es gleichgültig und gleichermaßen gültig, was die Schüler/innen je für sich aus der Bibel herauslesen? Gibt es bei aller legitimer Vielfalt auch unsachgemäße oder unangemessene Lesarten eines biblischen Textes? All diese Fragen fordern heraus, sich darüber zu vergewissern, ob eine Hermeneutik, welche die unergründliche Autonomie des Textes und die kreative Eigenaktivität des Lesers in den Mittelpunkt stellt, Grenzen und Korrektive kennt. Und wenn ja, wie lassen sich diese Grenzen und Korrektive der Bibelinterpretation näher bestimmen, ohne in eine Hermeneutik zurückzufallen, welche dem Text eine einzige, vermeintlich letztgültige Lesart überzustülpen sucht?

Über lange Strecken wurde der biblische Unterricht durch eine solche Gewissheit bestimmt. Es galt das Prinzip, die Schüler/innen zur einzig richtigen Bedeutung des biblischen Textes hinzuführen – wobei diese einzig richtige Bedeutung je nach Konzept des Religionsunterrichts erheblich variierte. Im katechetischen Religionsunterricht beispielsweise, der bis in die 1960er Jahre dominierte, wurden biblische Texte auf dogmatische Lehraussagen hin verengt. Der biblische Text wurde zum Steinbruch, um Katechismussätze zu untermalen. In späteren Formen des Religionsunterrichts bestand die Gefahr, die Bibel auf exegetische Forschungsergebnisse zu reduzieren. Wer wusste, wie der jeweilige Mainstream der Bibelwissenschaftler den biblischen Text auslegt, der hatte ihn angeblich ‚richtig' verstanden. Wie der dogmatische und der exegetische so lässt sich prinzipiell auch jeder andere Zugang zur Bibel zur Vereindeutigung missbrauchen, wenn er im Unterricht absolut gesetzt wird.
Zurück zur Frage nach Grenzen und Kriterien der Bibelinterpretation. Offensichtlich gibt es durchaus eine legitime Vielfalt an Interpretationen eines biblischen Textes. Zugleich aber ist es eben nicht gleichgültig und beliebig, wie wir einen biblischen Text deuten. Schon in der Geschichte des Christentums begegnen zahllose und wirkungsreiche Interpretationsstränge, welche das Buch der Bücher verdunkeln und verzerren.

- Zu nennen ist beispielsweise die jahrhundertelange Tradition, die Bibel antijudaistisch zu lesen, obgleich sich Jesus selbst ebenso wie seine Jünger/innen als überzeugte und engagierte Mitglieder des jüdischen Gottesvolkes verstanden.[193] Wie leicht auch heutige Leser/innen antijudaistischen Deutungen ‚auf den Leim gehen', zeigte sich mir vor einigen Semestern in einem Universitätsseminar. Dessen Teilnehmer/innen erhielten ausgewählte Textstellen aus der neutestamentlichen *Passionsgeschichte*, in denen pauschal ‚die Juden' für den Tod Jesu verantwortlich gemacht werden.[194] Nun spiegeln solche Texte – wie wir inzwischen wissen –

193 Vgl. *Fiedler/Hilger/Reilly* (1989) 47 und 65 sowie *Neuenzeit* (1990) 61f. mit Bezug auf *Karl Heinrich Rengstorf* (1903-1992).

194 Im Einzelnen handelte es sich um folgende Textstellen: *Joh 18,36* („Jesus antwortete: Mein Königtum ist nicht von dieser Welt. Wenn es von dieser Welt wäre, würden meine Leute kämpfen, damit ich den Juden nicht ausgeliefert würde. Aber mein Königtum ist nicht von hier."), *Joh 19,7* („Die Juden entgegneten ihm: Wir haben ein Gesetz, und nach diesem Gesetz muss er sterben, weil er sich als Sohn Gottes ausgegeben hat."), *Joh 19,12* („Daraufhin wollte Pilatus ihn freilassen, aber die Juden schrien: Wenn du ihn freilässt, bist du kein Freund des Kaisers; jeder, der sich als König ausgibt, lehnt sich gegen den Kaiser auf.") und *Mt 27,19-26* („Während Pilatus auf dem Richterstuhl saß, ließ ihm seine Frau sagen: Lass die Hände von diesem Mann, er ist unschuldig. Ich hatte seinetwegen heute Nacht einen schrecklichen Traum. Inzwischen überredeten die Hohenpriester und die Ältesten die Menge, die Freilassung des Barabbas zu fordern, Jesus aber hinrichten zu lassen. Der Statthalter fragte sie: Wen von beiden soll ich freilassen? Sie riefen: Barabbas! Pilatus sagte zu ihnen: Was soll ich dann mit Jesus tun, den man den Messias nennt? Da schrien sie alle: Ans Kreuz mit ihm! Er erwiderte: Was für ein Verbrechen hat er denn begangen? Da schrien sie noch lauter: Ans Kreuz mit ihm! Als Pilatus sah, dass er nichts erreichte, sondern dass der Tumult immer größer wurde, ließ er Wasser bringen, wusch sich vor allen Leuten die Hände und sagte:

hitzige Konflikte wider, die lange nach der Kreuzigung zwischen Christen und ihrer jüdischen Mutterreligion aufkamen. Die Studierenden jedenfalls, denen wir die pauschalisierenden Bibelverse vorlegten, verstanden deren antijüdische Aussage wörtlich. Aus der Tatsache, dass die Texte undifferenziert ‚die Juden' als Schuldige für die Kreuzigung Jesu benennen, folgerten sie umstandslos und fälschlicherweise, ‚die Juden' seien realgeschichtlich für den Tod Jesu verantwortlich gewesen.

- Ein zweites Beispiel aus der Geschichte. Wie *Anton Bucher* in einer interessanten Studie herausgearbeitet hat, die unter dem Titel „Braucht Mutter Kirche brave Kinder?“[195] steht, wurden die spärlichen Angaben, welche das Neue Testament zur Kindheit Jesu macht, jahrhundertelang im Sinne einer repressiven Erziehung zu unterwürfigem Gehorsam gedeutet. Ein einziger, unscheinbarer Teilvers aus dem *Lukasevangelium*, der davon spricht, dass *Jesus* seinen Eltern „gehorsam“ war (*Lk 2,51*), diente dabei als Blaupause. Dass das Neue Testament ausgiebig von heftigen Konflikten zwischen *Jesus* und seiner Familie berichtet und eine repressive Erziehungsideologie nicht im Entferntesten legitimiert, war gleichgültig. Gegen ihre eigenen Intentionen wurde die Bibel verzweckt. Der Jesusknabe wurde verbogen zum „Musterbeispiel eines fügsamen Kindes“[196], „das die Tugenden des bürgerlichen Zeitalters: Fleiß, Gehorsam, Pflichterfüllung unüberbietbar verkörpert.“[197]

Beide Beispiele aus der Geschichte können verdeutlichen, dass Interpretationen der Bibel keineswegs gleich gültig sind. Offensichtlich gibt es bestimmte Auslegungen und gewisse Lesarten, welche einem einzelnen Text, einem biblischen Buch, ja vielleicht auch der biblischen Botschaft als Ganzer Gewalt antun.

Auch in der Interpretationsgemeinschaft der Schulklasse ist keineswegs jede Auslegung von gleichem Rang. Auch hier können uns verzerrte und verzerrende Lesarten der Bibel begegnen. Woran aber lässt sich ermessen, dass Interpretationen eines Bibeltextes den Rahmen dessen sprengen, was sich legitimerweise aus der Bibel herauslesen und herausdeuten lässt? Umgekehrt gefragt: An welchen Maßstäben und Hilfen kann und soll sich das individuelle und gemeinsame Gespräch mit der Bibel orientieren, das wir im Unterricht anzuzetteln suchen? Solche Maßstäbe und Hilfen erscheinen in doppelter Hinsicht erforderlich.

- Zum einen bedarf es ihrer im Sinne von *Stoppschildern*, welche die Schmerzgrenze einer verzerrten Interpretation markieren.
- Zum anderen sollten sie als *Vorfahrtsschilder* dienen, um Schüler/innen darin zu bestärken und unterstützen, ihre eigenen vorläufigen Deutungen in eigener Verantwortung zu läutern und weiterzuentwickeln.

Ich bin unschuldig am Blut dieses Menschen. Das ist eure Sache! Da rief das ganze Volk: Sein Blut komme über uns und unsere Kinder! Darauf ließ er Barabbas frei und gab den Befehl, Jesus zu geißeln und zu kreuzigen.“).

195 Vgl. *Bucher* (1997) 59-64.

196 Ebd., 61.

197 Ebd., 62.

Zugegebenermaßen ist die Frage nach Grenzen, Kriterien und Orientierungshilfen bei der Auslegung biblischer Texte heikel und schwierig. Leicht lässt sich diese Frage missverstehen – als wollten wir zurück zu eindeutigen Gewissheiten, die es den Schüler/innen ‚einzuimpfen' gilt und die problemlos auswendig gelernt und abgefragt werden können. In der Sache aber ist die Frage nach Grenzen, Kriterien und Orientierungshilfen der Bibelauslegung unverzichtbar und drängend. Verstehen wir den biblischen Unterricht als ein gemeinsames Ringen um Auslegungen, dann ist die Frage der Angemessenheit solcher Interpretationen unausweichlich. Die Assoziationen der Schüler/innen wahllos aneinanderzureihen, würde der Aufgabe des Bibelunterrichts genauso wenig gerecht wie jedes fremdbestimmte Einschärfen vordefinierter Lesarten.

Franz W. Niehl umschreibt die Herausforderung, der sich ein dialogischer Bibelunterricht zu stellen hat, der gleichermaßen engstirnige Eindeutigkeit wie oberflächliche Beliebigkeit vermeidet, treffend mit folgenden Worten:

> „Jede Auslegung verengt den Text. In dem Augenblick, in dem eine Auslegung als die richtige fixiert wird, verstummen viele Fragen, die der Text uns stellt. Wer einen Text verstehen will, muß sich also auf einen unabschließbaren Lernprozeß einlassen: Immer wieder wird er neue Auslegungsmöglichkeiten entdecken. Für den Bibelunterricht bedeutet das, daß auch Schüler in mehrdimensionale Schriftauslegung eingeführt werden, daß sie erfahren, wie der Text ihr Gesprächspartner werden kann. Dabei sollen Schüler auch lernen, daß [...] es [...] Kriterien im Text gibt, die bestimmte Auslegungen nahelegen und andere als unangemessen ausschließen."[198]

5.1 Der Text selbst als ‚erster Lehrmeister'

Der erste und oberste Bezugspunkt, an dem sich die Auslegungen der Bibel orientieren sollten, ist der biblische Text selbst. In seiner Autonomie ist er sorgsam zu erkunden. Zwar ist er polysem, also vieldeutig. Doch setzt seine Struktur der Vielfalt der Interpretationen auch deutliche Grenzen.

Wo im Text ‚Krieg' steht, da steht nicht ‚Frieden'. Wo sich die Akteure des Textes miteinander versöhnen, da vernichten sie sich nicht. Wo die Bibel Gott ins Spiel bringt, lässt sich diese Gottesvokabel nicht einfach unterschlagen. Texte sind zwar vielfältig, aber keineswegs beliebig interpretierbar. Ihre eigene Struktur, die ‚Welt des Textes' also, setzt der Fülle legitimer Auslegungen Schranken.

Prominent herausgearbeitet wurde die Schlüsselstellung des Textes als Korrektiv jeglicher Interpretation durch *Umberto Eco*, den überragenden Sprachwissenschaftler und Literaten aus Italien. Er reflektiert jene Grenzen, welche der Text selbst für die Auslegung seiner selbst setzt, mit folgenden Worten:

198 *Niehl* (1994) 62f.

„Zu sagen, daß ein Text potentiell unendlich sei, bedeutet nicht, daß *jeder* Interpretationsakt gerechtfertigt ist. Selbst der radikalste Dekonstruktivist akzeptiert die Vorstellung, daß es Interpretationen gibt, die völlig unannehmbar sind. Das bedeutet, daß der interpretierte Text seinen Interpreten Zwänge auferlegt. Die Grenzen der Interpretation fallen zusammen mit den Rechten des Textes (was nicht heißen soll, sie fielen zusammen mit den Rechten seines Autors)."[199]

Wenn wir uns aufmerksam auf die Struktur eines biblischen Textes einlassen, dann wird der Spielraum denkbarer Textdeutungen kanalisiert und eingegrenzt. Die intensive Beschäftigung mit der inneren ‚Welt des Textes' ermöglicht uns aber auch ungeahnte Entdeckungen. Erst indem wir in den Text hineinhorchen, vermag uns dieser sein Sinnpotenzial kundzutun. In der Begegnung mit dem Text werden wir also keineswegs nur gebremst, sondern auch angeregt. Zwar schließt der Text selbst manche Deutungen aus, vor allem aber befreit er unsere Kreativität und Fantasie. Er entbindet unterschiedlichste Lesarten. Auch diesen Zusammenhang hat *Franz W. Niehl* prägnant in Worte gefasst:

„Wenn man diese Textstruktur methodisch sorgfältig analysiert, gewinnt man Kriterien für die Auslegung des Textes. Offenkundig sind diejenigen Auslegungen falsch, die der Struktur des Textes nicht entsprechen. Somit wird die Textanalyse zur Kontrolle der Auslegung, zugleich aber fördert sie die Wahrnehmung des Textes und regt damit zur Interpretation an."[200]

5.2 Die strukturale Analyse – ein Rüstzeug zur Entdeckung der ‚inneren Welt' von Bibeltexten

Wenn wir die Prämisse teilen, dass der biblische Text selbst einen Königsweg weist, um zu gleichermaßen verantworteten wie kreativen Auslegungen zu gelangen, dann hat dies Konsequenzen für den biblischen Unterricht in unterschiedlichen Altersstufen und Schulformen. In der konkreten didaktischen Arbeit dürfen wir Zutrauen haben zu Texten der Bibel und ihrer inneren Kraft!

199 *Eco* (2004) 22. Im Anschluss an *Umberto Eco* formuliert *Dohmen* (2003) 42: „Die ‚Grenzen der Interpretation' [werden] durch den Text selbst festgelegt [...]. Jede Auslegung muß sich also an dem, was der Text – in einem einfachen/wörtlichen Sinn – sagt, messen lassen. Positiv gewendet bedeutet das, daß es zwar nicht eine einzige richtige Interpretation gibt, aber daß die vielen verschiedenen ‚richtigen' Auslegungen nur in der korrelierenden Begegnung von *intentio operis* [dem ‚Text und seiner Welt'] und *intentio lectoris* [dem ‚Leser und seiner Welt'] zu finden sind."

200 *Niehl* (1994) 45. Vgl. *Weiß* (1995) 17 mit Blick auf den Sinn und die Funktion exegetischer Methoden: „Allen Methoden ist [...] gemeinsam, daß sie, puristisch angewendet, das Auslegungspotential von Hörer bzw. Leser begrenzen, und zwar einseitig beschränken. Sie leiten die Auslegung in eine bestimmte Perspektive, sie kanalisieren eben die Sichtweise. Aber zugleich ermöglichen die Auslegungsmethoden, das Auslegungspotential zu erschließen."

Wie eine fruchtbare und durchdachte Erkundung biblischer Texte aussehen kann, dafür gibt es in der Religionsdidaktik ein Konzept, das sich seit drei Jahrzehnten vielfach bewährt hat. Federführend entwickelt wurde dieses Instrumentarium einer strukturalen Textanalyse durch *Hans Zirker*, einem profunden Theologen, Religionstheoretiker und Islamwissenschaftler, der immer wieder erhellende Brücken zur Religionspädagogik zu schlagen wusste. Auf Basis seiner Überlegungen wurde die nachfolgend vorzustellende Variante der strukturalen Textanalyse zur Grundlage eines zweibändigen Kommentars zur „Bibel für die Grundschule“ von 1979. Während ebendieser Kommentar bis heute rege Verwendung findet[201], konnte sich die ihm zugundeliegende Schulbibel kaum durchsetzen. An ihre Stelle trat 2003 eine empfehlenswerte neue Schulbibel „für Sieben- bis Zwölfjährige“[202].
Zunächst zum Stellenwert und Kontext der strukturalen Textanalyse. Selbstverständlich ist sie als Zugang zu biblischen Texten nicht exklusiv zu sehen. Wollen wir im Unterricht einen produktiven Dialog zwischen Bibel und Schüler/innen inszenieren, dann ist die sorgfältige Erkundung der Texte nicht mehr, aber auch nicht weniger als ein unverzichtbares Kernelement. Zur strukturalen Analyse, die sich auf die ‚Texte und ihre Welten‘ konzentriert, müssen im Unterricht weitere Verfahren hinzutreten, welche die ‚Autoren und ihre Welten‘, die biblische Wirkungsgeschichte und schließlich auch die ‚Schüler/innen und ihre Welten‘ fokussieren. So gesehen gestaltet sich biblischer Unterricht als ein wohl komponiertes Ganzes von ursprungs-, text-, wirkungs- und leserorientierten Zugängen zum Buch der Bücher. In solch einer Gesamtkomposition kann die strukturale Analyse eine wertvolle Rolle spielen.
Wie steht es um die biblischen Gattungen, welche die strukturale Analyse zu erschließen sucht? Grundsätzlich ist hier mit *Zirker* zu unterscheiden zwischen narrativen und nicht-narrativen Texten, welche uns in der Bibel begegnen.
Narrative, erzählende Texte entfalten ein reales oder fiktives Geschehen in der Zeit. Nicht nur im Alten Testament wimmelt es von narrativen Texten – man denke nur an das *Buch Genesis* mit seinen eindrücklichen Erzählungen von *Kain und Abel*, von *Noach und der Sintflut*, von *Abraham und Sarah*, *Isaak und Rebekka*, *Jakob und seinen Frauen* und von *Josef und seinen Brüdern*. Auch im Neuen Testament spielt die Narration eine zentrale Rolle – zu denken ist besonders an die *Gleichnisse*, deren Kern auf den historischen *Jesus* zurückgehen dürfte, und an die große, rückblickende Erzählung vom Leben, Leiden und Sterben dessen, den die nachösterlichen Jünger/innen als Auferstandenen bekennen.

---

201 Beide unter dem Titel „Zugänge zu biblischen Texten. Eine Lesehilfe zur Bibel für die Grundschule“ erschienenen Kommentarbände wurden über zwei Jahrzehnte hinweg viermal aufgelegt, der Kommentar zum Alten Testament (^{1}1981) zuletzt ^{4}2000, jener zum Neuen Testament (^{1}1980) zuletzt ^{4}1998.

202 *Günzel-Horatz/Rehberg* (2003).

Für die biblische Überlieferung sind Narrationen von entscheidender Wichtigkeit. Doch wäre es ein fataler Irrtum, wenn wir übersähen, dass die Bibel neben der Erzählung ein außerordentlich buntes Spektrum anderer Textsorten umfasst. Zu nennen sind beispielsweise Gebete und Gedichte, Sprichwörter und Listen, Gesetze und Kultvorschriften, Lehr- und Prophetenreden sowie theologische Argumentationen.[203] Dass wir die Bibel verfehlen würden, würden wir diesen Reichtum biblischer Sprechweisen im Unterricht unterschlagen, liegt wohl auf der Hand (vgl. *Kap. 2.2*). Wie sollte jemand eine Ahnung von der Sprachmacht und vom Erfahrungsschatz der Bibel bekommen, ohne beispielsweise die Poesie einiger *Psalmen*, ohne das argumentative Ringen eines *Paulusbriefes* oder ohne die beißende Zeitkritik eines alttestamentlichen *Prophetenbuches* kennengelernt zu haben?

Schlagen wir den Bogen zurück zur strukturalen Analyse nach *Zirker*. Dieser unterscheidet prinzipiell zwischen narrativen und nicht-narrativen Texten. Für beide Textgruppen bedarf es unterschiedlicher Kategorien der Erschließung. *Zirker* selbst beschäftigt sich ausführlicher mit Erzähltexten. Für diese gibt er ein Kriterienraster an die Hand, welches helfen kann, die ‚innere Welt' biblischer Erzählungen sorgsam auszukundschaften. Einerseits können diese Kriterien, die nun vorgestellt werden, Religionslehrer/innen dazu dienen, biblische Erzählungen im Vorfeld des Unterrichts für sich selbst zu erschließen.[204] Andererseits ist es aber auch außerordentlich lohnend und fruchtbar, sich gemeinsam mit Schüler/innen auf eine strukturelle Erkundung biblischer Erzählungen einzulassen. Dabei ist natürlich stets didaktische Kreativität erforderlich. Die Vorgehensweise, die *Zirker* skizziert, ist keine Zwangsjacke. Je nach Alter der Schüler/innen, nach Profil der betrachteten Erzählung und nach Thema einer Unterrichtsreihe können und müssen die Kriterien einer Strukturanalyse modifiziert werden. Noch einmal sei schließlich darauf verwiesen, dass der strukturale Zugang stets eingebunden sein muss in andere Schritte der Auseinandersetzung mit dem Text.

Nun aber zu den konkreten Kriterien, die uns *Zirker* selbst an die Hand gibt. Ebenso plastisch wie prägnant umschreibt er im nachfolgenden Text den Ablauf und die Gesichtspunkte der strukturalen Analyse von biblischen Narrationen. Nach dessen Lektüre sind Sie eingeladen, selbst die Probe aufs Exempel zu machen und eine biblische Perikope strukturalistisch zu erkunden!

---

203 Eine ausführliche Erörterung alttestamentlicher Textgattungen findet sich in *Rendtorff* (1985) 80-136.

204 Vgl. *Zirker* (1998) 26.

Hans Zirker
Strukturale Analyse biblischer Erzählungen[205]

Die Wirklichkeit, die wir in einem Text aufgebaut finden, nennen wir im folgenden, auch wenn sie noch so begrenzt ist, seine „Welt". Sie läßt sich unter einigen ordnenden Gesichtspunkten beschreiben:

a) Der Raum
Die meisten Texte, vor allem wenn es sich um Erzählungen handelt, besitzen eine räumliche Dimension. Es gibt etwa einzelne *Orte*, an denen man sich trifft; *Wege*, auf denen man zueinander kommt oder voneinander weggeht; *Gegenden*, die man überschaut usw. Es gibt vielleicht *rechts und links, oben und unten, vorne und hinten, nah und fern* usw. Nicht selten ist es für das Verständnis des Textes von erheblicher Bedeutung, wie in dieser Hinsicht die Szene aufgebaut ist. Manchmal verändert sie sich auch innerhalb eines Textes, so etwa in der österlichen Erzählung von den zwei Emmaus-Jüngern, in der wir einmal den Weg zu beachten haben – nämlich von Jerusalem fort nach Emmaus und wieder nach Jerusalem zurück –, zum anderen aber auch den Wohnraum, die Plätze um den Tisch, wo man gemeinsam zu Abend ißt. Oft kann eine räumliche Dimension bloß durch wenige Worte angedeutet sein, z.B. wenn es nur heißt: „Er erhob seine Blicke zum Himmel und sagte ..."

b) Die Zeit
Im menschlichen Leben, im Verlauf der Geschichte, ja bei jeglichem Ereignis gibt es ein *Früher* und ein *Später*. Meistens lassen die Texte deutlich solche zeitlichen Dimensionen und Gliederungen erkennen. Einmal geschieht dies vielleicht dadurch, daß sich jemand an entlegene Vergangenheit erinnert und *„damals"* sagt; ein andermal setzt der Erzähler orientierende Punkte im Ablauf eines Geschehens: *„dann"*, *„nach einiger Zeit"*, *„als es Abend geworden war"*; wieder ein andermal geht vielleicht der Blick über die Gegenwart hinaus auf zukünftige Zeiten. Manchmal ist der Zeitraum, der so zur Sprache kommt, *weit gespannt*, vielleicht sogar vom Anfang der Welt bis zu ihrem Ende; manchmal greift aber ein Text vielleicht auch nur eine *zeitlich ganz knappe Episode*, vielleicht gar nur einen *Zeitpunkt* auf.
Selbst wenn ein Text völlig *zeitlos* formuliert ist (wie etwa das kurze Bekenntnis „Jesus Christus ist der Herr"), ist eben gerade dieser Verzicht auf jede zeitliche Differenzierung bedeutsam.

c) Die Akteure und ihre Beziehungen
In den meisten Texten ist von handelnden Personen die Rede. Das heißt vor allem von Menschen, aber auch von Gott, hie und da von Engeln und dämonischen

205 Nachfolgend dokumentierte Textpassagen wurden *Hans Zirkers* methodischer Hinführung im Kommentar zur 1979 erschienenen „Bibel für die Grundschule" (*ders.* (1998) 18-21 und 25) entnommen. Der hiesige Titel entstammt nicht dem Original.

Mächten. Gelegentlich kann auch einmal eine unpersönliche Kraft so in das Geschehen einbezogen werden, daß sie zu einem selbständigen Handlungsträger wird, wie z.B. der Sturm auf dem See, dem Jesus gebietend gegenübertritt und der gehorcht. Es muß auch nicht immer ein einzelner sein, der im Ereigniszusammenhang eine bestimmte Position einnimmt; eine Gruppe kann handelnd ebenso eine Einheit bilden. Deshalb wird [...] immer wieder ganz allgemein von „Akteuren“ gesprochen und nicht einfach von „Personen“. Für die Welt eines Textes ist es vor allem bezeichnend, in welchen Beziehungen die einzelnen Akteure zueinander stehen. Einige grundlegende Konstellationen kehren häufig wieder, z.B.

– *die der Gegnerschaft:*

David	⇔	Goliat
Israeliten	⇔	Ägypter
Jesus	⇔	die Hohenpriester

– *das Verhältnis von Herr und Knecht, König und Untertan, Befehlender und Beauftragter:*

Kaiser Augustus	Pilatus	Jesus
⇩	⇩	⇩
die Bewohner des Reiches	Jesus	die ausgesandten Jünger

Die Beispiele zeigen schon, daß hinter dem gleichen Muster jeweils wieder recht unterschiedliche Verhältnisse stehen können;

– *die helfende Zuwendung, der Beistand:*

der Samariter	⇨	der von den Räubern Zusammengeschlagene

– *die ausgeglichene wechselseitige Zuordnung, etwa im Gespräch oder in der freundschaftlichen Zuneigung:*

David	⇨ ⇦	Jonathan

Die gesamte Welt eines Textes kann durch eine Vielzahl solcher sozialer Linien charakterisiert sein. Für den Verlauf von Ereignissen ist es aufschlußreich, ob sie sich insgesamt *durchhalten oder verändern;* ob *neue Beziehungen aufkommen,* die es zunächst gar nicht gab; ob *vorhandene Verhältnisse verschwinden.*

d) Werte

Wo Menschen ihre Welt wahrnehmen und in ihr handeln, gibt es für sie Gutes und Schlechtes (oder Böses), Schönes und Häßliches, Nützliches und Schädliches; aber auch Gutes und noch Besseres, Schlimmes und noch Schlimmeres usw.

Nicht immer stellt ein Text ausdrücklich diese Ordnung vor. Häufig erfahren wir sie nur indirekt, wenn wir darauf achten, was die Menschen sich wünschen und was sie befürchten, was ihnen verboten und was erlaubt scheint; was sie beseitigen und was sie aufbauen.

Auch die Wertordnungen müssen wie die vorher genannten Verhältnisse von Raum, Zeit und Akteuren in einem Text nicht einheitlich und immer gleichbleibend sein. Einzelne Menschen, Gruppen, Völker können gegeneinander stehen, weil sie sich an unterschiedlichen Verpflichtungen und Zielen orientieren, so etwa Elija als Prophet Jahwes gegen die Baalsdiener. Was jemandem anfänglich als gut erschien, so wie dem „verlorenen Sohn" der Weggang aus dem Haus seines Vaters, das kann er später als Verfehlung bereuen.

e) Erwartungen

Wenn Menschen sich in ihrer Welt zurechtfinden wollen, ist es nötig, daß sie etwa wissen, womit sie bei all dem, was sie tun, rechnen können und rechnen müssen. Manches halten sie für *wahrscheinlich,* anderes für *unwahrscheinlich;* manches für *möglich,* anderes für *unmöglich;* manches für *notwendig,* anderes wiederum nur für *zufällig.* Davon lassen sie sich bei ihren Absichten und Planungen leiten.

Enttäuschungen wie freudige Überraschungen beruhen gerade darauf, daß die Wirklichkeit sich den Betroffenen anders zeigt, als sie zuvor mit ihr gerechnet haben. Dadurch werden Menschen immer wieder genötigt, sich auf Neues einzustellen, zu lernen.

Für die biblischen Texte ist dieser Gesichtspunkt von besonderer Bedeutung; denn ihre Welt und die Menschen in ihr sind nicht an ihrem endgültigen Ziel angekommen, sondern unterwegs, immer wieder Erfahrungen und Entscheidungen ausgesetzt, die zum Umdenken nötigen. So war es etwa für die Israeliten, die unter ihrem König Saul den Philistern kriegerisch gegenüberstanden, äußerst unwahrscheinlich, daß der junge, machtlose Hirte David den mächtigen und bewaffneten Goliat besiegen könnte. So wie sie ihre Welt bisher erlebt hatten, konnten sie damit nicht rechnen. Ganz anders sah dies dagegen David selbst: für ihn war es äußerst wahrscheinlich, ja unzweifelhaft, daß ihm der Sieg zufalle, da er im Namen Jahwes kampfte.

Ähnliches können wir bei den neutestamentlichen Wundererzählungen feststellen: Jesus begegnete den Menschen als einer, der sie Hilfe erwarten läßt, mit der sie zuvor nach ihren alltäglichen Erfahrungen nicht rechnen konnten. Das, was bisher unwahrscheinlich war, vielleicht nur zaghaft in Hoffnungen als möglich erschien, wird hier Wirklichkeit.

Den tiefgreifendsten Umbruch erfährt in dieser Hinsicht die Welt der biblischen Texte in den Erzählungen von der Hinrichtung und Auferstehung Jesu. Zunächst brachen die Erwartungen zusammen; das, womit die Jünger gerechnet hatten, erfüllte sich nicht; Enttäuschung und Angst griffen um sich. Dann aber geschah das, was sie erneut dazu zwang, umzudenken: sie erfuhren den Hingerichteten als lebend. Jetzt stellte sich ihnen die Wirklichkeit grundlegend anders dar. Die Osterevangelien gehen bis zum Phantastischen, um zu sagen: wir haben eine neue Welt und ein neues Leben.
[...]
Bei Texten, die deutlicher als die Erzählungen auf ihre eigene Mitteilungssituation verweisen, wie z.B. bei prophetischen Texten, Gebeten, Briefen, muß man außer der darin angesprochenen Sache die *„kommunikative Situation"* (oder eventuell genauer die *„Redesituation", „Gesprächssituation", „Gebetssituation" usw.)* erheben.

Um der ‚inneren Welt' biblischer Erzählungen auf den Zahn zu fühlen, empfiehlt *Zirker*, die innerhalb der Texte selbst zum Vorschein tretenden Räume und Zeiten, Akteure und Beziehungen, Erwartungen und Werte aufzuspüren. Räumliche, zeitliche wie soziale Konstellationen sind dabei zumeist einfacher zu ermitteln als innerhalb der Erzählungen zum Ausdruck kommende Erwartungen und Werte. Nun sollte *Zirkers* bewährtes Reservoir an Gesichtspunkten, auf die hin biblische Narrationen untersucht werden können, sicherlich nicht stur und schematisch ‚abgearbeitet' werden, wenn der strukturale Zugang im konkreten Unterricht zum Einsatz kommt. Sinnvoll wäre vielmehr, die Kriterien und Arbeitsaufträge strukturaler Textanalyse kreativ auf je andere Unterrichtssituationen hin anzupassen. Gleichermaßen legitim sind dabei Kürzungen, Umformulierungen und Ergänzungen des *Zirkerschen* Kriterienkataloges in Abhängigkeit von Text, Lerngruppe und Unterrichtsthema. Auch muss sich eine Strukturanalyse nicht zwangsläufig im methodischen Monismus gängiger Textarbeit vollziehen, vielfach ist es weit interessanter und angemessener, im Text entdeckte Konstellationen und Positionen zu visualisieren, inszenieren oder symbolisieren.
Welcher Gewinn daraus erwächst, biblische Erzählungen im Modus strukturaler Analyse zum Sprechen zu bringen, soll nun aber in concreto erfahrbar werden. Am Beispiel einer knappen, aber durchaus sperrigen Perikope aus dem *Markusevangelium* können Sie – individuell oder gemeinsam mit Anderen – den strukturalen Zugang nun selbst erproben. Folgende Impulse können dabei nützlich sein:

Arbeitsimpulse

1. Erkunden Sie die *räumliche* und *zeitliche* Struktur des Textes! Welche örtlichen und zeitlichen Gegebenheiten treten hervor?
2. Erstellen Sie eine Auflistung der *Akteure*! Versuchen Sie, diese kurz zu charakterisieren und *zueinander in Beziehung* zu setzen!
3. Welche *Werte* und *Erwartungen* treffen im Text aufeinander?
4. Welche Beobachtungen am Text haben mich/uns *fasziniert, verwundert, beeindruckt* oder *befremdet*?

> 31 Da kamen seine Mutter und seine Brüder; sie blieben vor dem Haus stehen und ließen ihn herausrufen. 32 Es saßen viele Leute um ihn herum und man sagte zu ihm: Deine Mutter und deine Brüder stehen draußen und fragen nach dir. 33 Er erwiderte: Wer ist meine Mutter und wer sind meine Brüder? 34 Und er blickte auf die Menschen, die im Kreis um ihn herumsaßen, und sagte: Das hier sind meine Mutter und meine Brüder. 35 Wer den Willen Gottes erfüllt, der ist für mich Bruder und Schwester und Mutter. (*Mk 3,31-35*)

Ohne eine Musterlösung für die Strukturanalyse dieser Perikope präsentieren zu wollen, seien doch einige Textbeobachtungen herausgestellt. Ins Auge sticht zunächst das räumliche Auseinanderklaffen der dargestellten Szenerie. „Draußen" (V.32) „vor dem Haus" (V.31) verharren Jesu leibliche Verwandten. Drinnen im Haus bleibt Jesus, der Hauptakteur der Handlung, und „um ihn herum" – nicht näher bestimmt – „viele Leute" (V.32). Von draußen nach drinnen wird eine Kommunikation angebahnt, die Verwandten Jesu lassen „ihn herausrufen" (V.31). Jesus selbst erfährt von dieser Initiative (V.32), erwidert sie aber nicht. Ohne in Kontakt mit der eigenen Familie draußen zu treten, wendet er sich an die – abermals unbestimmten – „Menschen" (V.34) im Innenkreis. Der Kommunikationsverweigerung gegenüber den natürlichen Verwandten folgt die sprachliche Problematisierung ihres Status: „Wer ist meine Mutter und wer sind meine Brüder?" (V.33) Die Erzählung gipfelt im Affront. Ausdrücklich benennt Jesus die Menschen im Innenkreis als „meine Mutter und meine Brüder" (V.34), was umgekehrt nahelegt, dass den leiblichen Verwandten die familiäre Nähe abgesprochen wird. Schließlich weitet Jesus die Umdefinierung familiärer Verbundenheit auf jeden aus, der „den Willen Gottes erfüllt" (V.35). Nur hier, wo erstmals und einzig „Gott" benannt wird, sind auch ‚Schwestern' als Familienmitglieder berücksichtigt. Die Kategorie des Vaters bleibt dagegen ausgespart.
Die Verse spiegeln den Bruch fragloser Erwartungen und Werte. Enttäuscht wird einerseits die Erwartung, dass Kommunikation erwidert wird. Weit einschneidender

erscheint die Verneinung der Relevanz und Singularität familiärer Ursprünge. An Stelle der im gängigen Sprichwort „Blut ist dicker als Wasser" sich ausdrückenden Wertschätzung leiblicher Verwandtschaft rückt die Verbundenheit mit Menschen gleicher Gesinnung und Praxis („wer den Willen Gottes erfüllt"; V.35). Maßstab dieser neuen, alternativen Verbundenheit ist die Orientierung am „Willen" jenes Gottes, den Jesus als Grund und Ziel menschlicher Existenz erfahren, erhofft und verkündigt hat.

Im Lichte der strukturalen Betrachtung erweist sich *Mk 3,31-35* als Dokument von Enttäuschung und Umbruch. Schüler/innen, die diese Erzählung erkunden, stehen vielfach selbst im Spannungsfeld von familiärem Glück und Scheitern, von Geborgenheit in und Aufbruch aus einer Herkunftsfamilie. Wie sie sich angesichts ihrer eigenen Erfahrungen zur betrachteten Erzählung positionieren, muss offen bleiben. Sofern die strukturale Analyse den Schüler/innen Wege ebnet, die existenzielle wie religiöse Provokation des Textes selbst kennen und verstehen zu lernen, schafft sie einen Nährboden für produktive Rezeptionen.

5.3 Die Unterrichtskommunikation als Lernfeld und Bewährungsprobe der Bibelauslegung

Biblischer Unterricht zielt darauf, die Schüler/innen zur eigenen, kritischen und produktiven Auseinandersetzung mit dem Buch der Bücher zu motivieren. Dabei ist keine verbindliche Auslegung vorgegeben, vielmehr besteht Raum für unterschiedliche Lesarten der biblischen Texte. Zugleich aber sind Vorkehrungen zu treffen, damit jene Interpretationen, welche die Schüler/innen im Unterricht kreieren, die Schmerzgrenze von Beliebigkeit und Willkür nicht überschreiten.

Wie in *Kap. 5.1* aufgezeigt wurde, müssen sich die Auslegungen der Schüler/innen in jedem Falle am Text selbst ausweisen können. Achtsamkeit gegenüber dem Wortlaut biblischer Perikopen ist somit ein Grundgebot jeder verantworteten Bibeldidaktik. Für solche Achtsamkeit gegenüber dem biblischen Text will nicht nur die strukturale Analyse sensibilisieren. Auch andere Methoden der Textarbeit sind sinnvoll und denkbar.[206]

Der biblische Text in seiner vieldeutigen Eigenstruktur ist zweifellos der ‚erste Lehrmeister' einer tragfähigen Bibelinterpretation. Mit der Respektierung des je ins Auge gefassten Textes aber ist die Palette jener *Stoppschilder* und *Vorfahrtszeichen* nicht ausgereizt, die helfen können, dass Schüler/innen in schöpferischer Aktivität zu eigenen Lesarten der Bibel gelangen, die mit Fug und Recht Plausibilität beanspruchen können.

Um als stichhaltig gelten zu können, müssen sich Interpretationen der Bibel nicht nur gegenüber dem biblischen Text bewähren. Gleichermaßen müssen sich solche

206 Vgl. *Röckel* (2006) 115-127.

Lesarten in der Kommunikation mit anderen Menschen als verständlich, nachvollziehbar und begründbar erweisen. In den Blick rückt somit neben der Arbeit am Text auch das Gespräch über den Text. Das Gespräch im Unterricht erweist sich als Lernfeld und als Bewährungsprobe der Bibelauslegung.

Analog zur Erkundung des Textes liefert auch dessen kommunikative Erörterung im Unterricht Hinweise, Impulse und Argumente, welche die Deutungen der Bibel begrenzen, aber auch bereichern können. Wie schon die Achtsamkeit gegenüber dem Text kann auch der kommunikative Austausch unterschiedlicher Lesarten im Sinne eines *Vorfahrtsschildes* die vielstimmige Auslegung der Bibel anspornen und beleben. Ebenso wie die Analyse des Textes der Interpretation Grenzen setzt, verhilft auch die Unterrichtskommunikation im Sinne eines *Stoppschildes* dazu, nicht verantwortbare Deutungen eines Bibeltextes begründet zu identifizieren und korrigieren.

Die anderen Gesprächsteilnehmer/innen eröffnen den Schüler/innen neue, bislang unbekannte Perspektiven auf den gemeinsam betrachteten Bibeltext. Im Diskurs sind die Schüler/innen damit beschäftigt, diese fremden Sichtweisen nachzuvollziehen, um immer wieder neu abzuwägen, wie es denn um die Stimmigkeit ihrer eigenen, bisherigen Lesarten bestellt ist. Indem die Schüler/innen ihre eigene Deutung des Bibeltextes mitteilen, stellen sie sich der kritischen Rückmeldung der Gesprächspartner. Die Reaktionen der Anderen bewegen dazu, die eigene Lesart in Frage und auf die Probe zu stellen, um entweder auf Ungereimtheiten und Widersprüche zu stoßen oder aber mit subjektiv guten Gründen an der bisherigen Sicht festzuhalten.

Wie lohnend es ist, unterschiedliche Textauslegungen der Schüler/innen ins kontroverse Gespräch zu bringen, umschreibt *Mirjam Schambeck* mit folgenden Worten:

> „Erst indem die eigenen Deutungen von anderen angefragt, weitergedacht, korrigiert oder auch bestätigt werden, erst wenn Deutungen miteinander ausgetauscht werden, kann Verständigung stattfinden. Subjektive Deutungen erfahren in der intersubjektiven Kommunikation einen Ermöglichungsraum, aber auch eine Grenze."[207]

Im gelungenen Unterrichtsgespräch verflüssigen sich mitgebrachte Lesarten der Bibel. Ohne Angst vor Abwertung dürfen diese Lesarten in der Kommunikation mit den Mitschüler/innen und der Lehrerin geäußert und befragt, untermauert oder angefochten werden. Ziel ist die Entwicklung geprüfter und geläuterter Deutungen des Textes. Dass solche Lesarten bei verschiedenen Schüler/innen nach ein und demselben Gespräch unterschiedlich bleiben, ist eher der Regelfall. Zumeist können Schüler/innen sehr gut damit leben, dass Andere den Text eben anders lesen und interpretieren als sie selbst![208]

---

207 *Schambeck* (2009) 112. Zu einer ähnlich positiven Einschätzung gelangt auch *Hans Mendl* (2010) 112, demzufolge der kommunikative „Austausch über individuelle Lernprodukte [...] einen Gewinn für die vertiefte Rezeption der Inhalte" verspricht.

208 Vgl. *Wagerer* (2008) 166.

Biblischer Unterricht will Schüler/innen dazu bewegen, in der Auseinandersetzung mit biblischen Texten zu eigenen Deutungen zu gelangen, die Einsichtigkeit beanspruchen. Damit solche Einsichtigkeit jedoch möglich wird, bedarf es der kollektiven Vergewisserung. Auslegungen der Bibel sind nur insoweit angemessen und tragfähig, als sie gegenüber anderen Menschen sprachlich entfaltet und inhaltlich begründet werden können. Um Einsichtigkeit beanspruchen zu können, müssen Interpretationen der Bibel also kommunikabel sein. Wir müssen nachvollziehbar mitteilen, wie wir die Bibel auslegen, damit unsere Auslegung auch Geltung beanspruchen kann.

Für den biblischen Unterricht ergeben sich aus diesem Postulat der Kommunikabilität gravierende Konsequenzen. Schlicht gesagt müssen Schüler/innen lernen, sich über ihre Deutung biblischer Texte argumentativ auszutauschen. Keinesfalls ist es damit getan, biblische Texte ausschließlich hörend zu vernehmen, um sie dann je individuell zu verarbeiten – z.B. im Malen von Bildern. Hermeneutisch wie didaktisch verantworteter Bibelunterricht bedarf der beständigen Einübung ins Nacherzählen, Kommentieren und Besprechen biblischer Texte. Aktive Kommunikation über die Bibel ist bitter nötig, damit sich Schüler/innen ihrer eigenen Deutungen vergewissern und diese mit den Auslegungen von Mitschülern und Lehrerin abgleichen können. Eigenartigerweise wird diese Kommunikationsaufgabe jedoch in der wissenschaftlichen Bibeldidaktik sträflich vernachlässigt.[209]

Im realen Unterrichtsalltag jedenfalls scheint die aktive Kommunikation eigener Lesarten alles andere als selbstverständlich zu sein. *Helmut Hanisch* und *Anton Bucher* beispielsweise gelangten auf Basis einer empirischen Befragung von Grundschüler/innen zu folgendem ernüchterndem Ergebnis:

> „Insgesamt zeigt sich, dass viele Kinder mit der Verbalisierung dessen, was ihnen an biblischen Geschichten wichtig ist, Probleme haben."[210] „Das Gesamtergebnis lässt es als notwendig erscheinen, biblische Geschichten nicht nur zu erzählen, sondern unter unterschiedlichen Perspektiven nach ihrer Relevanz zu befragen."[211]

Selbstredend sind den Schüler/innen bei ihrer Kommunikation biblischer Texte keine intellektuellen Höchstleistungen abzuverlangen. Kinder und Jugendliche haben das Recht, die Bibel im Kontext ihres Entwicklungsstandes und ihrer Lebenssituation zu interpretieren. Das *Nach*erzählen biblischer Perikopen ist dabei von größter Wichtigkeit, um überhaupt zu abstrakteren Sprechweisen voranschreiten zu können. Folgende Erkenntnis aus der Geschichtsdidaktik sollte uns auch für den Bibelunterricht zu denken geben:

---

209 Vgl. *Mendl* (2010) 111: „In vielen Unterrichtsstunden wird bereits die Fähigkeit zur individuellen Konstruktion gefördert, was aber nach wie vor zu kurz kommt, ist der Austausch über diese unterschiedlichen Konstruktionen".

210 *Hanisch/Bucher* (2002) 47.

211 Ebd.; vgl. a. *Müller* (2003) 30.

> „Die Fähigkeit zum ‚Nacherzählen' eines Textes [ist] zunächst einmal eine Grundvoraussetzung dafür [...], dass seine Inhalte in die vorhandene kognitive Struktur eingearbeitet und damit Orientierungen ermöglicht werden können. Erfassen des oberflächlichen Handlungsstrangs, Einbringen der historischen Differenz- und Alteritätserfahrungen sowie des besonderen Charakters, der durch Personen, Orte und vergangene Zeiten gegeben ist, sind die miteinander verflochtenen Ebenen des Verstehens historischer Texte."[212]

Aktives Nacherzählen, welches ja selbst schon eine Interpretationsleistung darstellt, ist für den biblischen Unterricht unverzichtbar.[213] Allerdings darf sich der biblische Unterricht keineswegs mit solchem Nacherzählen begnügen.

Damit die Bibel zu einem Gegenüber werden kann, das die eigene Identität zu prüfen und bereichern vermag, sind – dem jeweiligen Alter entsprechend – neben narrativen auch argumentative Formen der Verständigung über biblische Texte einzuüben. Der Unterricht selbst wird zum Ort, in dem ein produktiver ‚Wettstreit' um angemessene Deutungen möglich wird. Derzeit steht in der Religionspädagogik das Philosophieren und Theologisieren mit Schüler/innen hoch im Kurs.[214] Heranwachsenden wird zugetraut, sich kreativ und eigenständig zu philosophischen wie theologischen Fragen äußern zu können. In ähnlicher Weise sind Schüler/innen auch als Bibelinterpreten[215] zu entdecken, die den Texten der Heiligen Schrift wertvolle und einsichtige Deutungen und Bedeutungen zu entlocken vermögen, auf die Lehrer/innen vielleicht niemals von selbst kommen würden. Damit Schüler/innen solches erlernen können, bedarf es vielfältiger Gelegenheiten, im Religionsunterricht nachdenkend über biblische Texte zu kommunizieren. Schriftliche Vergewisserung ist dabei gleichermaßen unverzichtbar wie mündliche Verständigung. Das individuelle Schreiben ist ebenso wichtig wie das gemeinsame Besprechen.

Um dafür zu sensibilisieren, wie *unterschiedlich* die Kommunikation biblischer Texte im Unterricht gestaltet sein kann, sind nachfolgend zwei kurze, gegensätzliche Gesprächsauszüge abgedruckt. Nach einer ersten Lektüre kann es sich lohnen, individuell oder gemeinsam mit Anderen den folgenden Aufgaben nachzugehen:

---

212 *Beilner* (2003) 299f. mit Bezug auf *Hans-Jürgen Pandel.*

213 Besonders hinzuweisen ist hier auf das didaktische Potenzial des individuellen oder gemeinsamen Nach- bzw. Neuerzählens biblischer Narrationen aus der Perspektive ausgewählter Protagonisten, das in *Detlev Dormeyers* Methodik interaktionaler Bibelauslegung eine konstitutive Rolle spielt (vgl. *ders.* (1987) 275 und 278 sowie *ders./Zöller* (2006) 199-203).

214 Vgl. *Porzelt* (2004) 65f.

215 Ganz zu Recht verwirft *Peter Müller* (2003) 19-21 und 30 das Motto „Kinder als Exegeten" (ebd., 20) zugunsten der Umschreibung „Kinder als Interpreten" (ebd.. 30).

Arbeitsimpulse

1. Notieren Sie erste, spontane Eindrücke von beiden Gesprächsauszügen!
2. Vergleichen Sie das Verhalten der beiden Lehrer! Was ist jeweils charakteristisch?
3. Welches unterschiedliche Profil von Bibeldidaktik wird in beiden Beispielen erkennbar?
4. Was sind jeweils Chancen und Grenzen?

'Hochzeitsmahl'
(Klasse 5/6)[216]

Lehrerin: Ja. Also auch Jesus wollte etwas vergleichen. Er wollte uns sagen, wie etwas ist. Und er hat diese Geschichte erzählt mit Personen drin, die in Wirklichkeit ganz jemand anderes sein sollen. Vielleicht habt ihr mitgekriegt, wer sollte denn wohl eigentlich der König sein. Wer war mit dem König gemeint? Der König, der eingeladen hat. Wen meint Jesus damit?
Monika: Die Gastgeber.
Lehrerin: Ja, richtig, aber wen meint er wirklich mit dem König? Von wem redet Gott, redet Jesus dort?
Simone: Von jemand, der Gutes tun will.
Lehrerin: Ja, wer könnte das denn sein?
Monika: Gott.
Lehrerin: Denkt mal drüber nach. Jesus meint mit diesem König eigentlich Gott.

'Himmelfahrt'
(Klasse 3)[217]

Lehrer: Und du sagst er ist überall!?
Tobias: Man kann ihn nicht sehen, er ist überall.
Steffi: Der ist in unserem Herzen und bei jedem Menschen.
Lehrer: Erklär mal, wie kommst du denn darauf?
Steffi: Ähm, weil, wenn man betet, ist er ja bei jedem! Und auch so, wenn man sich weh tut oder so was, dann hilft er dem auch!
Lehrer: Dann hat man den Eindruck, er ist ganz nah bei mir?
Jenny: Er ist in unserem Herz.

216 *Faust-Siehl/Krupka/Schweitzer/Nipkow* (1995) 26-45, 32f. Für den hiesigen Abdruck wurde die Transkribierung vereinfacht, die angeführten Vornamen wurden frei erfunden.
217 *Müller* (2006) 215.

Beide Gesprächsausschnitte dokumentieren ganz und gar konträre Stile der unterrichtlichen Kommunikation über biblische Texte.
Im links abgedruckten Auszug zum königlichen Hochzeitsmahl (*Mt 22,1-14*) verdeutlicht die Lehrerin, dass die Erzählung selbst nur eine einzig korrekte Deutung berge, die wiederum dem Ausdruckswillen Jesu entspricht: „Jesus [...] wollte uns sagen, wie etwas ist." Die Bedeutung des Gesamttextes ließe sich ermitteln, wenn dessen einzelne Protagonisten als „Personen, die in Wirklichkeit ganz jemand anderes sein sollen" zutreffend entschlüsselt werden. Durch eine Kaskade von engen Fragen („wer", „wen", „wem") versucht die Lehrerin den Schüler/innen zu entlocken, wen Jesus „eigentlich" oder „wirklich" mit dem Hauptakteur der Erzählung „gemeint" habe. Spiegelbildlich versuchen die Schüler/innen, jene Person zu erahnen, die der Lehrerin zufolge mit dem „König" innerhalb der Erzählung zu identifizieren ist. Die Sequenz endet mit dem gewünschten Stichwort „Gott" und der Ratifizierung durch die Lehrerin: „Jesus meint mit diesem König eigentlich Gott." Insgesamt gesehen spiegelt der Auszug eine *Didaktik der vorbestimmten Bedeutung*. Ausgehend von der Überzeugung, das theologisch fundierte Monopol über die vermeintlich korrekte Textauslegung zu besitzen, formuliert die Lehrerin enge Fragen, die punktgenau zu beantworten sind. Den Schüler/innen bleibt, sofern sie sich am Gespräch beteiligen, kaum eine andere Wahl, als sich in kleinen Schritten über Versuch und Irrtum an die fremdbestimmte Antwort heranzutasten.
Der rechts abgedruckte Gesprächsausschnitt bezieht sich auf die Erzählung von der Himmelfahrt Jesu (*Lk 24,51-53* bzw. *Apg 1,9-11*). Zur Debatte steht offensichtlich, was es denn bedeuten kann, dass Jesus „in den Himmel aufgenommen wurde" (*Apg 1,11*).[218] Problematisiert wird also, wo und in welcher Weise Jesus nach seinem irdischen Leben weiterhin gegenwärtig sein kann. Auffallend an der Sequenz ist zunächst der höhere Redeanteil der Schüler/innen. Auch inhaltlich dominieren ihre theologischen Gedanken das Unterrichtsgespräch. Auf die unbestimmtere Idee einer unsichtbaren Omnipräsenz Jesu hin („Man kann ihn nicht sehen, er ist überall.") artikulieren sie die konkretere Vorstellung seiner intrapersonalen („in unserem Herzen") Gegenwärtigkeit „bei allen Menschen". Der Lehrer knüpft mit seinen knappen Interventionen durchgängig an Schüleraussagen an, indem er sie inhaltlich aufgreift und in offener Weise, die unterschiedlichste Antworten erlaubt, Präzisierungen einfordert. Inhalt wie Duktus des Gesprächsauszugs zeugen von einer *Didaktik nachdenklicher Erkundung*. Vom Bibeltext ausgehend wird mit der Frage der *An*wesenheit Jesu in seiner *Ab*wesenheit ein theologisches Problem in den Blick genommen, das unterschiedliche Deutungen zulässt. Nirgends entsteht dabei der Eindruck, dass der Bibeltext die eigene Suche nach angemessenen Vorstellungen überflüssig mache. Der Lehrer fungiert als Moderator, der die Gedanken der Schüler/innen akzeptierend aufnimmt und auf vertiefende Durchdringung zu öffnen sucht.

218 Leider wird der Diskursverlauf, in den der vorliegende Gesprächsauszug eingebettet ist, aus *Müller* (2006) nicht erschließbar.

Eins zu eins lassen sich die beiden betrachteten Gesprächssequenzen sicherlich nicht vergleichen, zumal sie in unterschiedlicher Relation zum besprochenen Bibeltext stehen, der im ersten Falle unmittelbar besprochen wird, während er im zweiten Beispiel den Anlass und Horizont einer theologischen Vergewisserung darstellt. Nichtsdestotrotz lassen die beiden Sequenzen eindrücklich erkennen, dass aus der hermeneutischen Grundentscheidung, den biblischen Text entweder als Träger einer eindeutigen Bedeutung oder aber als Partner eines unerschöpflichen Dialoges anzusehen, gravierende unterrichtspraktische Konsequenzen erwachsen. Die im ersten Exempel sichtbar gewordene *Didaktik der vorbestimmten Bedeutung* verneint letztlich die Sinnfülle und Unergründlichkeit der biblischen Texte ebenso wie die autonome Vernunft der Schüler/innen. Die im zweiten Exempel aufscheinende *Didaktik nachdenklicher Erkundung* bejaht zwar die Vielsinnigkeit und Vielstimmigkeit der Bibel ebenso wie die eigenständige Rationalität der Schüler/innen. Allerdings birgt sie das Risiko, den biblischen Text als Projektionsfläche wahlloser Spekulationen zu verwenden. Um dieser Gefahr zu entgehen, bedarf es verantworteter Kriterien und Inspirationen angemessener Bibelinterpretation im Raume der Schule, wie sie das vorliegende Kapitel zu reflektieren sucht.

5.4 Biblische Texte im Unterrichtsgespräch: Chancen, Klippen und Erträge

Welcher Typus der mündlichen Verständigung geeignet ist, um biblische Texte im Unterricht fruchtbringend zu bedenken, umreißen die *katholischen Bischöfe Deutschlands* in ihrem 2005 erschienenen Dokument „*Der Religionsunterricht vor neuen Herausforderungen*" mit treffenden Worten:

> Der Religionsunterricht „bedarf [...] der Pflege einer Kultur des Gesprächs. Einander aufmerksam zuhören, den anderen respektieren, Argumente zusammenstellen und gewichten, Übereinstimmungen und Dissense feststellen und die eigene Meinung argumentativ überprüfen sind grundlegende Fähigkeiten, die in allen Schulformen und Schulstufen eingeübt werden müssen."[219]

Allzu oft dominiert im alltäglichen Bibelunterricht – wie in Schule und Religionsunterricht überhaupt – das Muster eines „monotonen ‚Ping-Pong' von Lehrerfragen und Schülerantworten"[220], in welchem die Schüler/innen zu Detektiven degradiert werden, die dem Standpunkt des Lehrers auf die Spur zu kommen suchen. Ein solches Zerrbild unterrichtlicher Kommunikation ist pures Gift für eine verantwortete Bibeldidaktik, die Schüler/innen zur eigenen, durchdachten und kreativen

219 *DBK* (2005) 30.
220 *Lachmann* (2002) 124; vgl. a. ebd., 128.

Auseinandersetzung mit der Heiligen Schrift zu ermutigen sucht. *Klaus Wegenast* (1929-2006) kritisiert die destruktive Logik engmaschiger, lehrerfixierter Unterrichtsgespräche mit radikaler Klarheit:

> „Auf keinen Fall [...] führt der Weg zum angemessenen Verstehen [...] über ein Dekret des Richtigen. Ein solches Dekret hilft nicht zu rechtem Glauben, sondern entmündigt, reißt den Text aus der Hand des Kindes und führt letzten Endes zu einer Expertokratie, die mindestens ebenso schlimm ist wie seelenlose Indoktrination."[221]

Wie man als Lehrer/in Gespräche initiieren und moderieren kann, die gerade nicht darauf zielen, den Schüler/innen auf mehr oder weniger geschickte Weise eine vorbestimmte Bedeutung oder vorgefertigte Wahrheit unterzuschieben, ist sicherlich eine hohe, aber für die fruchtbare Begegnung mit dem Buch der Bücher eben auch unerlässliche Kunst. Unabdingbare Voraussetzung dafür ist, dass die Lehrenden Zutrauen haben in die Interpretationsfähigkeit der Schüler/innen.

Kindern und Jugendlichen ist zuzutrauen, dass sie die Bibel mit eigenen Augen sehen und ihr Bedeutungen entlocken können, welche die Gewohnheit und Gewissheit der Erwachsenen durchkreuzend ebenso wertvoll und stimmig sind. In eindrucksvoller Weise erlebte ich solch gewinnbringende Enttäuschung der Erwachsenenoptik in einer Seminarsitzung. Thema war die Parabel vom Hirten, der die 99 Schafe zurücklässt, um das eine verlorene Schaf zu suchen:

> „Wenn einer von euch hundert Schafe hat und eins davon verliert, lässt er dann nicht die neunundneunzig in der Steppe zurück und geht dem verlorenen nach, bis er es findet? Und wenn er es gefunden hat, nimmt er es voll Freude auf die Schultern, und wenn er nach Hause kommt, ruft er seine Freunde und Nachbarn zusammen und sagt zu ihnen: Freut euch mit mir; ich habe mein Schaf wiedergefunden, das verloren war."[222]

Die studentischen Seminarteilnehmer/innen reagierten auf den Bibeltext gelangweilt. ‚Wir wissen ja eh, worauf es hier ankommt: Gott rettet das Verlorene, das haben wir schon tausendmal gehört!', so war eher unterschwellig zu vernehmen. Von der spannungsvollen Bibelerzählung bleibt in solcher Rezeption nichts übrig. An ihre Stelle tritt dürre theologische Korrektheit. Kinder hingegen, die von *Anita Müller-Friese* befragt wurden, rezipierten denselben Text vielfach vollkommen anders, nämlich als ein Skandalon, das verunsichert, ja sogar empört. *Müller-Friese* resümiert:

> „‚Was passiert mit den anderen 99 Schafen, werden die eingesperrt oder einfach stehen gelassen, dass sie weglaufen können?' – diese Frage ist für die Kinder entscheidend, sie machen sich Sorgen um die Zurückgelassenen und spüren zugleich das Dilemma des Hirten."[223]

---

221 *Wegenast* (1990) 188.
222 *Lk 15,4-6.*
223 *Müller-Friese* (2002) 17.

Wie sichtbar wird, vermögen die genannten Grundschüler/innen, die Erzählung vom Hirten bar jener langweiligen Selbstverständlichkeit zu lesen, welche die Optik der Studierenden bestimmte. Manche Kinder entdecken, wie viel der Hirte aufs Spiel setzt, indem er sich auf die Suche nach dem verlorenen Schaf macht. Die Einsamkeit und Angst des verlorenen Schafes verspürend, vernehmen sie zudem, dass sich die zurückbleibenden Schafe durch das Handeln des Hirten bedroht und im Stich gelassen fühlen können. So gewinnt die Parabel vom verlorenen Schaf eine ungeahnte Dramatik: Die Rettung des Einen ist verknüpft mit Gefahr für die Vielen und mit einem Wagnis für den Hirten – ein brisanter Zusammenhang, der gerade auch theologisch zu denken gibt. Die Studierenden jedenfalls wurden durch die Aussagen der Kinder aufgerüttelt. Sie entdeckten, dass die Erzählung vom verlorenen Schaf doch sperriger ist, als ihnen zuvor bewusst war. Der Bibeltext, der allzu vertraut schien, wurde wieder fremd. Er lohnte, neu entdeckt zu werden.
Wie dieses Beispiel zeigt, ist es berechtigt, Schüler/innen Bibeldeutungen von eigenständigem Wert zuzutrauen. Dass solches Zutrauen durchaus enttäuscht werden kann und eben auch Schüler/innen durchaus nicht davor gefeit sind, plakative, oberflächliche, frömmelnde oder moralisierende Lesarten zu hegen und mitzuteilen, steht dabei außer Frage. „Manche Aussagen von Kindern" wie Jugendlichen „sind einfach unzutreffend."[224] Die Tendenz kindertheologischer Publikationen, die Äußerungen von Heranwachsenden pauschal hochzuloben[225], zeugt dagegen von naiver Idealisierung. Gerade die Vielfältigkeit von Deutungen, die Schulklassen entwickeln, samt deren unterschiedlicher Qualität mindert jedoch keineswegs den unverzichtbaren Wert, die eigenen Lesarten der Schüler/innen im offenen, kritischen und klärenden Unterrichtsgespräch entfaltend auf die Probe zu stellen.
Zutrauen in die Deutungsfähigkeit der Schüler/innen ist unerlässliche Basis für eine förderliche Gesprächskultur. Um zu erreichen, dass Schüler/innen – mit dem *Bischofswort* gesprochen – „einander aufmerksam zuhören, den anderen respektieren, Argumente zusammenstellen und gewichten, Übereinstimmungen und Dissense feststellen und die eigene Meinung argumentativ überprüfen", bedarf es ebenso notwendig handfester Kommunikationsregeln und Lehrerkompetenzen. Patentrezepte nach dem Motto ‚Tu immer dies und genau dies!' sind für professionelles Lehrerhandeln sicherlich stets kontraproduktiv. In diesem Sinne langweilt oder ärgert vieles, was in einschlägigen Praxiszeitschriften aus der Allgemeinen Didaktik zu lesen ist. Nichtsdestotrotz: Ohne Methoden und Techniken, die glaubwürdig und situationsgerecht zum Einsatz kommen, nützt aller guter Wille nichts, um fruchtbare theologische Gespräche mit Schüler/innen zu ermöglichen.
Selbstredend bedürfen fruchtbringende Klassengespräche zur Bibel zunächst einmal der *vorherigen*, konzentrierten Begegnung mit dem biblischen Text. *Wolfgang Wagerer* ist somit rundum Recht zu geben, wenn er schreibt:

224 *Müller* (2003) 25.
225 So immer wieder *Rainer Oberthür* (z.B. 1999, 271f. oder 2002, 102f.).

> „Die in vielen Unterrichtsbeispielen ([...]) anzutreffende, nahezu direkt auf die Präsentation des biblischen Textes folgende Einladung zur Reaktion oder Assoziation, zum Weiterdenken bzw. Verarbeiten, erscheint für ein Theologisieren im Hören als überstürzt. Wie die Lernpsychologie auf die Bedeutung der Pausen zwischen den Lerneinheiten als eigentliche Phasen der ‚Verarbeitung' hingewiesen hat, so soll auch nach der Textbegegnung die Chance für ein Nachgehen des Textes und damit ein Verinnerlichen gegeben sein."[226]

Mit unterschiedlichsten Methoden (wie etwa der strukturalen Analyse) können sich die Schüler/innen an die Gestalt und den Gehalt biblischer Texte herantasten. Unverzichtbares Minimum jeder angemessenen Begegnung mit dem Text ist allemal dessen eindrückliche Vergegenwärtigung.[227] Statt lieblose Vervielfältigungen flüchtig überfliegen zu lassen, um hastig ins Bearbeiten oder Besprechen einzusteigen, gilt es vor jeglichem weiteren Schritt, den ansprechend fixierten Bibeltext[228] durch variierende Formen des stillen Lesens bzw. lauten Vorlesens präsent werden zu lassen.[229] (Vor)Lesen als sehendes, hörendes, imaginatives wie kognitives Gewahrwerden des Textes „ist der erste Zugang zur Bibel."[230]
Die gemeinschaftliche Kommunikation über den Bibeltext wird vorstrukturiert und ‚eingefädelt' durch eine möglichst präzise Themenformulierung. Sie schlägt eine Brücke vom Text zum Gespräch und bestimmt, worüber nun gesprochen werden soll. Ein klarer, motivierender und inhaltlich schlüssiger Eingangsimpuls, den schriftlich zu fixieren lohnt, ist die ‚halbe Miete' für ein ertragreiches Gespräch. Um unbedachtes, überhastetes ‚Loslabern' zu vermeiden, ist es vielfach ratsam, dem Klassengespräch eine ‚Murmelpause' bzw. ‚Mauschelphase' zum Eingangsimpuls voranzuschalten:

> „Alle Schüler haben so Gelegenheit, sich schon einmal ‚im Schonraum' mit der Fragestellung zu befassen. Und: Alle – oder wenigstens fast alle – haben schon mal etwas zum Thema gesagt!"[231]

Auch und gerade im Gespräch selbst sind Hektik und Eile eher kontraproduktiv. Zu Recht fordern *Thomas L. Good* und *Jere E. Brophy*, zwei amerikanische Lernpsychologen, bei Diskussionen auf ein „langsames Tempo" zu achten, das „Schweige-

226 *Wagerer* (2008) 166.

227 Vgl. *Englert* (2005) 196: „Eine Interaktion mit dem Text lebt wesentlich von der Eindringlichkeit, mit der dieser Text selbst präsentiert wird."

228 Auch wenn Kopien das faktische Leitmedium vieler Schulen sind, sollte Schüler/innen doch immer wieder ‚handfest' ermöglicht werden, biblische Texte innerhalb jenes Buches aufzuschlagen und zu studieren, dem diese originär zugehören!

229 Oft ist es sinnvoll, ein und denselben Text zumindest zweimal auf unterschiedliche Weise zu vergegenwärtigen. Laut rezitiert werden kann bspw. durchgängig durch ein und denselben Sprecher, mit verteilten Rollen oder in versweiser Aufeinanderfolge der Sitznachbar/innen.

230 *Weiß* (1995) 13.

231 *Unruh* (2002) 15. „Manchmal mag es auch gut sein, die Antwort auf eine einleitende, offene Frage von jedem Schüler aufschreiben zu lassen." (*Orth* (2009) 33)

phasen einschließt, die Gelegenheit bieten, sich des bisher Gesprochenen zu vergewissern und neue Antworten zu formulieren."[232] Nicht nur zur Vorbereitung auf den Diskurs mit Anderen brauchen Schüler/innen also Zeit und Muße, sondern auch, um im Diskurs selbst Rede und Antwort zu stehen. Dies schließt hitzige Gesprächsphasen keineswegs aus, in denen konträre Sichtweisen in Rede und Gegenrede heftig aufeinanderprallen.
Auf zwei sinnvolle Varianten der Gesprächsorganisation will ich knapp hinweisen.

- Im ersten Falle behält der Lehrer das Heft der Gesprächsleitung selbst in der Hand. Er versteht sich aber primär als Moderator, als ‚Schmiermittel' also, das den Diskurs der Schüler/innen fördert und fordert. Wichtig ist, dass sich der Lehrer dabei inhaltlich zurücknimmt[233] und mit weiten Impulsen und Fragen operiert, die unterschiedlichste Standpunkte zulassen. Dass Schüler/innen direkt aufeinander reagieren, ohne über die ‚Schaltstelle' des Lehrers zu gehen, ist ausdrücklich erwünscht. Getragen ist das Moderationshandeln durch Signale der Akzeptanz.[234] Zur inhaltlichen Bündelung dienen knappe Zusammenfassungen.[235] Gezielte Fragen und Impulse vermögen die Aufmerksamkeit zu weiten. Gelegentliche Provokationen schließlich können ungeahnte Gesichtspunkte in den Blick rücken.[236]
- Die zweite Gesprächsvariante überlässt die Diskursregie sogar den Schüler/innen selbst, die sich in einer Meldekette gegenseitig aufrufen. Nur in Abständen schaltet sich der Lehrer ein, indem er resümiert, zuspitzt oder problematisiert.[237]

Ob durchgängig vom Lehrer moderiert oder aber stärker von den Schüler/innen selbst getragen, die kommunikative Auseinandersetzung mit der Bibel steht und fällt mit einer Gesprächskultur, die ernsthaftes Ringen um Bedeutungen und gegenseitigen Respekt im Deuten zu verknüpfen sucht. Dass und warum solches nachdenkliches Gespräch aus dem Religionsunterricht nicht wegzudenken ist, plausibilisiert *Klaus König*:

> „Um die Lernenden aus ihrer ‚Ich-finde-Toleranz' heraus zu holen, ihnen eine argumentative Urteils- und Dialogfähigkeit über Religion zu erschließen, braucht es wohl eine Gesprächskultur, die sich langsam aufbaut. In ihr stellen Schüler und Schülerinnen ihre Sicht dar und lernen sich mit anderen Positionen so auseinander zu setzen, dass Gemeinsamkeiten und Ergänzungen, aber auch Alternativen, Widersprüche, kognitive Konflikte und befragbare Hintergründe zum Vorschein kommen."[238]

232 *Good/Brophy* (2008) 324.
233 Vgl. insb. *Bittner* (2009) 225.
234 Vgl. *Good/Brophy* (2008) 322; *Orth* (2009) 33 warnt allerdings vor „stereotyper Bekräftigung".
235 Vgl. insb. *Unruh* (2002) 15: „Es ist immer wieder ein Erlebnis, wie alle Schüler solchen gut gemachten Resümees zuhören, weil sie das Resümee als Wertschätzung ihres Beitrags empfinden – gerade, wenn es ohne ‚Zensur' daherkommt!"
236 Vgl. *Good/Brophy* (2008) 320.
237 Vgl. insb. *Unruh* (2002).
238 *König* (2006) 23f.

5.5 Intertextualität und historische Rekonstruktion als Wegweiser verantworteter Bibelauslegung

Das aufmerksame Ergründen des Wortlautes und das kommunikative Abwägen unterschiedlicher Lesarten sind Eckpfeiler jeden Unterrichts, der Schüler/innen zur eigenständigen, kreativen und verantworteten Interpretation der Bibel zu inspirieren sucht. Doch sind die sorgsame Erkundung des Textes und das gemeinsame Ringen um dessen angemessene Deutung bei weitem nicht die einzig sinnvollen Pfade, um das vielfältige Sinnpotenzial biblischer Texte zu erhellen und eigene Deutungen ernsthaft auf die Probe zu stellen. Anders gesprochen: Der Blick auf den Bibeltext und das Gespräch über diesen sind wichtig, ja unverzichtbar. Dennoch benötigen wir vielfach Informationen, die über den fokussierten Text hinausreichen, um vor engstirnigen und verzerrten Interpretation der Bibel bewahrt zu bleiben.
Über den je betrachteten Einzeltext hinausschauen, um zu verantworteten Auslegungen zu gelangen, können wir, indem wir den je besonderen Text im Geflecht und Horizont anderer biblischer Überlieferungen zu lesen lernen. Biblische Texte sind keine isolierten Entitäten, sondern Elemente eines innerbiblischen Verweiszusammenhanges. Dieser reicht von den benachbarten Perikopen über das biblische Buch, in dem ein Text aufgehoben ist, bis hin zu vielfältigen Bezugsstellen in anderen Überlieferungssträngen der einen Heiligen Schrift. In diesem Sinne sind biblische Texte nur eingeschränkt aus sich heraus interpretierbar. Vielmehr kommentieren und korrigieren sich unterschiedliche Texte des einen Kanons gegenseitig. Im Blick über den fokussierten Text hinaus entdecken wir Widersprüche und Parallelen. Wir stoßen darauf, dass der je betrachtete Text Worte und Bilder, Gedanken, Standpunkte und Argumentationen aus anderen Winkeln der Heiligen Schrift aufnimmt und verarbeitet, um diese zu bekräftigen, umzudeuten oder – vielleicht auch – um ihnen entgegenzutreten. Umgekehrt wird dieser, je von uns betrachtete Einzeltext andernorts in der Bibel zitiert, kommentiert oder vielleicht auch kritisiert. Alles in allem: Der je fokussierte Vers, die gerade betrachteten Worte sind stets verwoben in ein intertextuelles Sinnsystem.[239] So ähnelt die Bibel als Ganze einem packenden und letztlich unauslotbaren Gespräch, in welchem sich Texte wechselseitig beleuchten. Der Blick in das intertextuelle Sinnsystem der einen Bibel vermag uns zu schützen vor allzu vordergründigen, oberflächlichen, naiven Lesarten.
Wenn etwa die *Synoptiker* die Pharisäer als Gegenspieler Jesu identifizieren, die ihm theologisch entgegentreten und Böses gegen ihn im Schilde führen, dann stimmt nachdenklich, dass von ebendiesen Pharisäern dort, wo es Jesus tatsächlich ‚an den

239 Überaus präzise umschreibt *Richard Aczel* (1998) die innere Widersprüchlichkeit des Intertextualitätsbegriffs, der „derzeit als Bezeichnung für eine Vielzahl möglicher Bezugsformen von Texten in Gebrauch" ist, „seien sie intentional oder unbewusst, zufällig oder von theoretischer Notwendigkeit." (ebd., 242)

Kragen geht', nämlich in der *Passionsgeschichte*, bei denselben *Synoptikern* überhaupt keine Rede mehr ist. Wenn das *Johannesevangelium* pauschalisierend von ,den Juden' spricht, um die Gegner Jesu zu bezeichnen, dann belehren uns andere Texte der einen Bibel klipp und klar darüber, dass dieser Jesu und seine Jünger/innen mit Haut und Haar selbst Juden waren. Wenn Jesus den *Synoptikern* zufolge ein kategorisches Verdikt gegen die Ehescheidung ausspricht, so lässt die Unzuchtsformel in *Mt 5,32* (bzw. *Mt 19,9*) erkennen, dass schon die urchristlichen Gemeinden erste, menschenfreundliche Ausnahmen von solcher Rigidität für notwendig hielten.[240] Hier wie dort – und die Liste möglicher Beispiele ist unermesslich – erweitert und verändert der Blick in den intertextuellen Verweiszusammenhang die Deutung des einen Textes, den wir gerade betrachten. Auch für den Unterricht ist solcher Weitblick unverzichtbar, denn wo wir einen bestimmten Einzeltext isolieren und uns auf dessen Aussagen fixieren, da droht unsere Interpretation engstirnig, ja sogar fundamentalistisch zu werden, weil sie den vielstimmigen Gesprächszusammenhang der einen Bibel ausblendet.

Intertextualität also als ein erster Wegweiser einer verantworteten Bibelinterpretation – auch im Unterricht. Dass intertextuelles Lesen seine Tücken hat, sei nicht verschwiegen. Einerseits kann – hermeneutisch betrachtet – der Rekurs auf andere Verse und Passagen der Bibel umkippen in assoziative Beliebigkeit, in ein Glasperlenspiel also, in dem alles mit allem kombiniert und alles durch alles bewiesen zu werden droht. Zu Recht beklagt der Bibelwissenschaftler *Georg Fischer*, dass eine „genaue Methodologie" im intertextuellen Ansatz „noch wenig entwickelt" und so mit „oft assoziatives Arbeiten nötig" sei, alles in allem also „wenig Kontrollinstanzen für die Ergebnisse der Arbeit"[241] vorliegen. Wo nachvollziehbare Kriterien fehlen, um aus dem gewaltigen Fundus des biblischen Kanons begründet diejenigen Bezugstexte auszuwählen, die einen bestimmten Einzeltext sinnvoll zu kommentieren vermögen, da können sich dessen Interpreten nach Herzenslust gerade jene Bezugstexte zusammenstellen, welche ihre eigenen Vorurteile sowieso bestätigen. Treffend problematisiert in diesem Sinne *Joachim Kügler*, ein Fachkollege *Fischers*, das Programm einer ,kanonischen Exegese', welche die intertextuellen Bezüge im gesamten Buch der Bücher ins Zentrum der Bibelinterpretation stellt. *Kügler* schreibt:

> „Verstünde man Kanonische Exegese als ungezügelte Verknüpfung biblischer Texte, die nicht mehr nach dem Eigensinn eines Textes fragte, dann käme man zu einer Patchwork-Exegese in radikal postmoderner Beliebigkeit. [...] Letztlich ginge dabei der überlieferte biblische Text als Gegenüber des Lesenden unter. Stattdessen schrieben sich die Lesenden

---

240 Vgl. *Schnackenburg* (1985) 56f. Dass selbst die römisch-katholische Tradition, die (im Kontrast zu Orthodoxie und Protestantismus) bis heute unerbittlich an der Unauflöslichkeitsdoktrin festhält, in ihrer *„konkreten Pastoral"* seit jeher auch *„eine geschmeidigere Praxis"* (*Ratzinger* (1972) 40; vgl. ebd. 44 und 50) kannte, die allerdings nicht unmittelbar auf die matthäische Unzuchtsklausel zurückzuführen sei (vgl. ebd., 35f. und 48), räumte seinerzeit auch *Joseph Ratzinger* ein.

241 *Fischer* (2000) 73.

> selbst ihren Text, womit sich die Frage nach Offenbarung als Begegnung mit dem Fremden erübrigte. [...] Versteht man dagegen Kanonische Exegese als methodisch kontrolliertes Aufspüren der innerbiblischen Verknüpfungen, welche die Texte selbst anstoßen, dann ist sie eine wertvolle Erweiterung des traditionellen wissenschaftlichen Methodenkanons."[242]

Didaktisch stellt sich für den Lehrer gerade mit Blick auf die intertextuelle Bibellektüre die gewichtige Herausforderung der Auswahl. Er steht vor der Frage, ob und welche biblischen Bezugstexte es warum in den Unterricht ‚einzuspeisen' lohnt. Dass hier zuallererst der Blick auf den unmittelbaren Kotext fällt, also auf die direkt benachbarten Textpassagen, dass es daraufhin auf die Dramaturgie und Konzeption des jeweiligen biblischen Buches zu achten lohnt und erst im dritten Schritt in den weiten Raum weiterer biblischer Überlieferungen auszugreifen ist, liegt nahe.[243] Vom Kotext über das Buch zum Kanon voranzuschreiten, erscheint für die dem Unterricht vorangehende Reflexion intertextueller Verknüpfungen unbedingt sinnvoll. Ein Zwangskorsett für die Ausgestaltung des Unterrichts selbst ist dieser Dreischritt aber nicht.

Exemplarität, begründete Auswahl also, ist der Schlüssel jeder intertextuellen Bibellektüre. Die Gefahr jedenfalls, dass sich der biblische Unterricht allzu sehr auf einzelne Texte versteift und dabei den Resonanzboden der Intertextualität außer Acht lässt, gewinnt in aktuellen bibeldidaktischen Publikationen zunehmend an Aufmerksamkeit. So fordert etwa *Wolfgang Wagerer*, bei aller Wichtigkeit der sorgsamen Ergründung einzelner Texte, auch die Gesamtdramaturgie der biblischen Schriften zu vergegenwärtigen und zu beachten. *Wagerer* warnt davor, dass wir aus einem biblischen Buch „die (thematisch) passenden ‚Schnipsel' herausschneiden"[244]. Stattdessen plädiert er für den Mut, sich im Unterricht an umfänglichere Textkompositionen (z.B. *Moseerzählung* oder *Bergpredigt*) oder „den gesamten Bogen eines biblischen Buches"[245] heranzutrauen. Zu diesem Zwecke formuliert *Wagerer* zusammenfassende Neuerzählungen, welche die wesentlichen Linien eines biblischen Darstellungszusammenhangs in poetischer Sprache zu wahren suchen.

In ähnliche Richtung argumentiert *Martina Steinkühler*. Auch sie warnt vor einem Bibelunterricht, der zusammenhanglose Einzeltexte präsentiert. In Analogie zu einem Unterricht, der in unbekannte Sprachen hineingeleitet, fordert sie:

> „Angesichts der Tatsache, dass es im schulischen Religionsunterricht heute zunehmend zu einem Erstkontakt mit der Bibel und mit Gott kommt, müssen Zitate und Fragmentarisierungen möglichst vermieden werden ([...]). Zusammenhänge herzustellen, Gemeinsamkeiten einzelner Geschichten immer wieder herauszustellen, bis ein Netz, ein Gewebe entsteht (das trägt), das muss das Ziel eines solchen Erstkontaktunterrichts sein."[246]

---

242 *Kügler* (2009) 152f.

243 Vgl. *Schambeck* (2009) 96: „Die Texte müssen zunächst in ihrem Nah-Kontext wahrgenommen werden, bevor der Großkontext eingespielt wird." Vgl. a. ebd., 101, 117 und 135f.

244 *Wagerer* (2008) 160.

245 Ebd.

246 *Steinkühler* (2007) 176.

Intertextualität also als ein erster Wegweiser einer verantworteten Bibellektüre im Unterricht. Eine biblische Perikope, eine abgrenzbare Erzählung, ein Psalm, ein Gebet oder Sprichwort spricht zwar für sich, aber eben nicht nur für sich. Jeder Text ist eingebunden in das gesamtbiblische Gespräch mit anderen Texten. So lohnt es sich von Fall zu Fall, ausgewählte Bezugstexte aus der einen Bibel im Unterricht in den Blick zu nehmen. Selbstredend sind auch diese niemals Steinbrüche für eindeutige Wahrheiten. Auch sie sind mit ebenjener Achtsamkeit, Sorgfalt und Offenheit zu ergründen, die ich als Maßstab jedes verantworteten Bibelunterrichts ausbuchstabiert habe.

Neben der Intertextualität ist mit der historischen Kritik ein zweiter Wegweiser zu nennen, der unseren Blick über die Textwelt der im Unterricht betrachteten Perikopen hinauslenkt, um ihn zu weiten, zu schärfen und zu sensibilisieren. Zwar schlagen der historisch-kritischen Exegese in jüngerer Zeit heftige Einwände und Angriffe entgegen.[247] Doch liefert uns die historische Kritik unvermindert wertvolle Verständnishilfen, insofern sie jene geschichtlichen Konstellationen zu erhellen hilft, in denen die biblischen Texte entstanden sind. Dieser Wert der historischen Kritik wird auch dadurch nicht gemindert, dass deren Rekonstruktionen der biblischen Ursprungs- und Entstehungsgeschichte niemals über den Status mehr oder weniger plausibler – und eben auch potenziell widerlegbarer – Hypothesen hinausgelangen. „Historische Erkenntnis" lässt sich nämlich „immer nur im Modus der Wahrscheinlichkeit gewinnen"[248].

Wie am Modell des hermeneutischen ‚Dreiecks' sichtbar wurde, kann und soll die exegetische Rekonstruktion des historischen Entstehungskontextes keineswegs die

---

247 Geprägt sind diese Einwände durch die Sorge, die wissenschaftliche Aufklärung des Gottesglaubens könnte diesen aushöhlen. In diesem Sinne wirft *Benedikt XVI.* (2008) dem von ihm „so genannten ‚mainstream' der Exegese in Deutschland" vor, einer „säkularisierte[n] und positivistische[n] Hermeneutik" anzuhängen. Die exegetisch plausible Infragestellung der Historizität bestimmter biblisch überlieferter Ereignisse (z.B. der Erzählung vom leeren Grab) brandmarkt der Papst als grundsätzliche Verneinung der Möglichkeit, „dass das Göttliche Eingang in die Geschichte findet und dort wirklich präsent ist." (ebd.) Dieser Vorwurf allerdings ist heikel, weil er den Wert und die Wahrheit theologischer Aussagen an die historische Faktizität des Ausgesagten bindet. Was nicht tatsächlich passiert ist, sei theologisch hinfällig. Damit jedoch wird die biblische Überlieferung historizistisch verengt, *Benedikt XVI.* selbst tappt in jene Positivismusfalle, die er in der „modernen Exegese" (ebd.) vorzufinden meint. Außer Acht bleibt, dass die Bibel nicht Fakten dokumentiert, sondern Erfahrungen bezeugt. Im Lichte von Erfahrungen aber wird historische Wirklichkeit nicht dupliziert, sondern transformiert, insofern sie interpretiert wird. Zentrales Interpretament biblischer Erfahrungen ist Gott als Grund und Ziel menschlicher Existenz. Wer dieses letzte Geheimnis in Worte fasst, der protokolliert ebensowenig historische Verläufe wie jemand, der Liebesgedichte schreibt. Gott erschöpft sich nicht in den Tatsachen der Welt, also muss auch die Rede von Gott über historische Faktizitäten hinausreichen. Sinn und Bedeutung gewinnen Liebeslyrik wie Gottesrede, indem sie Sinn und Bedeutung der menschlichen Geschichte erhellen, was nicht bedeutet, historische Fakten zu referieren. Zu *Joseph Ratzingers* „Abwehr historisch kritischer Theoriebildung, um Jesu Historizität zu sichern" (*Häring* (2008) 187), vgl. insb. ebd., 201f., *Hoppe* (2008) 85f. sowie *Kügler* (2008) 162-165.

248 *Avemarie* (2009) 328 mit Bezug auf *Ernst Troeltsch* (1865-1923).

Interpretation der Texte durch je neue Leser/innen ersetzen. Exegetische Befunde schreiben uns nicht vor, wie biblische Texte heute und zukünftig zu deuten sind! Auch biblische Texte wollen und sollen von Leser/innen im Laufe der Geschichte je neu und vielfach anders rezipiert und interpretiert werden. Nichtsdestotrotz vermag die exegetische Rekonstruktion jener Vergangenheit, aus der die Texte stammen, unsere Auslegungen doch zu begrenzen und zu bereichern. Dass etwa jene Männerdominanz vieler biblischer Schriften, die bis in die *Paulusbriefe* reicht[249], im Horizont patriarchaler Kulturen und Gesellschaften zu lesen ist, lässt fraglich erscheinen, solche Frauenfeindlichkeit bis in die heutige (katholische) Kirche hinein zu perpetuieren. Theologisch verstanden sind biblische Texte jedenfalls Gottes Wort in Menschenwort und damit Gottes Wort in menschlicher Geschichte. Daraus folgt, dass diese Texte in ihrer geschichtlichen Verortung und Verwobenheit erkannt werden müssen, um angemessen gedeutet werden zu können. Ebendiese Verwiesenheit biblischer Interpretation auf historische Forschung pointiert auch die *Päpstliche Bibelkommission*, indem sie schreibt:

> „Die Bibel gibt sich [...] nicht als unmittelbare Offenbarung zeitloser Wahrheiten zu erkennen, sondern vielmehr als das schriftliche Zeugnis von Gottes wiederholtem Eingreifen in der menschlichen Geschichte, durch das er sich offenbart. Im Unterschied zu den heiligen Lehren anderer Religionen ist die biblische Botschaft fest im Boden der Geschichte verwurzelt. Dies ist der Grund, daß die biblischen Schriften ohne Untersuchung ihrer geschichtlichen Entstehung nicht korrekt verstanden werden können.“[250]

Auch *Papst Benedikt XVI.*, der mit Kritik an der „modernen Exegese“[251] keineswegs geizt, betont, dass die historische Selbstvergewisserung konstitutiv zum christlichen Glauben gehört:

> „Das historische Faktum ist eine Grunddimension des christlichen Glaubens. Die Heilsgeschichte ist keine Mythologie, sondern wirkliche Geschichte und muss deshalb mit den Methoden ernsthafter Geschichtswissenschaft untersucht werden.“[252]

Um die Bibel angemessen in neue Situationen und Konstellationen hinein übersetzen zu können, sollte man zurückgeblickt haben auf ihre Ursprünge. Der methodisch kontrollierte Rückblick auf den historischen ‚Sitz im Leben‘ biblischer Texte schützt nämlich davor, den Sinn und die Bedeutung dieser Texte zu entstellen und verzeichnen. Zugleich eröffnet uns die geschichtliche Kontextierung, der sich die

---

249 Vgl. insb. *1 Kor 14,33b-36.* Dass dieser Text stichhaltig als „nach-paulinische Interpolation“ (*Klauck* (1987) 105) identifiziert werden kann (vgl. den Widerspruch zu *1 Kor 11,4f.*), mindert nicht das Skandalon, dass er paradigmatisch ist für misogyne Elemente im christlichen Kanon.

250 *Päpstliche Bibelkommission* (1996) 114f.

251 *Benedikt XVI.* (2008).

252 Ebd.; vgl. insb. *Johannes Paul II.* (1996) 12: „Die Kirche Christi nimmt den Realismus der Menschwerdung ernst, und daher mißt sie dem historisch-kritischen Studium der Bibel große Bedeutung zu.“

historische Kritik verschrieben hat, ungeahnte und bereichernde Perspektiven auf die ererbten Texte.

Für die Didaktik des biblischen Unterrichts birgt die Hineinnahme exegetischer Überlegungen und Befunde zweifellos manche Herausforderung. Zu fragen steht, wie es im Alltag des Unterrichts gelingen kann, dass die Rückfrage nach dem Damals, in dem biblische Texte entstanden sind, für den Rezeptions- und Interpretationsprozess der Schüler/innen fruchtbar wird. Ziel ist sicherlich, die Schüler/innen anhand aussagekräftiger Medien und Materialen selbst zu Fragenden wie Forschenden werden zu lassen. Was war das Besondere des jüdischen JHWH-Gottes gegenüber all den anderen Göttern und Götzen der altorientalischen Umwelt? Wie kam es, dass ein winziges Volk am Rande der Weltgeschichte die Vorstellung von Gott, Welt und Mensch bis heute zu revolutionieren vermochte? Was war das für ein Rabbi, dessen Werk und Wirken darin mündeten, dass ihn seine Jüngerinnen und Jünger als auferstandenen Gottessohn bekannten? Wie begründet es sich, dass die Botschaft vom Auferstandenen im Judentum selbst nicht zu überzeugen wusste, wohl aber bei den hellenistischen Heiden? Fragen über Fragen, denen nachzugehen für heutiges Interpretieren der Bibel unerlässlich ist – und bei deren Ergründung die Nüchternheit exegetischer Methoden, Kenntnisse und Erkenntnisse schlichtweg alternativlos bleibt.

6 Kinderbibeln als bibeldidaktische Nagelprobe

Obgleich beinahe alles dafür spricht, dass der christlich-kirchliche Glaube in unserer heutigen Gesellschaft an Bekanntheit und Bedeutung verliert, birgt der aktuelle Büchermarkt eine unüberschaubare Vielzahl an Kinderbibeln.[253] Jahr für Jahr treten dabei Neuerscheinungen auf den Plan. Historisch reichen spezielle Bibeln für Kinder zwar bis in die Reformationszeit zurück.[254] Erst in jüngerer Zeit jedoch erwachte das Interesse der wissenschaftlichen Religionspädagogik an diesem Medium.[255] Der Grund dafür liegt auf der Hand: Kinderbibeln bilden nämlich einen anschaulichen Ernstfall jeder verantworteten Bibeldidaktik. Sie lassen uns nachvollziehbar überprüfen, ob und in welcher Weise es möglich ist, die alten Texte der Bibel für Leser/innen einer neuen Zeit, Kultur und Altersgruppe zugänglich werden zu lassen. Dabei ist einerseits die Eigenart der alten Texte zu wahren und andererseits der Rezeptionshorizont der neuen Leser/innen zu achten.
Ob sich die Bibel angemessen und fruchtbar hineinübersetzen lässt in fremde Horizonte und unter welchen Bedingungen solches Übersetzen als gelungen gewertet werden kann, lässt sich am Medium von Kinderbibeln höchst anschaulich bedenken. An Kinderbibeln die Möglichkeiten und Grenzen einer didaktischen Transformation der biblischen Botschaft zu reflektieren, nutzt nicht nur jenen, die im beruflichen Alltag unmittelbar mit diesen Büchern arbeiten – vor allem in Elementarerziehung und Grundschule. Von der Auseinandersetzung mit Kinderbibeln kann vielmehr *jeder* profitieren, dem daran liegt, die Realisierbarkeit einer theologisch, hermeneutisch wie didaktisch verantworteten Bibeldidaktik praxisorientiert auf die Probe zu stellen. Solches soll im folgenden Kapitel geschehen, das am Medium ‚Kinderbibel' für Möglichkeiten, Maßstäbe und Probleme sensibilisieren will bei dem Versuch, heutigen Schüler/innen um ihrer Selbstvergewisserung willen einen Dialog zu eröffnen mit dem sperrigen und vieldeutigen Buch der Bücher.

6.1 Elementares und poetisches Sprechen

Im menschlichen Sprechen sind Syntax und Semantik, Form und Inhalt untrennbar verwoben.[256] Das ‚Wie' unseres Sprechens ist keine bloße Äußerlichkeit. Die Form des Sprechens prägt und bestimmt vielmehr die Sache, die zur Sprache kommt.

253 Vgl. *Adam* (2003) 159.

254 „Als eine allererste kleine Kinderbibel" (*Schindler* (2000) 278) kann *Martin Luthers* „Passionsbüchlein" von 1529 identifiziert werden (vgl. *Adam* (2003) 162f.).

255 Vgl. ebd., 161.

256 Vgl. *Porzelt* (1999) 49f.

Auch für Kinderbibeln ist somit die Form des Sprechens keinesfalls eine bloße Zutat. Kinderbibeln zehren von einer Sprache, die den Duktus der überlieferten Texte achtet und für junge Leser/innen zugänglich werden lässt. Auf eine Faustformel gebracht: Es braucht eine Sprache, die gleichermaßen elementar wie poetisch ist.
Wie kein anderer hat sich der evangelische Religionspädagoge *Dietrich Steinwede* zeit seines Schaffens damit auseinandergesetzt, wie sich biblische Texte in elementarer Weise nachbuchstabieren lassen. *Steinwede* gibt uns dafür ein klares und praktikables Instrumentarium an die Hand. Er resümiert:

> „Einfach wird eine Erzählsprache für Kinder werden müssen, elementar. Der Erzähler wird seine Vorlage sprachlich glätten, Intervalle des Textes erzählerisch überbrücken, indirekte in direkte Rede umformen, innere Monologe ausgestalten, bei schwierigem sprachlichen Befund nach kindgemäßen Ausdrücken suchen, dabei von den Kindern und ihrem Wiedererzählen selbst lernen; er wird durch zwangloses Einfügen sprachlicher Textparallelen oder anderer Bibelstellen Einzelaussagen intensivieren. Je nach Vorlage wird er entfalten oder bei epischer Breite auch verdichten. Er wird syntaktische Kontrolle üben, geschachtelte Satzkonstruktionen in einander zugeordnete gleichwertige Hauptsätze auflösen; er wird das handlungserzeugende Verb bevorzugen, das schmückende Beiwort beiseitelassen. Er wird bildhaft, konkret, situationsnah die Grundlinien des Textes nachziehen, den Text damit ausführlicher und eindringlicher machen – immer in Kongruenz mit der sprachlichen Bewegung, mit dem Spannungsbogen des Textes. Er wird dies tun in Verantwortung vor der Botschaft des Textes, seiner Theologie.“[257]

Mit seiner Sprachlehre fokussiert *Steinwede* das Nacherzählen biblischer Geschichten. Doch sind seine Hinweise auch hilfreich mit Blick auf die Übertragung anderer Textgattungen – etwa von Gebeten oder Liedern, von Predigten oder Weisungen. Wie sich diese anderen Textsorten angemessen umgestalten lassen, wäre aber gesondert zu bedenken.
Zentral ist zweifelsohne *Steinwedes* Forderung nach einer einfachen, elementaren Sprache. „Einfach wird eine Erzählsprache für Kinder werden müssen, elementar.“ Gefordert ist eine Sprache, welche die Handlung biblischer Erzählungen für Kinder anschaulich werden lässt. Die jungen Hörerinnen und Leser werden hineingenommen in den Strom des erzählten Geschehens. Im Zuhören oder Lesen entwickeln die Kinder eigene, innere Bilder der dargelegten Geschehnisse:

> „Die Erzählung muss einerseits so anschaulich sein, dass in den Hörenden eigene innere Bilder entstehen können. Sie darf andererseits nicht so detaillieren und ausmalen, dass sie diese Bilder bereits vorwegnimmt.“[258]

257 *Steinwede* (1987) 257f.
258 *Simon* (2003) 24; vgl. insb. *Steinwede* (1975) 3: „Eine gute Erzählung ist bildweckend, bildstiftend.“

Steinwede selbst benennt wichtige syntaktische Mittel – ein Handwerkszeug sozusagen – für eine einfache Sprache, die Kinder in das erzählte Geschehen zu verstrikken vermag.
Ein erster Schlüssel ist der Satzbau. Ganz im Gegensatz zur abstrahierenden Wissenschaftssprache, die etwa an der Universität gepflegt wird, braucht es beim biblischen Nacherzählen keine verwickelten Schachtelsätze. Wo möglich, sind vielmehr „gleichwertige Hauptsätze" zu wählen. Parataxen sind Hypotaxen vorzuziehen.

> „Wer biblische Texte gut nacherzählen will, tut gut daran, viele Hauptsätze zu bilden. Der Hauptsatz vermag einen Sachverhalt direkter und damit nachhaltiger zur Geltung zu bringen. Der Hörer schaut das Geschehene unmittelbarer. Dennoch garantiert ein bloßes Aneinanderreihen von Hauptsätzen noch längst kein gutes Erzählen. Der Nebensatz ist nicht völlig außer Kraft zu setzen. Nebensätze können ihre durchaus berechtigte Funktion haben. Das Ideal ist eine Erzählung, in der Hauptsätze mit wohlbedachten Satzgefügen in rhythmischem Wechsel stehen."[259]

Ein zweiter Schlüssel des elementaren Erzählens sind die aktiven Verben. Handlungswörter sind Stützpfeiler der erzählten Handlung. Passivische Darlegung, adjektivische Zustandsbeschreibung oder gar substantivierende Abstrahierung erschweren dagegen den lebendigen Nachvollzug. *Steinwede* schreibt:

> „Wo Verben fehlen, gibt es keine Handlung. Verben erreichen, daß etwas vorgeht in den Sätzen, daß etwas geschieht. Die christliche Religion ist auf Bewegung aus. Sie gründet sich auf ein Buch, ‚in dem fast auf jeder Seite etwas geschieht'"[260].

Direkte Rede und innerer Monolog schließlich sind der dritte Schlüssel eines elementaren Nacherzählens, das eigene Vorstellungen wachruft. Das unmittelbare Wort der biblischen Akteure, ihre direkte Rede spricht Lesende wie Hörende unmittelbarer und direkter an als die referierende Wiedergabe. Anders gesprochen: Wo die biblischen Akteure unvermittelt sprechen, wo uns ihre Gedanken im Selbstgespräch begegnen, da werden sie uns präsenter. Die unvermittelte Rede und die innere Zwiesprache verkürzen unseren Weg zu den biblischen Akteuren. Nicht nur Kindern fällt es somit leichter, sich auf die Spuren derer zu heften, die in der Bibel zu Wort kommen:

> „Man hat die direkte Rede das Hochrelief in der Erzählung genannt, das, was hervortreibt, was die Situation dem Hörer nachhaltiger auf den Leib rückt. Direkte Rede bedeutet weiterhin Verzicht auf den Konjunktiv. Alles Erzählen bevorzugt den Indikativ und den Imperativ."[261]

---

259 Ebd., 23.
260 Ebd., 30 mit Bezug auf *Heinz Zahrnt* (1915-2003).
261 *Steinwede* (1965) 156. Zum inneren Monolog vgl. insb. *ders.* (1975) 97.

Elementares, anschauliches, konkretes Sprechen ist zweifelsohne wichtig, um biblische Texte für junge Leser/innen zugänglich zu machen. Das Handwerkszeug, das *Steinwede* entwickelt hat, kann hierfür wertvolle Dienste leisten. Doch wäre mit sprachtechnischen Kniffen alleine auch aus *Steinwedes* Sicht eine angemessene Übertragung der Bibel niemals zu erreichen. Keineswegs ist es also damit getan, Satzbau, Wortarten und Sprechmodi umzugestalten, um die alten Texte der Bibel für heutige Kinder neu zum Strahlen zu bringen. Um diese Texte zum Leuchten zu bringen, bedarf es vielmehr einer poetischen Sprache, die Maß nimmt an der Poesie der biblischen Texte selbst. Mit Fug und Recht stellt *Albrecht Grözinger* heraus, dass theologisches Sprechen per se poetische Züge trägt. Er schreibt:

> „Rede von Gott ist immer auch poetische Rede."[262]

Weil die Bibel keine Sammlung von Sachbeschreibungen oder Tatsachenberichten ist, darf sie auch nicht im Modus von Sachbeschreibungen oder Tatsachenberichten übersetzt werden. Biblisches Sprechen selbst ist ausdrucksstark, erfahrungsgesättigt, ja vielfach unauslotbar. Um adäquat übersetzt zu werden, bedarf es sorgsamer Formulierungen, die der ästhetischen Eigenart des biblischen Originals nachspüren. Wie von jedem guten Kinderbuch und von jeder angemessenen Bibelübersetzung für Erwachsene ist auch von Kinderbibeln zu fordern, dass ihre Sprache nicht kitschig oder oberflächlich ist, sondern poetische Qualitäten birgt. Was ‚Poesie'[263] ausmacht, ist freilich nicht einfach zu bestimmen. Poetisches Sprechen birgt Widerhaken und wiegt uns nicht vorschnell in Gewissheit.[264] Solches Sprechen rührt an und nimmt gefangen, ohne zu manipulieren. „Poesie reißt einen Horizont auf, der zur Deutung einlädt und zu immer weiterer Deutung ermuntert."[265] Letztlich lässt sich wohl nur an poetischen Texten selbst erproben, was Poesie kennzeichnet. Einen lebendigen Eindruck davon, was es bedeutet, um eine poetische Sprache zu ringen, vermittelt uns die Kinderbibelautorin und Religionspädagogin *Regine Schindler*:

> „Es war die *Sprache*, um die und mit der ich leidenschaftlich kämpfte: Sie sollte melodisch und kindgemäß, aber doch dem biblischen Ton nahe sein, gleichzeitig meine eigene Sprache, jene der Bibel und jene des Kindes – lässt sich dies vereinen? Beim Vorlesen vor Kindern und Erwachsenen testete ich diese Sprache immer wieder neu im Hinblick auf ihre Verständlichkeit, ihre Dichte, ihre Poesie."[266]

---

262 *Grözinger* (1991) 149.

263 Vom griech. Verbum *poiein = herstellen, schaffen, (er)dichten.*

264 So zielt poetische Sprache *Viktor Borisovič Šklovskij* (1893-1984) zufolge darauf, unsere „Wahrnehmung vom Automatismus zu befreien" (*ders.* nach Vollers-Sauer (1993) 473).

265 *Grözinger* (1991) 144.

266 *Schindler* (2000) 277.

6.2 Bildsame ‚Ratlosigkeit‘

Von der sprachlichen Gestaltung nun zum Inhalt von Kinderbibeln. Dass dieser Inhalt zuallererst durch die Auswahl jener Texte bestimmt wird, die in einer Kinderbibel Berücksichtigung finden, liegt auf der Hand. In solcher Textauswahl schlagen sich theologische wie didaktische Grundentscheidungen nieder. Theologisch wird ein ‚Kanon im Kanon‘ bestimmt, was die Frage aufwirft, welche Texte wir mit welchen Argumenten für zentral und exemplarisch ansehen, um die Grundlinien biblischer Gotteserfahrung zur Geltung zu bringen, ohne deren Vielfalt einzuebnen:

> „Wo alle Texte und Themen der Bibel gleich gültig sind, da wird die Bibel gleichgültig. Eine Auswahl ist nötig. Aber jede Auswahl von Texten, Themen und Aspekten muß begründet werden."[267]

Gleichermaßen notwendig wie theologische Erwägungen sind didaktische Überlegungen. Die didaktische Legitimation der Textauswahl ermisst sich am Maßstab der produktiven Rezipierbarkeit. Unerlässlich ist einerseits, dass Kinder die kompilierten Texte erfassen und nachvollziehen können. Zugleich sollen die gewählten Texte Kinder zur fruchtbaren Auseinandersetzung anregen. Produktive Rezipierbarkeit meint keinesfalls, den Weg des geringsten Widerstandes zu gehen und sich auf Texte zu beschränken, die gleich auf den ersten Blick kindgemäß erscheinen. Auch und gerade in Kinderbibeln dürfen dunkle Erfahrungen des Menschseins und rätselhafte Aspekte Gottes nicht ausgespart werden. Dass im Buch der Bücher Leid und Glück, Trauer wie Hoffnung, Lust und Last, Zerstörung wie Gelingen, Kreuz und Auferweckung zur Sprache kommen, das soll und muss sich auch in Kinderbibeln widerspiegeln. Denn Kinderbibeln wollen und sollen jungen Menschen die Möglichkeit eröffnen, sich identifizierend wie distanzierend mit Licht und Schatten der menschlichen Existenz und des biblischen Gottes auseinanderzusetzen. *Anneli Baum-Resch*, die eine exzellente Kriteriologie ‚guter‘ Kinderbibeln verfasst hat, bringt diesen Gedanken pointiert zur Geltung:

> „Nicht nur der *Bibel* entspricht es besser, wenn die ganze Wirklichkeit ihren Platz hat; auch im Leben von *Kindern* gibt es sehr gemischte Erlebnisse und Gefühle. Und wenn diese Erfahrungen in einem Medium, in Geschichten, Ausdruck finden, ist das eine Chance, sich mit dem auseinanderzusetzen, was belastet und bedrückt. Wenn auch von den dunklen, undurchschaubaren Seiten Gottes erzählt wird, entspricht das der Ambivalenz, in der Kinder die Wirklichkeit (und auch ihre Eltern) erfahren. Sicher, Kinder haben ein großes Bedürfnis nach Geborgenheit, Nähe, Trost, Vergewisserung; sie erleben aber auch Dinge, die ihnen Angst machen und sie verunsichern."[268]

---

267 *Theißen* (1992) 9.

268 *Baum-Resch* (2000) 25.

Um Kindern eine gelingende Entwicklung zu ermöglichen, dürfen ihnen Abgründe der menschlichen Existenz nicht vorenthalten werden. Nur wenn die Schattenseiten des Menschseins thematisiert werden, können sie konstruktiv bearbeitet und in die eigene Identität integriert werden. Ein Kronzeuge für die Notwendigkeit, Ängste und Aggressionen zu thematisieren, um sie bearbeitbar zu machen, ist der Psychoanalytiker *Bruno Bettelheim* (1903-1990), der sich über Jahrzehnte hinweg selbst der Therapie von Kindern widmete. Unter dem prägnanten Motto „Kinder brauchen Märchen"[269] brach er eine Lanze dafür, dass narrative Bilder hilfreich und wichtig sind, um „Gut und Böse"[270] in der inneren wie äußeren Welt zu ordnen. Obgleich *Bettelheim* selbst das Märchen als die ideale Literaturgattung sieht, um solches zu bewirken, lässt sich sein Plädoyer, Kindern die Dramatik des Lebens nicht zu verheimlichen, ebenso auf die Bibel als vielstimmiges Buch menschlicher Gotteserfahrungen übertragen. *Bettelheim* argumentiert:

> „Wenn das Unbewußte unterdrückt wird und sein Inhalt nicht ins Bewußtsein treten darf, wird entweder das Bewußtsein im Lauf der Zeit teilweise mit Derivaten dieser unbewußten Elemente überschwemmt oder diese müssen unter so starrer, zwanghafter Kontrolle gehalten werden, daß die Persönlichkeit dabei ernsthaften Schaden erleiden kann. Wenn das unbewußte Material jedoch bis zu einem gewissen Grad ins Bewußtsein treten und in der Phantasie durchgearbeitet werden kann, verringert sich die Gefahr, daß es uns selbst oder anderen Schaden zufügt. Dann kann ein Teil seiner Kräfte positiven Zwecken dienen. Bei den meisten Eltern herrscht jedoch die Meinung vor, man müsse ein Kinde von dem, was es am meisten bedrückt, ablenken, also von seinen gestaltlosen, namenlosen Ängsten und von seinen chaotischen, zornigen oder auch gewalttätigen Phantasien. Viele Eltern glauben, man sollte das Kind nur mit bewußter Wirklichkeit oder angenehmen, wunscherfüllenden Bildern konfrontieren, ihm also nur die Schokoladenseite der Dinge zeigen. Aber eine solche Wegzehrung nährt die Persönlichkeit auch nur einseitig, und das wirkliche Leben hat Schattenseiten."[271]

Eine konkrete, bekannte und zugegebenermaßen sperrige Narration der Bibel soll uns nun näher beschäftigen. Erkundet werden soll, in welcher Weise die *Erzählung von Kain und Abel* in zwei Kinderbibeln übersetzt wird. Dabei wird jener Teil der Erzählung in Augenschein genommen, der mit dem Opfer an Gott einsetzt und mit dem Brudermord schließt. Den Originaltext dieser Verse überträgt die *Einheitsübersetzung* in folgende Worte:

269 So die deutsche Überschrift von *Bettelheim* (1977), der amerikanische Originaltitel formuliert vorsichtiger „The uses of enchantment. The meaning and importance of fairy tales".

270 Ebd., 14.

271 Ebd., 12f.

> 3 Nach einiger Zeit brachte Kain dem Herrn ein Opfer von den Früchten des Feldes dar;
> 4 auch Abel brachte eines dar von den Erstlingen seiner Herde und von ihrem Fett. Der
> Herr schaute auf Abel und sein Opfer, 5 aber auf Kain und sein Opfer schaute er nicht. Da
> überlief es Kain ganz heiß und sein Blick senkte sich. 6 Der Herr sprach zu Kain: Warum
> überläuft es dich heiß und warum senkt sich dein Blick? 7 Nicht wahr, wenn du recht tust,
> darfst du aufblicken; wenn du nicht recht tust, lauert an der Tür die Sünde als Dämon. Auf
> dich hat er es abgesehen, / doch du werde Herr über ihn! 8 Hierauf sagte Kain zu seinem
> Bruder Abel: Gehen wir aufs Feld! Als sie auf dem Feld waren, griff Kain seinen Bruder
> Abel an und erschlug ihn. (*Gen 4,3-8*)

Beide Kinderbibeln, die nachfolgend betrachtet werden, gehören sicherlich zur ‚Premiere League‘ der Buchgattung. Im Gegensatz zur mediokren Ramschware, die oftmals begegnet, handelt es sich um überlegte Kompositionen mit plausibler Textauswahl. Auf sehr unterschiedliche Weise suchen sie das Ideal einer elementaren und poetischen Sprache einzulösen. Wie aber steht es um den Inhalt dessen, was sie von Gott und vom Menschen zu erzählen wissen? Hier stoßen wir beim folgenden Vergleich auf bibeldidaktisch entscheidende Fragen und Problemstellungen.
Bevor Sie sich nun – individuell oder mit Anderen – dem Textvergleich zuwenden, lohnt es, neben der Fassung der *Einheitsübersetzung* auch die nachfolgend dokumentierten Übertragungen von *Martina Steinkühler*[272] und *Regine Schindler*[273] laut durch- oder vorzulesen. Nachdem die Eigenart aller drei Versionen im gesprochenen Wort vernehmbar geworden ist, können folgende Impulsfragen bearbeitet werden:

Arbeitsimpulse

1. Was beeindruckt, was stört mich/uns an der Sprache von *Steinkühler* und von *Schindler*?
2. Inhaltlich erscheint mir/uns als entscheidende Differenz zwischen beiden, dass …
3. Welche der beiden Kinderbibeln halte/n ich/wir aus welchen Gründen für gelungener?

272 *Steinkühler* (2005) 23-25.
273 *Schindler/Zavřel* (2005) 16f.

Abel fand Gefallen daran,
Schafe und Ziegen zu weiden.
Er zeigte ihnen Quellen
und zartes Grün, so dass sie
gediehen und wuchsen
und gaben gute Milch.

Kain fand Gefallen daran,
Feldfrüchte wachsen zu sehen.
Er pflügte und jätete,
wässerte, wachte, so dass
der Acker Frucht trug und alles,
was Kain säte, gedieh.

Gott aber sah gern, was sie taten,
Adam und Eva, Abel und Kain,
und er fand, dass sie lebten,
wie es gut war und recht.

Bisweilen, wenn sie gemeinsam
aßen, besuchte er sie, und dann
bekam er von allem, was da war,
einen guten Teil ab.

Abel freute sich, wenn er sah:
Gott schätzte die Milch
und die weiche Wolle
und liebte die Lämmer der Schafe.
Wenn Gott dann lächelte
und Abel ansah und sagte:
Du bist gut, wie du bist,
dann war für Abel
das Leben ein Fest.

Kain freute sich, wenn er sah:
Gott schätzte die Früchte
des Feldes, das Korn und den Kohl,
Erbsen, Wurzeln und Bohnen.
Wenn Gott dann lächelte
und Kain ansah und sagte:
Du bist gut, wie du bist,
dann war für Kain
das Leben ein Fest.

Was glaubst du?, sprach eines
Abends Eva zu Adam.
Welchen unserer beiden Söhne
hat Gott wohl am liebsten?
Sie sagte das, weil sie
stolz war auf beide.

Er hat beide gleich lieb,
sagte Adam sofort. Auch er
war gleich stolz auf beide.
Kain aber hatte gehört,
was die Eltern sagten.
Er behielt es in seinem Herzen
und es nagte in ihm.

Wen von uns, Gott, hast du lieber?,
fragte Kain morgens und abends.
Und passte gut auf.
Hast du nicht gerade Abel
freundlicher angelächelt als mich?
Hast du vorhin vertraut
mit Abel gesprochen –
zu mir aber fremd?

Pass auf, sagte Gott zu Kain,
wer anfängt, die Liebe
zu messen, zu zählen, zu prüfen,
der wird nicht mehr froh.
Wer aber traurig ist,
der wird ungerecht und
macht vielleicht
schlimme Fehler.

Da nagte es noch mehr in Kain.
Gott hat mich ermahnt,
dachte er. So hat er zu Abel
noch niemals gesprochen.
Und er fing Streit an mit Abel
und schlug auf ihn ein –
und am Ende war Abel ... tot.

Martina Steinkühler

Die beiden Söhne wurden groß und kräftig. Abel zog mit den Schafen seines Vaters von Weideplatz zu Weideplatz. Er war Hirte. Kain arbeitete auf dem Feld. Er pflügte, säte und erntete. Er war Bauer.
Kain und Abel wussten, dass Gott sie behütete. Beide Brüder wollten sich bei Gott bedanken für alles Gute. „Gott, ich danke dir für deine Hilfe; ich bringe dir ein Opfer", sagte Abel. „Schau auf diese Schafe – ich möchte dir eines schenken. Ich verbrenne es für dich." Auch Kain redete mit Gott: „Gott, ich danke dir für deine Hilfe; ich bringe dir ein Opfer. Schau auf dieses Kornfeld – ich möchte dir einen Teil der Ernte schenken. Ich verbrenne diese Garben für dich." Beide Brüder opferten.
Darauf wurde die Herde Abels größer. Die Schafe bekamen Junge; sie wurden immer kräftiger. „Gott hat freundlich auf mein Opfer geschaut. Er hat mich gehört", sagte Abel. Er freute sich.
Kains Kornfeld wuchs in diesem Jahr nicht gut. Kain wurde böse. „Warum schaut Gott nur auf Abel und seine Tiere? Mich hat er vergessen; mein Opfer hat er nicht angeschaut – das ist ungerecht", sagte er.
Gott sah Kains grimmiges Gesicht. „Hörst du mich, Kain? Ich habe dich nicht vergessen. Nimm dich zusammen und sei nicht zornig!"
Kain aber konnte nicht verstehen, warum Gott Abels Herde groß und stark gemacht hatte. Ist Gott mein mageres Kornfeld gleichgültig? dachte er. Er war eifersüchtig. „Mein Bruder hat es besser als ich." Kain war wütend.
Er sagte zu seinem Bruder: „Abel, komm doch mit mir hinaus zu meinem Kornfeld." Dort schlug Kain seinen Bruder. Er schlug ihn mit ganzer Kraft, bis Abel hinfiel und sich nicht mehr bewegte. Abel war tot.

Regine Schindler

„Der Herr schaute auf Abel und sein Opfer, aber auf Kain und sein Opfer schaute er nicht." So lesen wir in der *Erzählung von Kain und Abel* in *Gen 4,4b-5a*. Ebendiese Aussage, dass Gott das Opfer des Hirten Abel würdigt und jenes des Bauern Kain ignoriert, liefert den Sprengsatz für einen Bruderzwist, der schließlich – trotz zwischenzeitlicher Ermahnung Gottes – im blutigen Mord mündet: „Als sie auf dem Feld waren, griff Kain seinen Bruder Abel an und erschlug ihn." (*Gen 4,8b*) Die Dramatik dieses Geschehens pointiert *Regine Schindler*: „Dort schlug Kain seinen Bruder. Er schlug ihn mit ganzer Kraft, bis Abel hinfiel und sich nicht mehr bewegte." *Martina Steinkühler* schließt die Erzählung mit den eindrücklichen Worten: „Und am Ende war Abel ... tot."
Theologisch betrachtet ist das Handeln Gottes gegenüber Kain und Abel ein Skandalon, dem jegliche Begründung fehlt. Zur Frage, was Gott dazu bewegt, den beiden Opfergaben und damit auch den zwei Brüdern unterschiedliche Beachtung zu schenken, verliert der Text kein einziges Wort. Wie aber vereinbart sich solch

ungleiche Behandlung mit Gottes Gerechtigkeit? Diese Frage liegt nahe und bleibt doch unbeantwortet.
Literaturtheoretisch begegnet uns mit dem Satz „Der Herr schaute auf Abel und sein Opfer, aber auf Kain und sein Opfer schaute er nicht." eine klassische Leerstelle.[274] An entscheidender Stelle konfrontiert der Text den Leser mit einer Frage, die er – der Text – schlichtweg offenlässt. Der Leser ist gezwungen, sich seinen eigenen Reim auf diese offene Frage zu machen. Er reibt sich am Ungesagten, sucht selbst nach Lösungen, entwickelt Hypothesen. Leerstellen entfachen die Aktivität der Leser/innen. Der unvollendete Text will, er muss vom Leser zu Ende geschrieben werden. *Franz W. Niehl* fasst diese wichtige Funktion von Leerstellen in literarischen Texten zusammen:

> „Die Leerstellen sind eine Ursache für die Produktivität des Lesers. Sie nötigen den Leser nämlich, nachdenklich zu werden und das Fehlende nach seinen eigenen Vorstellungen zu ergänzen und damit beginnt der Leser seine eigene Interpretation. Gute literarische Texte lassen den Leser ratlos zurück. Er soll ja auf die Fraglichkeit seines Lebens gestoßen werden. Und die Leerstellen im Text stiften Unruhe."[275]

Bibeldidaktisch interessant ist nun, wie die Erzählauszüge aus den Kinderbibeln von *Steinkühler* einerseits und von *Schindler* andererseits mit dem theologischen Skandalon der ungleichen Reaktion Gottes, wie sie mit der Leerstelle umgehen, dass Gottes Motivik gänzlich offen bleibt. Diese inhaltliche Frage ist prototypisch dafür, wie eine Kinderbibel mit dem biblischen Original verfährt. Maßt sich die Kinderbibel an, die Unbestimmtheit des biblischen Textes zu vereindeutigen und das zu wissen, was der Text selbst offen lässt? Oder reicht sie ungeklärte Probleme weiter an die Leser/innen – als Anregung zu eigenem theologischem Nachdenken und als Impuls zur Entwicklung plausibler Deutungsalternativen? Machen wir also die Probe aufs Exempel!
Steinkühlers Paraphrase der biblischen Erzählsequenz ist sicherlich sprachmächtig. Sie überträgt die Vorlage in knappe, ausdrucksstarke Sätze mit sorgsam gewählten Worten. Die Strophenform erinnert an ein umfängliches Gedicht. Inhaltlich zieht *Steinkühler* dem Text jedoch den Zahn der Fremdheit. Dass Gott selbst beide Brüder ungleich behandelt, wird mit keiner einzigen Silbe erwähnt. Auch vermeidet *Steinkühler* jeglichen Hinweis, dass Gott irgendwelche Opfer empfängt. Den Arbeitsertrag des Hirten wie des Bauern quittiert Gott ihrer Fassung zufolge exakt mit derselben Zuwendung und Wertschätzung. Beiden Brüdern sagt Gott lächelnd: „Du bist gut wie du bist". Adam wird sogar ausdrücklich in den Mund gelegt, dass Gott „beide gleich lieb" habe. *Steinkühler* tilgt somit die strittige Rolle Gottes im Konfliktgeschehen. Ins Zentrum rückt stattdessen die Psyche des Kain. Den äu-

274 Zum Begriff der ‚Leerstelle', der maßgeblich durch *Wolfgang Iser* (1926-2007) geprägt wurde, vgl. insb. *Stenger* (1977), *Winkgens* (1998) sowie *Schöttler* (2006) 17-23.
275 *Niehl* (1998) 8; vgl. *ders.* (2006) 74.

ßeren Anlass seiner Aggression verlegt *Steinkühler* in dessen ‚nagendes Herz‘. Sie internalisiert die Motivik des Mordes, zugleich moralisiert sie die Erzählung als Ganze mit den Worten „Wer anfängt, die Liebe zu messen, zu pflücken, zu prüfen, der wird nicht mehr froh.“[276] Alles in allem: Von der Leerstelle des biblischen Originals bleibt bei *Steinkühler* nichts übrig. Gott erscheint ausschließlich in hellem und gnädigem Lichte. Kain dagegen wird dargestellt als Opfer seiner bloßen Einbildung. Ganz ohne äußeren Grund meint Kain, er werde benachteiligt. Aus dieser Fehlwahrnehmung erwächst sein Neid, der schließlich in Gewalt gipfelt.

Auch *Schindlers* Paraphrase imponiert in sprachlicher Hinsicht. Sie erzählt mit eindrücklichen Worten und klaren Sätzen. Mit Aussagen zum Handeln und Denken Gottes hält sie sich zurück. Ausführlich bringt sie dagegen zum Ausdruck, was die beiden Brüder tun, fühlen und wollen, wobei direkte Rede und innerer Monolog üppige Verwendung finden. Wie auch sonst in ihrer Kinderbibel ist für *Schindler* entscheidend, wie die menschlichen Akteure der Bibel Gott erfahren. Über die Vorgaben des biblischen Originals hinaus Gottes ureigene Gedanken und Absichten auszufalten, liegt *Schindler* dagegen prinzipiell fern.[277]

Das Skandalon der ungleichen Reaktion Gottes auf die Opfergaben beider Brüder bringt *Schindler* klar zum Ausdruck. Dabei differenziert sie zwischen dem beobachtbarem Geschehen und dessen Deutung durch Kain und Abel. Auf diese Weise meidet sie eine übermäßige Vermenschlichung Gottes, wie sie der lächelnde Gott bei *Steinkühler* wohl darstellt. In *Schindlers* Fassung interpretiert Abel das Gedeihen seiner Tiere als Zuwendung Gottes. Kain dagegen deutet sein darbendes Kornfeld als Vernachlässigung durch Gott. Auch wenn besagter Mangel zeitlich eingegrenzt wird („Kains Kornfeld wuchs in diesem Jahr nicht gut“), benennt *Schindler* glasklar und ohne Umschweife, welche theologische Provokation der ungleiche Ertrag für Kain aufwirft: „‚Mich hat er vergessen; mein Opfer hat er nicht angeschaut – das ist ungerecht‘, sagte er.“ Er „konnte nicht verstehen, warum Gott Abels Herde groß und stark gemacht hatte. Ist Gott mein mageres Kornfeld gleichgültig?“

---

276 Das biblische Original formuliert weit offener: „Wenn du recht tust, darfst du aufblicken; wenn du nicht recht tust, lauert an der Tür die Sünde als Dämon.“ (*Gen 4,7a*)

277 Gegen jegliche Anthropomorphisierung Gottes wendete sich insbesondere *Walter Neidhart* (1917-2001), der mit *Steinwede* die Theorie biblischen (Nach)Erzählens nachhaltig geprägt hat: „Viele Nacherzählungen bemühen sich, Gott in seinem Verhalten als logisch handelnde Person verständlich zu machen. Warum hat Gott in dieser Geschichte gerade so und nicht anders gehandelt? Warum hat er diesem Menschen ein Leiden geschickt und den andern eine Freude erleben lassen? Viele biblische Erzähler haben in ihrer Fassung der Geschichte diese Fragen eindeutig beantwortet, und heutige Erzähler haben auf Grund ihres Gottesverständnisses in Geschichten, in denen die Frage für biblische Erzähler offen war, das Verhalten Gottes psychologisch erklärt. Das lehne ich ab. Hier gilt für mich das Gebot: Du sollst dir kein Bildnis von Gott machen! Gott soll nicht als begreifliche Person in einer Geschichte auftauchen. Aussagen über die Rolle Gottes dürfen ihn nur als den beschreiben, den bestimmte Menschen so oder so erfahren haben und von dem sie dies oder jenes erwarten, aber nicht als den, der so oder so *ist* und dessen Verhalten man psychologisch nachvollziehen kann.“ (*Neidhart* (1975) 41f.; vgl. a. *Baum-Resch* (2000) 23)

Resümierend lässt sich festhalten, dass Gottes ursächliche Verwicklung in das Konfliktgeschehen bei *Schindler* offensichtlich wird, ohne den Leser/innen bestimmte Antworten zu suggerieren. Ihre Paraphrase wirft jene Schlüsselfrage nach der Gerechtigkeit Gottes auf, die das biblische Original selbst nahelegt und offenhält. *Schindler* unterschlägt nicht, dass beiden Brüdern auf ihr Opfer hin ein ungleiches Schicksal widerfährt. Wohl aber ließe sich problematisieren, inwieweit die Brüder mit der Interpretation richtig liegen, ihren materiellen Erfolg oder Misserfolg als Zuwendung oder Abwendung Gottes zu deuten. Die Wut und Schuld des Kain kommt in *Schindlers* Text ebenso nüchtern zur Sprache wie in der biblischen Vorlage. Ohne den Zeigefinger der Moral stehen wir staunend, rätselnd und fragend davor, was Menschen dazu treibt, den Nächsten und Bruder auszulöschen.
Wie von *Niehl* gefordert, lässt uns *Schindlers* Textfassung in entscheidenden Punkten „ratlos zurück“. Ratlosigkeit aber ist der Motor für eigenes Suchen, Fragen und Forschen. Kinderbibeln dürfen nicht klüger sein als die biblische Vorlage, der sie verpflichtet sind. Insofern Kinderbibeln der Vieldeutigkeit und Ungewissheit biblischer Texte eine Stimme geben, entsprechen sie einer Didaktik, die der Bibel zutraut, Menschen je neu in bildsame Ratlosigkeit zu versetzen.

7 Zwischen Kontinuität und Kontrast

Ein korrelativer Religionsunterricht, der auf die produktive, kritische und symmetrische Wechselbeziehung von Glaubenstradition und Gegenwart zielt, beschränkt sich nicht auf jenen Dialog mit biblischen Texten, dessen Prämissen, Intentionen, Kriterien und Methoden in den vorangegangenen Kapiteln ergründet wurden. Wohl ist das Gespräch mit den vielstimmigen Texten des Buches der Bücher konstitutiv für jeden christlichen Religionsunterricht. Doch ist die Bibel eben nur *ein* – wenn auch unverzichtbarer – Gesprächspartner im korrelativen ‚Gesamtkonzert' dieses Schulfachs.[278] Um das alte, vieldeutige Buch jüdischer und christlicher Gottesrede in seiner Nähe und Fremdheit lebensbedeutsam und horizonterweiternd zum Sprechen zu bringen, bedarf es des Zwiegesprächs der biblischen Texte mit vielfältigen *außer*biblischen Bezugsmedien.

Prinzipiell sind Medien, zu denen auch die Texte der Bibel selbst zählen, elementare „Mittler"[279] des Lernens. Wo Lernen nicht naturwüchsig im ‚Ernstfall' des Alltags geschieht, sondern schulisch organisiert und inszeniert wird, sind Medien unentbehrlich.[280] „In ihrer konkreten materialen Gestalt"[281] verkörpern und vergegenwärtigen sie fremde Erfahrungen, denen die Lernenden begegnen können, um eigene Wahrnehmungen und Deutungen in Frage und auf die Probe zu stellen. Bildungstheoretisch betrachtet sind Medien somit „Schnittstellen"[282] zwischen dem Ich des lernenden Subjektes und dem Nicht-Ich der ihm begegnenden Welt.[283] *Matthias Wörther* umschreibt diese Funktion wie folgt:

> Medien „bilden [...] zentrale Schnittstellen zwischen dem einzelnen und der Gesellschaft (ihren Traditionen, ihrem Wissenstand, ihren Regeln, ihren Werten), zwischen den Fragen an das Leben und den ‚Sinnspeichern' Kultur, Tradition, Wissenschaft usw., zwischen meiner Erfahrung und den Erfahrungen der anderen, zwischen meiner Sprache und den Sprachen der anderen."[284] „Mit ‚Schnittstelle' ist gemeint, daß Medien Verbindungselemente und Übergänge zwischen den unterschiedlichsten Welten sind."[285]

---

278 Vgl. *Porzelt* (2009) 97-100.

279 *Hacker* (1980) 10, 14 und 22 sowie *Schmid* (1997) 71, 73f. und 76f.

280 „Im 15. Jahrhundert beginnt" *Klaus Mollenhauer* (1928-1998) zufolge „ein Prozeß des ‚Auseinanderrückens' von Kind und Erwachsenenwelt", womit „eine eigentümliche *‚pädagogische Sphäre'*" entsteht, „in der das Problem zu lösen ist, auf welche Weise Erfahrungen *repräsentiert* werden können." (*ders.* (1998) 68f.) Wie *Hacker* (1980) 10 im Rekurs auf *Johann Amos Comenius* (1592-1670) herausstellt, avancieren in ebendieser Zeit Medien zum Schlüssel der unterrichtlichen Erfahrungsrepräsentation: „Die räumlich und zeitlich gegen die Realität abgegrenzte Veranstaltung Unterricht war, um die Realität repräsentieren zu können, auf Mittler angewiesen."

281 *Schmid* (1997) 73.

282 *Wörther* (1995) 15-18, 35f. und 43.

283 Vgl. die in *Kap. 1.2* entwickelten Überlegungen zum Bildungsbegriff.

284 *Wörther* (1995) 15.

285 Ebd., 16.

Uraufgabe unterrichtlicher Medien ist die authentische und spannungsreiche „*Repräsentation*“[286] fremder Erfahrungen. Jene Medien, die im Religionsunterricht *neben* die biblischen Texte treten, repräsentieren Erfahrungen des geschichtlichen und aktuellen Christentums ebenso wie Erfahrungen aus fremdreligiösen und säkularen Deutungshorizonten.[287] Ästhetisch wie inhaltlich darf die Qualität außerbiblischer Medien nicht hinter jene der biblischen Texte selbst zurückfallen. Wie diese, so wollen auch die vielfältigen Medien aus Geschichte und Gegenwart im Religionsunterricht sorgsam entdeckt und erkundet, kontrovers bedacht und besprochen, eigenständig ergründet und befragt sein. Unabdingbar ist die Achtung und Beachtung ihres Eigensinns, der sich keineswegs darin erschöpft, biblische Motive und Gewissheiten illustrierend zu bestätigen. Mit Fug und Recht stellt *Hans Schmid* heraus:

> „Eine der Hauptaufgaben heutigen Religionsunterrichts besteht darin, dass wir ein neues religionsdidaktisches Verständnis und damit zusammenhängend eine angemessene Erschließungspraxis der Medien entwickeln. Sie sind nicht einfachhin ‚Mittel‘ zum Zweck, Mittel, über die wir schlicht bestimmte Lernziele erreichen könnten; ebenso wenig darf es nur um die Illustration einer außerhalb dieser Medien stehenden Lehre, Botschaft, Theologie oder was sonst auch immer gehen: Medien haben immer eine Eigenbotschaft, einen Eigenwert, eine Eigenschwere. Und dieser Eigengehalt wird zugänglich in ihrer konkreten materialen Form.“[288]

Inhaltliches Gravitationszentrum des schulischen Religionsunterrichts sind die großen Fragen und grundlegenden Erfahrungen der menschlichen Existenz.[289] Ebenso wie die biblischen Texte sollten auch die nichtbiblischen Medien elementare Fragen und Erfahrungen widerspiegeln und ein Deutungspotenzial bieten, das die Schüler/innen motivieren und provozieren kann, dem eigenen ‚Lebenswissen‘[290] auf die Spur zu kommen, um dieses zu prüfen, zu erhellen und zu erweitern.

---

286 *Mollenhauer* (1998) 20 et passim.

287 Vgl. *Porzelt* (2009) 97-100.

288 *Schmid* (1997) 38.

289 Ohne das Spezifikum religiöser Weltdeutung außer Acht zu lassen, verortet bspw. *Werner Simon* die Eigenart und Notwendigkeit philosophischer, ethischer wie religiöser Bildung treffend im Kontext der vier großen Fragen *Immanuel Kants* (1724-1804): „1) Was kann ich wissen? 2) Was soll ich thun? 3) Was darf ich hoffen? 4) Was ist der Mensch?“ (*Kant* (1923) 25). „Soll schulischer Unterricht über die spezielle Fach- und Berufsausbildung hinaus einer ‚Allgemeinbildung‘ dienen, die den Weltbezug des Menschen unverkürzt wahrnehmen und zur Geltung kommen läßt, so darf keine der genannten anthropologischen Grundfragen ausgeblendet werden. In dieser Hinsicht sind philosophische, ethische und religiöse Bildung unaufgebbare Teile des allgemeinen Bildungsauftrags der Schule.“ (*Simon* (1999) 90)

290 Dass der – durch *Paul Michael Zulehner* geprägte – Terminus des ‚Lebenswissen‘ in Abgrenzung zum Informations-, Fertigkeits- und Methodenwissen (*Emeis/Schmitt* (1986) 70) sinn- und orientierungsstiftende Überzeugungen bezeichnet, die vorreflexiv verankert, aber – zumindest graduell – auch argumentativ zugänglich sind, umreißt *Werbick* (1989) 68-70.

*Bibel*didaktisch geglückt ist die Präsenz anderer Medien, wenn in ihrem Lichte die alten Texte der Heiligen Schrift neu befragt und bestritten, interpretiert und diskutiert werden. Medien aus Geschichte und Gegenwart, die im Religionsunterricht zur Geltung kommen, sind somit Chance und Bewährungsprobe, um biblische Texte im Kontext der heutigen Zeit, Gesellschaft und Kultur zum Sprechen zu bringen.

Gedichte, Erzählungen und Argumentationen, Bilder, Filme und Videoclips, die im Religionsunterricht *neben* die Texte der Bibel treten, sind ausgespannt zwischen Kontinuität und Kontrast. Zumindest idealtypisch lassen sich wirkungsgeschichtliche Zeugnisse, die in erkennbarer *Kontinuität* auf biblische Worte, Motive und Vorstellungen zurückgreifen, unterscheiden von Medien, die mit der Bibel *kontrastieren*, insofern sie dort weder sprachliche noch ideelle Anleihen machen, auch wenn sie vielfach vergleichbare Fragen, Erfahrungen oder Themen der menschlichen Existenz berühren. Je näher wir uns an die (post)moderne Gegenwartskultur heranbewegen, desto unbedeutender und spärlicher werden jedenfalls die expliziten Rekurse auf biblische Gedanken und Bilder. Zwar ist der einst so breite Strom kultureller Bibelrezeptionen nicht vollständig versiegt. Beispiele wirkungsgeschichtlicher Kreativität wie die Songs „Hallelujah“[291] von *Leonard Cohen*, „I Corinthians 15:55“[292] von *Johnny Cash* (1932-2003) oder auch „Das will ich sehen“[293] von *Sabrina Setlur* sind eher herausragende Ausnahmen denn repräsentative Belege einer ungebrochenen Wirkkraft der Bibel. Insgesamt gesehen bedarf es eines beinahe detektivischen Spürsinns, um in Relation zur Fülle kultureller Gegenwartszeugnisse tatsächlich noch eindeutige (und nicht lediglich assoziative!) Referenzen zum Buch der Bücher auszumachen. Der „Bruch zwischen Evangelium und Kultur“[294], den *Papst Paul VI.* schon 1975 hellsichtig wahrnahm, nimmt die kulturelle Wirksamkeit der Bibel nicht aus. Nüchtern ist festzustellen, dass die biblische Überlieferung bei all ihrer früheren Bedeutung aktuell „eine verblassende Tradition“[295] darstellt. Würde der Religionsunterricht dies ignorieren und durch ‚Herauspicken‘ von immer seltener werdenden Zeugnissen biblischer Wirkkraft die Illusion erwecken, heutige Lebensdeutungen seien nach wie vor maßgeblich durch die Bibel geprägt, dann gliche dies einer korrelativen Kapitulationserklärung. Korrelative Hermeneutik und Didaktik nämlich setzen zwingend voraus, dass jetzige Erfahrungswelten im Unterricht nicht christlich gefiltert, sondern authentisch zur Geltung kommen

291 *Leonard Cohen*, Various Positions (1984). Eine knappe – die Spezifik des Songs weitgehend ignorierende – Kommentierung findet sich in *Roncace/Clanton* (2007) 24f.

292 *Johnny Cash*, American VI: Ain‘t no Grave (2010).

293 *Sabrina Setlur*, Die neue S-Klasse (1998). *Walter* (2005) 85-88 entfaltet eine präzise, die Korrespondenz von Wort und Musik adäquat würdigende Interpretation dieses Songs, dessen Text „fast nur aus indirekten Bibelzitaten“ besteht, „die zu einem neuen, eigenständigen Werk arrangiert worden sind.“ (ebd., 87)

294 *EN 20.*

295 *Brenner* (2007) 444.

müssen, damit die Schüler/innen in eine wahrhaftige Kommunikation zwischen Glaubenstradition und Gegenwart verwickelt werden können.[296] Um die biblisch fundierte Überlieferung des christlichen Glaubens realitätshaltig und lebensbedeutsam auf die Probe zu stellen, sind Medien vonnöten, in denen sich heutiges Denken und Fühlen, Deuten und Hoffen angemessen widerspiegeln.

Die idealtypische Gegenüberstellung wirkungsgeschichtlicher Kontinuität und gegenwartskultureller Kontrastivität darf nicht verdecken, dass sich im jeweiligen Einzelfall – am einzelnen Medium und seiner besonderen Rezeption wie Kommunikation also – entscheiden muss und wird, ob und inwiefern die Schüler/innen tatsächlich aus freien Stücken und ohne religionsunterrichtlich induzierten Parallelisierungszwang[297] fruchtbare Wechselbeziehungen mit dem Buch der Bücher aufspüren. Als medial vermitteltes Kommunikationsgeschehen sucht der Religionsunterricht den Schüler/innen bei „der Suche nach ihrer *eigenen* Wahrheit“[298] zur Seite zu stehen, indem er ihnen ermöglicht, sich in Auseinandersetzung mit religiöser Tradition jener Erfahrungen, Orientierungen und Ziele zu vergewissern, die für das eigene Leben tragend sein können. Ob und wie sich gerade die Bibel in solcher Selbstvergewisserung als lohnender, inspirierender und tragfähiger Gesprächspartner erweist, bleibt letztlich unauslotbar und ist je neu auf die Probe zu stellen.

Um von den Schüler/innen lebensbedeutsam interpretiert werden zu können, dürfen biblische Texte in aller Regel nicht für sich stehen bleiben. Das mediale Spektrum des Religionsunterrichts muss sich somit öffnen und weiten hin zu einer umfänglichen Intertextualität, die über den biblischen Kanon und dessen Wirkungsgeschichte bis in die heutige Lebenswelt der Schüler/innen hineinreicht. Die ‚Texte‘ (von lat. *textus* = *Gewebe*), die das Gespräch mit der Bibel bereichern, beschränken sich nicht auf das gesprochene und geschriebene Wort.[299] Nicht nur die verbale Sprache kann ‚Schnittstellen‘ zu fremden Erfahrungen bahnen, sondern auch nonverbale Zeichensysteme wie Bild oder Symbol, Ritual oder Musik.

Welch produktive Spannung daraus erwachsen kann, wenn biblische Texte aus dem Sprach- und Sinnkosmos der Heiligen Schrift hinaustreten und mit heutigen, säkularen Erfahrungszeugnissen konfrontiert werden, soll zum Schluss dieses Buches zumindest angedeutet werden, indem ich zwei Dokumente gegenüberstelle, die sich gleichermaßen der *Kantschen* Frage „Was ist der Mensch?“[300] annehmen.

---

296 Vgl. *Porzelt* (2000 A) 321-323.

297 Getreu dem Motto ‚Reim dich oder ich fress dich‘ werden bspw. Pop- und Rocksongs in religionsdidaktischen Materialien vielfach instrumentalisiert, um biblische Texte schmackhafter zu machen.

298 *Englert* (1998) 5.

299 Dass die „Ausweitung des Textbegriffs“ auf nonverbale Zeugnisse keineswegs unumstritten ist, markiert *Auerochs* (2005) 196. Für diese Erweiterung spricht allerdings, dass durchaus auch kommunikative Zeugnisse „anderer semiotischer Systeme“ (*Glück* (1993)) „als Einheit[en] betrachtet werden können“ (*Auerochs* (2005) 196), die durch „Kohärenz, die Entfaltung eines Textthemas, die Erschließbarkeit einer kommunikativen Funktion, die relative Abgeschlossenheit und die Komplexität einer Äußerungsfolge“ (*Pätzold* (1993)) gekennzeichnet sind.

300 *Kant* (1923) 25.

Mit *Psalm 8* richte ich die Aufmerksamkeit zunächst auf einen biblischen Text, der die anthropologische Fragestellung im Horizont des Glaubens an einen gütigen Schöpfergott ausbuchstabiert:

> 2 HERR, unser Herr, / wie herrlich ist dein Name in allen Landen, / der du deine Hoheit
> über den Himmel gebreitet hast. / 3 Aus dem Mund der Kinder und Säuglinge / hast du ein
> Bollwerk errichtet / deiner Widersacher wegen, / um ein Ende zu bereiten dem Feind und
> dem Rachgierigen. / 4 Wenn ich deinen Himmel sehe, das Werk deiner Finger, / den Mond
> und die Sterne, die du hingesetzt hast: / 5 Was ist der Mensch, dass du seiner gedenkst, /
> und des Menschen Kind, dass du dich seiner annimmst? / 6 Du hast ihn wenig geringer
> gemacht als Gott, / mit Ehre und Hoheit hast du ihn gekrönt. / 7 Du hast ihn zum Herr-
> scher gesetzt über die Werke deiner Hände, / alles hast du ihm unter die Füsse gelegt: / 8
> Schafe und Rinder, sie alle, / dazu auch die Tiere des Feldes, / 9 die Vögel des Himmels und
> die Fische im Meer, / was da die Pfade der Meere durchzieht. / 10 HERR, unser Herr, / wie
> herrlich ist dein Name in allen Landen. (*Ps 8,2-10*[301])

Was wir hier lesen, war ursprünglich wohl als Lied vernehmbar[302], dessen Melodie aber ist unwiederbringlich verklungen. Prägendes Merkmal des Textes ist die Du-Rede, mit der Gott als Adressat eines Gebetes angesprochen wird. Kennzeichnender Sprechakt ist der Lobpreis, der aufgipfelt im rahmenden Ausruf „HERR, unser Herr, / wie herrlich ist dein Name in allen Landen" (V.2ab und 10).
Zweimal charakterisiert der Psalm Gott als Herrscher des Firmaments (V.2c und 4), beidemale schwenkt der Blick zum zerbrechlichen Menschen (V.3a[303] und 5). Jener Gott, der als den „Himmel" (V.2c und 4a) überragender Schöpfer erfahren wird, baut ein schützendes „Bollwerk" (V.3b) gegen bedrohliche Mächte. In anrührenden Worten verknüpft Vers 5 die paradoxe Erfahrung, dass sich der Schöpfer des Alls verlässlich und fürsorglich um den kleinen, hinfälligen Menschen „kümmert"[304], mit der anthropologischen Grundfrage: „Was ist der Mensch, dass du seiner gedenkst, / und des Menschen Kind, dass du dich seiner annimmst?" Die Folgeverse markieren nachdrücklich, dass Gott den Menschen mit herausragender Würde[305]

---

301 Die vorliegende Textfassung entstammt der *Zürcher Bibel*.

302 So schreibt *Alfons Deissler* (1914-2005) in seinem bis heute lesenswerten Psalmenkommentar: „Das ursprünglich griechische Wort ‚Psalm' bedeutet ein Lied, das in Begleitung durch ein Saiteninstrument zum Vortrag kam." (*ders.* (1986) 13; vgl. *Hossfeld/Zenger* (1993) 5)

303 *Seybold* (2010) 1156 diagnostiziert in V.2f. „einen kaum reparablen Schaden", sodass man „den Sinn nicht recht verstehen" könne. Fraglich ist jedenfalls, ob V.3a („Aus dem Mund der Kinder und Säuglinge") auf das Schöpfungslob in V.2 zurückverweist (so bspw. *Deissler* (1986) 13) oder aber auf die Errichtung eines Bollwerkes in V.3b gemünzt ist (so in *Einheitsübersetzung* und *Zürcher Bibel*). Letzteres favorisiert auch *Zenger* (1993) 79, wobei er die Wendung „„Neugeborene und Säuglinge" als Metapher für leidende und wehrlose Menschen" auffasst.

304 *Seybold* (2010) 1156.

305 Vgl. insb. *Zenger* (1993) 77: „Der Psalm preist JHWH als den majestätischen Gott, der sich ‚dem Menschen' zuwendet und ihm Anteil an seiner ‚Ehre' gibt; diese ‚Ehre' des (königlichen) Menschen ist das, was wir heute ‚Menschenwürde' nennen."

ausgestattet habe: „Wenig geringer [...] als Gott“ (V.6a[306]) ist er „mit Ehre und Hoheit [...] gekrönt“ (V.6b) und „zum Herrscher“ (V.7a) eingesetzt über die Natur. In der Logik der göttlichen Schöpfung ist ihm, dem Menschen, außerordentliche Macht übertragen.[307] Der Mensch ist ein autonomes Wesen, seine besondere Würde verdankt sich einem freien, nicht näher begründeten Entschluss JHWHs.

Als modernes Gegenüber zum alttestamentlichen *Psalm 8* will ich *Herbert Grönemeyers* Song „Mensch“ aus dessen gleichnamigem Album von 2002 in den Blick rücken.[308] Wie populär dieses Lied ist, wie stark es viele Zeitgenoss/innen anrührt und wie unmittelbar es sie zu fesseln vermag, zeigt sich nicht nur an den Verkaufszahlen[309], sondern auch an der begeisterten Resonanz in zahllosen Livekonzerten.[310] Dass diese Resonanz mit hoher inhaltlicher Identifikation einhergeht, belegte eine Umfrage unter Konzertbesuchern.[311]

Wie bei jeglichem Lied, das diesen Namen verdient, bilden Wort und Musik auch im Song „Mensch“ eine unauflösbare Symbiose.[312] Dies gilt umso mehr, als *Grönemeyer* selbst seine Texte stets aus musikalischen Ideen entwickelt, sodass er sagt: „Das Letzte, was ich tun würde, wäre, mich hinzusetzen, um einen Text zu schreiben ohne Musik.“[313]

Als gestalthafte Ganzheit von Rhythmus, Ton und Wort, die Emotion ebenso anspricht wie Kognition, sollte *Grönemeyers* Lied vor jeglicher Textbetrachtung zunächst hörend vernommen werden. Erst wenn dies – am besten mehrfach – geschehen ist, kann der Liedtext auch analysierend in den Blick genommen werden. Er lautet:

---

306 Da das hebräische Wort *Elohim* = *Gott* gleichermaßen singularisch wie pluralisch verstanden werden kann, ist exegetisch strittig, ob der Mensch hier mit subalternen Götterwesen verglichen wird (so *Deissler* (1986) 49 und *Seybold* (2010) 1156) oder aber mit JHWH selbst (so *Zenger* (1993) 80).

307 Schon die aufmerksame Textbeobachtung lässt erkennen, dass *Ps 8* die Macht des Menschen über die Natur entfaltet, eine „Herrschaft des Menschen über andere Menschen“ (ebd.) hingegen unerwähnt lässt.

308 *Herbert Grönemeyer*, Mensch (2002).

309 „*Mensch* ist das kommerziell erfolgreichste Album des Musikers *Herbert Grönemeyer*. Mit über 3,1 Millionen verkauften Exemplaren ist es das meistverkaufte Album in Deutschland.“ (*Wikipedia*-Artikel „Mensch (Album)“ (http://de.wikipedia.org/wiki/Mensch_(Album) [20.08.11])

310 Vgl. etwa das über Youtube zugängliche Video des Rostocker G8-Livekonzerts von 2007, in dem *Grönemeyer* „Mensch“ gemeinsam mit *Bono* intoniert, wobei der Liedtext gehörig durcheinandergerät, was die Begeisterung des Publikums aber in keiner Weise schmälert.

311 Die Titel „Mensch“ und „Der Weg“ wurden von den befragten „knapp 800“ Konzertbesuchern „nicht nur am häufigsten als Lieblingslieder genannt, sondern stehen auch in der Liste der Lieder, in denen ‚am meisten Wahrheit (steckt)‘, ganz oben.“ (*Striet/Werden* (2009) 252)

312 Vgl. *König* (2005) 400: „Text und Musik bilden [...] zwei eigenständige, analytisch unterscheidbare Zeichensysteme. Erklingen sie gemeinsam, ist ihre wechselseitige Durchdringung so intensiv, dass eine neue Bedeutungsebene entsteht, die weder allein durch den Text noch durch Musik erzeugt werden kann.“

313 *Herbert Grönemeyer* nach Schmidt-Joos/Kampmann (2008) 697.

„Momentan ist richtig_Momentan ist gut_Nichts ist wirklich wichtig_nach der Ebbe kommt die Flut_ _Am Strand des Lebens_ohne Grund, ohne Verstand_ist nichts vergebens_ich baue die Träume auf den Sand_ _Und es ist_Es ist ok_Alles auf dem Weg_Und es ist Sonnenzeit_Unbeschwert und frei_Und der Mensch heißt Mensch_Weil er vergißt, weil er verdrängt_Weil er schwärmt und stählt_Weil er wärmt, wenn er erzählt_Weil er lacht, weil er lebt, Du fehlst_
Das Firmament hat geöffnet Wolkenlos und ozeanblau_Und Telefon, Gas, Elektrik_Unbezahlt und das geht auch _ _Teil mit mir Deinen Frieden_Wenn auch nur geborgt_Ich will nicht Deine Liebe_Ich will nur Dein Wort_ _Und es ist_Es ist ok_Alles auf dem Weg_Und es ist Sonnenzeit_Ungetrübt und leicht_Und der Mensch heißt Mensch_Weil er irrt und_weil er kämpft_Weil er hofft und liebt_Weil er mitfühlt und vergibt_Und weil er lacht, und weil er lebt, Du fehlst_ Oh weil er lacht, weil er lebt, Du fehlst_
_Es ist ok_Alles auf dem Weg_Und es ist Sonnenzeit_Ungetrübt und leicht_Und der Mensch heißt Mensch_Weil er vergißt, weil er verdrängt_Und weil er schwärmt und glaubt_Sich anlehnt und vertraut_Und weil er lacht, weil er lebt, Du fehlst_
_Ist schon ok_Es tut gleichmäßig weh_Es ist Sonnenzeit_Ohne Plan, ohne Geleit_Der Mensch heißt Mensch_Weil er erinnert, weil er kämpft_Weil er hofft und liebt_Weil er mitfühlt und vergibt_Und weil er lacht, und weil er lebt, Du fehlst_Weil er lacht, weil er lebt, Du fehlst“ [314]

Auch wenn *Grönemeyers* Wortkunst bei professionellen Kritikern keineswegs unumstritten ist[315], will ich seinen Text, der knappeste Sätze schroff aneinanderreiht, beim Wort nehmen.

Metaphernreich werden zu Beginn punktuelle Eindrucke und Empfindungen umschrieben („Momentan ist richtig [...] ich baue die Träume auf den Sand“). Sie gerinnen im positiven, vielleicht aber auch ironisch gebrochenen Fazit, es sei „ok_ Alles auf dem Weg_Und es ist Sonnenzeit_Unbeschwert und frei“. Überraschend folgen grundsätzliche Aussagen zur Verfasstheit des Menschen („Und der Mensch heißt Mensch“). Was diesen kennzeichnet, wird durch vielfältigste Verben umschrieben: „Weil er vergißt, weil er verdrängt_Weil er schwärmt und stählt_Weil er wärmt, wenn er erzählt_Weil er lacht, weil er lebt“. Schlagartig endet die Aussagenfolge mit der knappen Feststellung „Du fehlst“. Alle zuvor entfalteten Gewissheiten über die Eigenart des Menschen können nicht ausräumen, dass eine bestimmte, einmalige Person fern ist und vermisst wird. Mit variierenden Verben umreißt der weitere Liedtext noch dreimal, was den Menschen ausmacht. Stereotyp folgen die Worte „Du fehlst“. Dem wohligen Gefühl von „Sonnenzeit_Ungetrübt und leicht“ weicht gegen Ende das Eingeständnis schmerzhafter Ratlosigkeit: „Ist schon ok_Es tut gleichmäßig weh_Es ist Sonnenzeit_Ohne Plan, ohne Geleit“.

Im Zentrum des Songtextes steht – wie auch in *Psalm 8* – die Frage nach dem Ureigenen des Menschen. In den dezidiert anthropologischen Passagen zeichnet

314 Dokumentiert ist der abgedruckte Text im Booklet des Albums „Mensch“ sowie in *Reinert* (2004) 53. Der Originaltext kennt keine Aufteilung in Strophen oder Sinnabschnitte.

315 Vgl. *Schmidt-Joos/Kampmann* (2008) 694 und 696f.

Grönemeyer ein anrührendes Bild vom Menschen. Dieser erscheint als ebenso kraftvolles (hoffendes und lachendes) wie zerbrechliches (irrendes und verdrängendes) Wesen, das mit den Fährnissen des Lebens „kämpft" und in der Zuwendung zum Mitmenschen Erfüllung findet, etwa indem er „wärmt, wenn er erzählt", „mitfühlt und vergibt", „sich anlehnt und vertraut". Was der Mensch ist, offenbart sich – bar jeden religiösen Transzendenzbezuges – in der interpersonalen Begegnung. Insofern die Wahrheit vom Menschen eine höchst konkrete ist, reißt der Verlust konkreter Personen existenzielle Wunden auf. Im Gegenzug provoziert die individuelle Verlusterfahrung die grundsätzliche Frage, was den Menschen ausmacht. *Grönemeyer* selbst erlebte jenes „Du fehlst", das im Liedtext gleich fünfmal wiederholt wird, infolge des Todes seiner Frau und eines Bruders im November 1998.[316] Durch beide Ereignisse „auf das Menschsein zurückgefallen"[317], produzierte er das Album „Mensch".

So innig *Psalm 8* und der *Song „Mensch"* durch die anthropologische Frage nach der Eigenart und Besonderheit des Menschen verbunden sind, so scharf unterscheiden sie sich dahingehend, dass im Lichte des biblischen Textes der unfassbare Gott die Besonderheit und Würde des Menschen begründet, während der Liedtext die zwischenmenschliche Erfahrung des Anderen als letzte und ausschlaggebende Instanz markiert, die den Menschen begreifbar macht. Zwar lassen beide Texte Brüche und Bedrohungen des Lebens anklingen, wobei der Psalm recht unbestimmt vom „Feind" und „Rachgierigen" (*Ps 8,3*) spricht und der Liedtext sehr konkret das ‚Fehlen' eines geliebten „Du" beklagt. In *Grönemeyers* Titel bleibt der Mensch mit seinem Schmerz und seiner Ratlosigkeit letztendlich auf sich gestellt.[318] *Psalm 8* dagegen artikuliert das Vertrauen in einen Gott, der den Menschen in seiner Hinfälligkeit und Sorge nicht ‚hängen lässt', sondern ihm treu und verlässlich zur Seite steht.

Beide betrachteten Dokumente – der biblische Psalm wie der moderne Liedtext – zollen dem Menschen hohe Sympathie und Wertschätzung. Zugleich aber konturieren sie die Conditio humana – den „Zustand des Menschen als solchem"[319] – in sehr unterschiedlicher Weise. Diese inhaltliche Spannung wiederum könnte Schüler/innen produktiv anregen, dem eigenen Menschenbild auf die Spur zu kommen. Zu klären wäre, was beide Erfahrungszeugnisse Wertvolles über den Menschen zu sagen wissen – und wo ihre Grenzen liegen. Ob dann die transzendente Daseins-

316 Vgl. ebd., 695.

317 *Grönemeyer* (2002).

318 Plausibel und wohltuend unpolemisch weisen *Striet/Werden* (2009) auf, dass die authentische Bewältigung des ambivalenten Lebens bar transzendenten Rückhalts im Zentrum jener Anthropologie steht, die in *Grönemeyers* Liedtext „Der Weg" und den Trends der oben erwähnten Umfrage unter Konzertbesuchern zutage tritt: „Bestaunenswert ist der Mensch, der liebt, der immer wieder verzweifelt, der aber dennoch das Leben liebt und in seiner ganzen Lebenslust und seiner gleichzeitigen Melancholie seine Würde wahrt." (ebd., 253f.)

319 *Adriaanse* (1999) 445.

deutung des Psalms und die immanente Anthropologie *Grönemeyers* füreinander zugänglich werden und sich vielleicht sogar erhellend kommentieren oder ob beide in unversöhnlichem Widerspruch verharren, müsste die unterrichtliche Auseinandersetzung je neu erweisen. Legitimerweise können verschiedene Schüler/innen dabei zu unterschiedlichen Einschätzungen gelangen.

Korrelativer Bibelunterricht, wie er im vorliegenden Buch schrittweise konturiert wurde, zehrt von der Zuversicht, dass es lohnt, sich probeweise in die spannungsvolle Verschiedenheit unterschiedlicher Erfahrungszeugnisse hineinzubegeben. Das Geheimnis des Menschen und der Welt muss mehrperspektivisch ergründet werden, will man simplifizierende Deutungen vermeiden. Die vielfach bewährten und bestrittenen Texte der Bibel, die Gott in unterschiedlichsten Facetten als Ursprung, Grund und Horizont unseres Daseins ausbuchstabieren, können den unterrichtlichen Diskurs um „lebensbegründende Erfahrungen“[320] gerade dadurch bereichern, dass sie die Wirklichkeit oftmals in ungewohntem Lichte interpretieren. Gängige Gewissheiten nicht bloß verdoppelnd, bergen sie das Potenzial, zu neuer und vertiefter Auseinandersetzung mit Selbst und Welt, Leben und Tod anzuregen.

Indem das Buch der Bücher hineingenommen wird in den Streit der Deutungen, können seine Texte je neu bildende Plausibilität entfalten. Unter der Glocke religiöser Selbstgewissheit hingegen verdorrt das Sinnpotenzial der Bibel.

320 *Niehl* (1994) 63.

8 Anhang

8.1 Literaturverzeichnis

Aczel, Richard (1998), Intertextualitätstheorien und Intertextualität, in: MLLK (1998) 241-243

Adam, Adolf (1988), Grundriß Liturgie, Freiburg/Br. u.a. ³1988

Adam, Gottfried (2003), Kinderbibeln – Von Luther bis heute, in: JBKTh 2 (2003) 157-179

Adriaanse, Hendrik Johan (1999), Conditio humana, in: RGG⁴ II (1999) 444f.

Alt, Christian (2009), Kinder wollen glücklich sein – dem Glück auf der Spur. Kinderstudien im Vergleich. DJI-Kinderpanel, LBS-Kinderbarometer, World Vision Kinderstudie, ZDF-Glücksstudie, in: DJI Bulletin 85/2009, 32-35

Antor, Heinz (1998), Rezeptionsästhetik, in: MLLK (1998) 458-460

Auerochs, Bernd (2005), Text [literaturwissenschaftlich], in: RGG⁴ VIII (2005) 196f.

Avemarie, Friedrich (2009), Historisches Arbeiten in der Exegese, in: ThB 40 (5/2009) 325-337

Bachl, Gottfried (2010), Gott im Schatten der Kirche, in: ThPQ 158 (1/2010) 4-10

Baldermann, Ingo (1996), Einführung in die Biblische Didaktik, Darmstadt 1996

Barthelmes, Jürgen / Sander, Ekkehard (2001), Erst die Freunde, dann die Medien. Medien als Begleiter in Pubertät und Adoleszenz, München 2001

Baudler, Georg (1987), Der Christ der Zukunft – ein Mystiker. Zur symmetrischen Gegenseitigkeit von Offenbarung und Erfahrung, in: Diakonia 18 (6/1987) 414-419

Baum-Resch, Anneli (2000), „Wann ist eine Kinderbibel gut?", in: Nichl, Franz Wendel / Wirtz, Hans-Gerd (Hg.), Kinderbibeln zwischen Qualität und Kommerz. Vorträge und Berichte von der 4. Trierer Kinderbibeltagung vom 10.-12. November 1999, Trier 2000, 12-37

Becking, Bob (1998), Babylonisches Exil, in: RGG⁴ I (1998) 1044f.

Beilner, Helmut (2003), Empirische Forschung in der Geschichtsdidaktik, in: Geschichte in Wissenschaft und Unterricht 54 (5-6/2003) 284-302

Benedikt XVI. (2008), Reflexionen zur Bibelexegese. Gedanken zu Beginn der 14. Generalkongregation der Bischofsynode [Ansprache am 20.10.2008] (www.zenit.org/article-16199?l=german [25.01.2010])

Berg, Horst Klaus (1993), Grundriß der Bibeldidaktik. Konzepte – Modelle – Methoden, München – Stuttgart 1993

Berger, Peter L. (2000), Sinnsuche in einer Zeit der Globalisierung, in: StZ 218 (12/2000) 805-814

Berges, Ulrich (2004), Das Buch Jesaja, in: Zenger (2004) 1390-1486

Bettelheim, Bruno (1977), Kinder brauchen Märchen, Stuttgart 1977 [erstmals erschienen 1976 (amerikanische Originalausgabe)]

Bittner, Stefan (2009), Unterrichtsgespräch und Diskussion, in: HU² (2009) 223-226

Bohnsack, Ralf (1989), Generation, Milieu und Geschlecht. Ergebnisse aus Gruppendiskussionen mit Jugendlichen, Opladen 1989

Boueke, Dietrich / Schülein, Frieder (1991), Kindliches Erzählen als Realisierung eines narrativen Schemas, in: Ewers, Hans-Heino (Hg.), Kindliches Erzählen – Erzählen für Kinder. Erzählerwerb, Erzählwirklichkeit und erzählende Kinderliteratur, Weinheim – Basel 1991, 13-41

Boueke, Dietrich / Schülein, Frieder / Büscher, Hartmut / Terhorst, Evamaria / Wolf, Dagmar (1995), Wie Kinder erzählen. Untersuchungen zur Erzähltheorie und zur Entwicklung narrativer Fähigkeiten, München 1995

Brenner, Gerd (2007), Jugend, Religion und kirchliche Jugendarbeit, in: dj 55 (10/2007) 444-453

Bucher, Anton A. (1997), Braucht Mutter Kirche brave Kinder? Religiöse Reifung contra kirchliche Infantilisierung, München 1997

Bucher, Anton A. (2007), Die Tabaluga tivi-Glücksstudie. Wunschlos glücklich? Der Tabaluga tivi-Fachkongress des ZDF am 15. und 16. November 2007 (www.gluecksforschung.de/pdf-Dateien/Praesentation_12042008_bucher.pdf [11.03.11])

Camara, Helder (1982), Hoffen wider alle Hoffnung, Zürich ²1982

Catalfamo, Giuseppe (1984), Ideologie und Erziehung, Würzburg 1984 [erstmals erschienen 1980 (italienische Originalausgabe)]

Sekretariat der *DBK* (Hg.) (2005), Der Religionsunterricht vor neuen Herausforderungen, Bonn 2005 [Beschlussfassung: 2005]

Deissler, Alfons (1986), Die Psalmen, Düsseldorf ⁵1986

Dohmen, Christoph (2003), Die Bibel und ihre Auslegung, München ²2003

Dohmen, Christoph / Hieke, Thomas (2005), Das Buch der Bücher. Die Bibel – Eine Einführung, Kevelaer 2005

Dormeyer, Detlev (1987), Gespräch mit dem Text / Interaktionale Bibelauslegung, in: HBA (1987) 274-279

Dormeyer, Detlev / Zöller, Christa (2006), Der Gang der Frauen zum leeren Grab (Mk 16,1-8). Interaktionales Lesen in einer 6. Realschulklasse, in: JBKTh NT (2006) 194-206

Duden. Grammatik der deutschen Gegenwartssprache (1995) [hg. von Günther Drosdowski], Mannheim u.a. ⁵1995

Duden. Deutsches *Universalwörterbuch* (1996) [hg. vom Wissenschaftlichen Rat der Dudenredaktion], Mannheim u.a. ³1996

Eco, Umberto (2004), Die Grenzen der Interpretation, München ³2004 [erstmals erschienen 1990 (italienische Originalausgabe)]

Einheitsübersetzung der Heiligen Schrift. Das Alte Testament [*AT*] (1983), Stuttgart ²1983

Einheitsübersetzung der Heiligen Schrift. Das Neue Testament [*NT*] (1986), Stuttgart ⁶1986

Emeis, Dieter / Schmitt, Karl Heinz (1986), Handbuch der Gemeindekatechese, Freiburg/Br. u.a. 1986

Englert, Rudolf (1998), Der Religionsunterricht nach der Emigration des Glauben-Lernens. Tradition, Konfession und Institution in einem lebensweltorientierten Religionsunterricht, in: KatBl 123 (1/1998) 4-12

Englert, Rudolf (2003), Warum Antworten manchmal so viele Fragen aufwerfen. Über strukturelle Probleme im religionspädagogischen Legitimationsdiskurs, in: RpB 50/2003, 5-18

Englert, Rudolf (2005), „Das kann nicht wahr sein!" Wundergeschichten, in: Baumann, Ulrike / Englert, Rudolf / Menzel, Birgit / Meyer-Blanck, Michael / Steinmetz, Agnes, Religionsdidaktik. Praxishandbuch für die Sekundarstufe I und II, Berlin 2005, 183-198

Kirchenamt der *EKD* (Hg.) (1995), Identität und Verständigung. Standort und Perspektiven des Religionsunterrichts in der Pluralität. Eine Denkschrift der Evangelischen Kirche in Deutschland, Gütersloh [3]1995 [Beschlussfassung: 1994]

Evangelisch-reformierte Landeskirche des Kantons *Zürich* (Hg.) (2010), Erklärt – Der Kommentar zur Zürcher Bibel (3 Bände [mit durchgängiger Seitenzählung]), Zürich 2010

Evangelisches Gesangbuch (1994). Ausgabe für die Evangelisch-Lutherischen Kirchen in Bayern und Thüringen. Antwort finden in alten und neuen Liedern, in Worten zum Nachdenken und Beten, München – Weimar 1994

Faust-Siehl, Gabriele / Krupka, Bernd / Schweitzer, Friedrich / Nipkow, Karl Ernst (Hg.) (1995), 24 Stunden Religionsunterricht. Eine Tübinger Dokumentation für Forschung und Praxis, Münster 1995

Fiedler, Peter / Hilger, Georg / Reilly, George (1989), Christen – Juden. Anregungen und Kriterien zu einem angemessenen Sprechen von der jüdischen Tradition, vom Judentum und vom Verhältnis Christen – Juden, in: Katechetisches Institut des Bistums Aachen (Hg.), Christen und Juden. Von den Wurzeln her verbunden. Leitlinien, Kriterien, Anregungen und Empfehlungen für die Verkündigung, die Erwachsenenbildung und den Religionsunterricht, Aachen [2]1989, 20-67

Fischer, Georg (2000), Wege in die Bibel. Leitfaden zur Auslegung, Stuttgart 2000

Fölling-Albers, Maria (2001), Veränderte Kindheit – revisited. Konzepte und Ergebnisse sozialwissenschaftlicher Kindheitsforschung der vergangenen 20 Jahre, in: Jahrbuch Grundschule III, Frankfurt/M. – Seelze 2001, 10-51

Fuhrmann, Manfred (2002), Bildung. Europas kulturelle Identität, Stuttgart 2002

Gabel, Helmut (1996), Inspiration [theologie- und dogmengeschichtlich], in: LThK[3] V (1996) 535-538

Gadamer, Hans-Georg (1974), Hermeneutik, in: Ritter, Joachim (Hg.), Historisches Wörterbuch der Philosophie. Band 3, Basel – Stuttgart 1974, 1061-1073

Gadamer, Hans-Georg (1999), Hermeneutik I. Wahrheit und Methode. Grundzüge einer philosophischen Hermeneutik [erstmals erschienen 1960], Tübingen 1999

Gemeinsame Synode der Bistümer in der Bundesrepublik Deutschland (1976), Beschluß: Der Religionsunterricht in der Schule, in: Bertsch, Ludwig et al. (Hg.), Gemeinsame Synode der Bistümer in der Bundesrepublik Deutschland. Beschlüsse der Vollversammlung. Offizielle Gesamtausgabe I, Freiburg/Br. u.a. 1976, 123-152 [Beschlussfassung: 1974]

Gensicke, Thomas (2010), Wertorientierungen, Befinden und Problembewältigung, in: Shell Deutschland Holding (Hg.), Jugend 2010. Eine pragmatische Generation behauptet sich, Frankfurt/M. 2010, 187-242

Glück, Helmut (1993), Text, in: MLS (1993) 636

Goldman, Ronald (1972), Vorfelder des Glaubens. Kindgemäße religiöse Unterweisung, Neukirchen-Vluyn 1972 [erstmals erschienen 1967 (britische Originalausgabe)]
Good, Thomas L. / Brophy, Jere E. (2008), Looking in Classrooms, Boston ¹⁰2008
Gotteslob (1975). Katholisches Gebets- und Gesangbuch mit dem Eigenteil des Bistums Würzburg [hg. von den Bischöfen Deutschlands und Österreichs und der Bistümer Bozen-Brixen und Lüttich], Würzburg 1975
Grönemeyer, Herbert (2002), „Ich kümmere mich viel um mich selbst" [SWR3-Interview mit Evi Seibert im Juli 2002] (www1.sunnyfeelings.de/archiv/swr3-0702 [20.08.11])
Grözinger, Albrecht (1991), Die Sprache des Menschen. Ein Handbuch. Grundwissen für Theologinnen und Theologen, München 1991
Günzel-Horatz, Renate (Text) / Rehberg, Silke (Illustr.) (2003), Meine Schulbibel. Ein Buch für Sieben- bis Zwölfjährige [„maßgeblich erarbeitet" durch die vom Vorsitzenden der „Kommission Erziehung und Schule" der DBK berufene „Arbeitsgruppe Schulbibeln"], Kevelaer u.a. 2003

Hacker, Hartmut (1980), Didaktische Funktionen des Mediums Schulbuch, in: ders. (Hg.), Das Schulbuch. Funktion und Verwendung im Unterricht, Bad Heilbrunn 1980, 7-30
Häring, Hermann (Hg.) (2008), „Jesus von Nazareth" in der wissenschaftlichen Diskussion, Wien – Berlin 2008
Häring, Hermann (2008 A), Den Evangelien trauen. Zu einigen Misverständnissen im päpstlichen Jesusbuch, in: ders. (2008) 177-208
Hahn, Ulla (2005), Der Mut, sich selbst zu überraschen. Gespräch mit Ulla Hahn über das Erzählen und die tiefere Wahrheit der Fiktion, in: zeitzeichen. Evangelische Kommentare zu Religion und Gesellschaft 6 (5/2005) 37-39
Halbfas, Hubertus (1982), Das dritte Auge. Religionsdidaktische Anstöße, Düsseldorf 1982
Halbfas, Hubertus (2004), Das Christentum. Erschlossen und kommentiert von Hubertus Halbfas, Düsseldorf 2004
Hanisch, Helmut / Bucher, Anton (2002), Da waren die Netze randvoll. Was Kinder von der Bibel wissen, Göttingen 2002
Helbig, Gerhard / Buscha, Joachim (1996), Deutsche Grammatik. Ein Handbuch für den Ausländerunterricht, Leipzig u.a. ¹⁷1996
Hiebel, Hans H. (1998), Autonomie, in: MLLK (1998) 27f.
Hoppe, Rudolf (2008), Schriftauslegung und Rückfrage nach Jesus, in: Häring (2008) 83-90
Hossfeld, Frank-Lothar / Zenger, Erich (1993), Die Psalmen I. Psalm 1-50 (NEB AT; 29), Würzburg 1993
Huber, Wolfgang (2007), Im Geist der Freiheit. Für eine Ökumene der Profile, Freiburg/Br. u.a. 2007
Humboldt, Wilhelm von (1997), Theorie der Bildung des Menschen (Bruchstück) [entstanden 1793/94 und posthum veröffentlicht], in: ders., Bildung und Sprache, Paderborn ⁵1997, 24-28

Johannes Paul II. (1996), Ansprache über die Interpretation der Bibel in der Kirche am 23.04.1993, in: Päpstliche Bibelkommission (1996) 7-20

Kant, Immanuel (1923), Logik. Ein Handbuch zu Vorlesungen [erstellt von Gottlob Benjamin Jäsche; erstmals erschienen 1800], in: Kant's gesammelte Schriften [hg. von der Königlich Preußischen Akademie der Wissenschaften]. Band IX, Berlin – Leipzig 1923, 1-87

Katholische Studierende Jugend (Hg.) (1985), Ach. Text, Gebet, Meditation. Ein Arbeitsbuch der KSJ, Köln 1985

Kilian, Rudolf (1986), Jesaja 1-12 (NEB AT; 17), Würzburg 1986

Kircher, Bertram (Hg.) (2006), Die Bibel in den Worten der Dichter, Freiburg/Br. u.a. ²2006

Kirchschläger, Walter (1987), Historisch-kritische Methoden (kath.), in: HBA (1987) 131-134

Klauck, Hans-Josef (1987), 1. Korintherbrief (NEB NT; 7), Würzburg ²1987

Klauck, Hans-Josef (1995), Alle Jubeljahre. Zum neuen Dokument der päpstlichen Bibelkommission, in: Biblische Zeitschrift 39 (1/1995) 1-27

Klauck, Hans-Josef (2010), Bibel, in: Markschies, Christoph / Wolf, Hubert (Hg.), Erinnerungsorte des Christentums, München 2010, 414-423

Klieme, Eckhard et al. (2003), Zur Entwicklung nationaler Bildungsstandards. Eine Expertise, Bonn ²2003

König, Klaus (2005), Mehr als Worte sagt ein Lied, in: KatBl 130 (6/2005) 400-406

König, Klaus (2006), Reden über Religion. Eine Stellungnahme zu Hans Mendls Plädoyer für einen performativen Religionsunterricht, in: Religionsunterricht heute. Informationen des Dezernates Schulen und Hochschulen im Bischöflichen Ordinariat Mainz 3-4/2006, 22-30

Körtner, Ulrich (2009), Rezeption und Inspiration. Über die Schriftwerdung des Wortes und die Wortwerdung der Schrift im Akt des Lesens, in: Neue Zeitschrift für systematische Theologie und Religionsphilosophie 51 (1/2009) 27-49

Koller, Hans-Christoph (1993), Biographie als rhetorisches Konstrukt, in: BIOS 6 (1/1993) 33-45

Kreiner, Armin (2006), Das wahre Antlitz Gottes – oder was wir meinen, wenn wir Gott sagen, Freiburg/Br. u.a. 2006

Kügler, Joachim (2008), Glaube und Geschichte. Von den Grenzen der Exegese und der Hilflosigkeit eines Dogmatikers, in: Häring (2008) 153-168

Kügler, Joachim (2009), Entweihung der Schrift? Die bleibende Provokation der historisch-kritischen Bibelwissenschaft, in: ThPQ 157 (2/2009) 146–153

Lachmann, Rainer (2002), Gesprächsmethoden im Religionsunterricht, in: Adam, Gottfried / Lachmann, Rainer (Hg.), Methodisches Kompendium für den Religionsunterricht 1. Basisband, Göttingen ⁴2002, 113-136

Lahrmann, Leonhard (2009), Wozu Bilder?, in: Hirschberg 62 (10/2009) 631-634

Lambert, Willi (1983), „Kauf Dir einen Acker in Anatot!" Adventliches Tun angesichts einer nahen Katastrophe, in: GuL 56 (6/1983) 417-421

Langer, Wolfgang (1966), Die „neue Hermeneutik" und ihr Anspruch an die biblische Unterweisung, in: KatBl 91 (8/1966) 420-443

Langer, Wolfgang (1986), Bibelarbeit, in: HRPG (1986) 275-284

Lessing, Gotthold Ephraim (1979), Über den Beweis des Geistes und der Kraft [entstanden und erstmals veröffentlicht 1777], in: ders., Werke [hg. von Herbert G. Göpfert]. Achter Band. Theologiekritische Schriften III, Philosophische Schriften [bearb. von Helmut Göbel], München 1979, 9-14

Levin, Christoph (2003), Das Alte Testament, München ²2003

Lohfink, Norbert (1986), Kohelet (NEB AT; 1), Würzburg ³1986

Louth, Andrew (1999), Sanctus [christlich], in: TRE 30 (1999) 25-29

MDG (Hg.) (2010), MDG-Trendmonitor Religiöse Kommunikation 2010. Kommentarband I: Erkenntnisse zur Situation von Kirche und Glaube sowie zur Nutzung medialer und personaler Informations- und Kommunikationsangebote der Kirche im Überblick. Ergebnisse repräsentativer Befragungen unter Katholiken sowie der Gesamtbevölkerung, München 2010

Mendl, Hans (2010), miteinander reden, in: Schiefer Ferrari, Markus / Mendl, Hans / Langenhorst, Georg / Sauter, Ludwig (Hg.), Leben lernen. Menschliche Ausdrucksformen als Lernperspektiven im Religionsunterricht (FS Ludwig Rendle), Babenhausen 2010, 106-114

Meyer-Blanck, Michael (2002), Vom Symbol zum Zeichen. Symboldidaktik und Semiotik, Rheinbach ²2002

Ministerium für Schule und Weiterbildung des Landes NRW (2008), Lehrplan Katholische Religionslehre, in: dass. (Hg.), Richtlinien und Lehrpläne für die Grundschule in Nordrhein-Westfalen. Deutsch, Sachunterricht, Mathematik, Englisch, Musik, Kunst, Sport, Evangelische Religionslehre, Katholische Religionslehre, Frechen 2008, 165-182

Mollenhauer, Klaus (1998), Vergessene Zusammenhänge. Über Kultur und Erziehung, Weinheim – München ⁵1998

Motté, Magda (2003), Alles ist Gleichnis. Arbeit mit moderner Literatur für Kinder und Jugendliche im Religionsunterricht, in: rhs 46 (1/2003) 1-19

Müller, Karlheinz (1984), Exegese / Bibelwissenschaft, in: NHthG I (1984) 332-353

Müller, Karlheinz (2008), Neutestamentliche Wissenschaft und Judaistik, in: Doering, Lutz / Waubke, Hans-Günther / Wilk, Florian (Hg.), Judaistik und neutestamentliche Wissenschaft. Standorte – Grenzen – Beziehungen, Göttingen 2008, 32-60

Müller, Max / Halder, Alois (Hg.) (1985), Kleines Philosophisches Wörterbuch, Freiburg/Br. ¹²1985

Müller, Peter (2003), „Da mussten die Leute erst nachdenken ..." Kinder als Exegeten – Kinder als Interpreten biblischer Texte, in: JBKTh 2 (2003) 19-30

Müller, Peter (2006), „Die Wolke ist Gott!" – Himmelfahrt (Lk 24,51-53; Apg 1,9-11), in: JBKTh NT (2006) 207-216

Müller-Friese, Anita (2002), ‚Gott hält auch zu denen, die Mist bauen'. Grundschulkinder verstehen das Gleichnis vom verlorenen Schaf, in: Schönberger Hefte 32 (3/2002) 10-12.17-20

Neidhart, Walter (1975), Vom Erzählen biblischer Geschichten, in: ders. / Eggenberger, Hans (Hg.), Erzählbuch zur Bibel. Theorie und Beispiele, Zürich u.a. 1975, 13-113

Neuenzeit, Paul (1990), Juden und Christen auf neuen Wegen zum Gespräch. Ziele – Themen – Lernprozesse, Würzburg 1990

Niehl, Franz Wendel (1994), Die Bibel im Religionsunterricht. Hermeneutische Grundlagen und didaktisch-methodische Hinweise (Theologie im Fernkurs. Religionspädagogisch-katechetischer Kurs; Lehrbrief 14), Würzburg 1994
Niehl, Franz Wendel (1998), Der Schatz im Acker. Eine Einführung in den Dialogischen Bibelunterricht, in: Katechetisches Institut des Bistums Trier (Hg.), Leben lernen mit der Bibel. Einführung in den Dialogischen Bibelunterricht. Teil I, Trier 1998, 5-19
Niehl, Franz Wendel (2001), Mit Texten im Gespräch. Über die Arbeit mit Texten im Religionsunterricht, in: RpB 47/2001, 35-42
Niehl, Franz Wendel (2005), Wann sind Väter bereit, ihre Söhne zu opfern?, in: KatBl 130 (2/2005) 89-96
Niehl, Franz Wendel (2006), Bibel verstehen. Zugänge und Auslegungswege. Impulse für die Praxis der Bibelarbeit, München 2006
Niehr, Herbert (1995), Das Buch Daniel, in: Zenger et al. (1995) 360-369
Nieragden, Göran (1998), Polysemie, in: MLLK (1998) 431

Oberthür, Rainer (1999), Wie Kinder Gott zur Sprache bringen. Kinder als Realisten und Mystiker – Drei Unterrichtsbeispiele, in KatBl 124 (4/1999) 267-272
Oberthür, Rainer (2002), „Das Staunen Gottes ist in uns selber". Kinder erfahren sich im Fragen nach Gott und Gott im Fragen nach sich, in: JBKTh 1 (2002) 95-104
Oeming, Manfred (1998), Biblische Hermeneutik. Eine Einführung, Darmstadt 1998
Orth, Peter (2009), Gesprächsformen und ihre Gelingensbedingungen, in: Pädagogik 61 (1/2009) 30-33
Oser, Fritz (1987), Grundformen biblischen Lernens, in: Paul, Eugen / Stock, Alex (Hg.), Glauben ermöglichen. Zum gegenwärtigen Stand der Religionspädagogik (FS Günter Stachel), Mainz 1987, 213-246

Päpstliche Bibelkommission (1996), Die Interpretation der Bibel in der Kirche [hg. vom Sekretariat der DBK], Bonn ²1996
Pätzold, Jörg (1993), Textualität, in: MLS (1993) 639
Peukert, Helmut (1984), Über die Zukunft von Bildung, in: Frankfurter Hefte 39 (11-12/1984) 129-137
Peukert, Helmut (1994), Bildung als Wahrnehmung des Anderen. Der Dialog im Bildungsdenken der Moderne, in: Lohmann, Ingrid / Weiße, Wolfram (Hg.), Dialog zwischen den Kulturen. Erziehungshistorische und religionspädagogische Gesichtspunkte interkultureller Bildung, Münster – New York 1994, 1-14
Porzelt, Burkard (1999), Jugendliche Intensiverfahrungen. Qualitativ-empirischer Zugang und religionspädagogische Relevanz, Graz 1999
Porzelt, Burkard (2000), Qualitativ-empirische Methoden in der Religionspädagogik, in: ders. / Güth, Ralph (Hg.), Empirische Religionspädagogik. Grundlagen – Zugänge – Aktuelle Projekte, Münster u.a. 2000, 63-81
Porzelt, Burkard (2000 A), Respektierende Konfrontation. Konturen korrelativer Religionsdidaktik in nachchristlichem Kontext, in: TThZ 109 (4/2000) 308-328
Porzelt, Burkard (2004), Neuerscheinungen und Entwicklungen in der deutschen Religionspädagogik, in: rhs 47 (2/2004) 57-71

Porzelt, Burkard (2009), Grundlegung religiöses Lernen. Eine problemorientierte Einführung in die Religionspädagogik, Bad Heilbrunn 2009
Projektgruppe Kinderpanel (2004), Lebenswelten von Kindern – mit ihren Augen gesehen. Erste Ergebnisse aus dem DJI-Kinderpanel, in: DJI Bulletin 67/2004, 4-7

Rahner, Karl (1985), Schriftlesung [verfasst 1982], in: ders., Praxis des Glaubens. Geistliches Lesebuch [hg. von Karl Lehmann / Albert Raffelt], Zürich u.a. 31985, 157-161
Rahner, Karl / Vorgrimler, Herbert (Hg.) (1986), Kleines Konzilskompendium. Sämtliche Texte des Zweiten Vatikanums, Freiburg/Br. 191986
Ratzinger, Joseph (1972), Zur Frage nach der Unauflöslichkeit der Ehe. Bemerkungen zum dogmengeschichtlichen Befund und zu seiner gegenwärtigen Bedeutung, in: Henrich, Franz / Eid, Volker (Hg.), Ehe und Ehescheidung. Diskussion unter Christen, München 1972, 35-56
Reinert, Andreas (2004), „Man ist halt Mensch und macht vieles falsch". Das Lied „Mensch" von Herbert Grönemeyer im Unterricht, in: Entwurf. Religionspädagogische Mitteilungen 1/2004, 52f.
Rendtorff, Rolf (1985), Das Alte Testament. Eine Einführung, Neukirchen-Vluyn 21985
Reventlow, Henning Graf (2009), Die Bibel als abendländisches Kulturgut. Einige Beobachtungen, in: ThPQ 157 (2/2009) 114-125
Ricoeur, Paul (1991), Zeit und Erzählung. Band III: Die erzählte Zeit, München 1991 [erstmals erschienen 1985 (französische Originalausgabe)]
Ricoeur, Paul (1996), Das Selbst ist ein Anderer, München 1996 [erstmals erschienen 1990 (französische Originalausgabe)]
Ritter, Werner H. (1989), Glaube und Erfahrung im religionspädagogischen Kontext. Die Bedeutung von Erfahrung für den christlichen Glauben im religionspädagogischen Verwendungszusammenhang. Eine grundlegende Studie, Göttingen 1989
Ritzer, Georg (2010), Interesse – Wissen – Toleranz – Sinn. Ausgewählte Kompetenzbereiche und deren Vermittlung im Religionsunterricht. Eine Längsschnittstudie, Wien – Berlin 2010
Röckel, Gerhard (2006), Texte erschließen. Grundlagen – Methoden – Beispiele für den Deutsch- und Religionsunterricht [hg. von Georg Bubolz], Düsseldorf (Patmos) 2006
Roncace, Mark / Clanton, Dan W. Jr. (2007), Popular Music, in: Roncace / Gray (2007) 15-51
Roncace, Mark / Gray, Patrick (Hg.) (2007), Teaching the Bible through Popular Culture and the Arts, Atlanta 2007
Ross, Jan (2002), Faust, Freud, Bach und Bibel, in: Die Zeit Nr. 14 vom 27.03.2002, 1

Saramago, José (2011), Über die Liebe und das Meer. Gedichte, Hamburg 2011
Schambeck, Mirjam (2009), Bibeltheologische Didaktik. Biblisches Lernen im Religionsunterricht, Göttingen 2009
Schierse, Franz Joseph (1984), Einleitung in das Neue Testament, Düsseldorf 31984
Schindler, Regine (2000), Zur Hoffnung erziehen. Gott im Kinderalltag, Lahr – Zürich 22000
Schindler, Regine (Text) / Zavřel, Štěpán (Illustr.) (2005), Mit Gott unterwegs. Die Bibel für Kinder und Erwachsene neu erzählt, Zürich 72005

Schmid, Hans (1989), Religiosität der Schüler und Religionsunterricht. Empirischer Zugang und religionspädagogische Konsequenzen für die Berufsschule, Bad Heilbrunn 1989

Schmid, Hans (1997), Die Kunst des Unterrichtens. Ein praktischer Leitfaden für den Religionsunterricht, München 1997

Schmidt-Joos, Siegfried / Kampmann, Wolf (2008), Rock-Lexikon. Band 1, Reinbek 2008

Schmied, Wieland (2006), Bilder zur Bibel. Maler aus sieben Jahrhunderten erzählen das Leben Jesu, Stuttgart 2006

Schmied, Wieland (2007), Von der Schöpfung zur Apokalypse. Bilder zum Alten Testament und zur Offenbarung, Stuttgart 2007

Schnackenburg, Rudolf (1985), Matthäusevangelium 1,1-16,20 (NEB NT; 1/1), Würzburg 1985

Schöttler, Heinz-Günther (2006), „Der Leser begreife!“. Vom Umgang mit der Fiktionalität biblischer Texte, Berlin 2006

Schroer, Silvia (1995), Das Buch der Weisheit, in: Zenger et al. (1995) 277-284

Schroer, Silvia (1998), Glücklich, wer Lust hat an der Weisung JHWHs. Illustrierte Kurzkommentare zur ersten Sonntagslesung der drei Lesejahre, Freiburg/Schweiz 1998

Schülein, Frieder / Stückrath, Jörn (1992), Erzählen, in: Brackert, Helmut / Stückrath, Jörn (Hg.), Literaturwissenschaft. Ein Grundkurs, Reinbek 1992, 54-71

Seybold, Klaus (2010), Psalmen, in: Evangelisch-reformierte Landeskirche Zürich. Bd. 2 (2010) 1148-1280

Simon, Werner (1999), Ethikunterricht – Philosophieunterricht – Religionskunde – Religionsunterricht. Probleme und Differenzierungen, in: ThQ 179 (2/1999) 90-99

Simon, Werner (2003), Mit der Bibel leben lernen? Didaktische Grundlegung, in: Niehl, Franz Wendel (Hg.), Leben lernen mit der Bibel. Der Textkommentar zu ‚Meine Schulbibel‘, München 2003, 13-26

Söding, Thomas (2003), Heilige Schrift? Gottes Wort? Das Buch der Bücher im Jahr der Bibel, in: CiG 55 (10/2003) 77f.

Steinkühler, Martina (2005), Wie Feuer und Wind. Das Alte Testament Kindern erzählt, Göttingen 2005

Steinkühler, Martina (2007), Von der Verfremdungs- und Fragmentendidaktik zu einer Fremdsprachendidaktik der Ganzschrift Bibel, in: Finsterbusch, Karin (Hg.), Bibel nach Plan? Biblische Theologie und schulischer Religionsunterricht, Göttingen 2007, 174-182

Steinwede, Dietrich (1965), Zu erzählen deine Herrlichkeit. Biblische Geschichten für Schule, Haus und Kindergottesdienst, Göttingen 1965

Steinwede, Dietrich (1975), Werkstatt Erzählen. Anleitung zum Erzählen biblischer Geschichten, Münster ^{2}1975

Steinwede, Dietrich (1987), Erzählen, in: HBA (1987) 257-262

Stenger, Werner (1977), Zwischen den Zeilen lesen, in: KatBl 102 (3/1977) 204-212

Stögbauer, Eva Maria (2011), Die Frage nach Gott und dem Leid bei Jugendlichen wahrnehmen. Eine qualitativ-empirische Spurensuche, Bad Heilbrunn 2011

Streib, Heinz (1994), Erzählte Zeit als Ermöglichung von Identität. Paul Ricoeurs Begriff der narrativen Identität und seine Implikationen für die religionspädagogische Rede von Identität und Bildung, in: Georgi, Dieter / Heimbrock, Hans-Günter / Moxter, Michael (Hg.), Religion und die Gestaltung der Zeit, Kampen 1994, 181-198

Striet, Magnus / Werden, Rita (2009), „Tanz den Tanz auf dünnem Eis“. Das Phänomen Herbert Grönemeyer, in: HK 63 (5/2009) 251-255

Theis, Joachim (2005), Biblische Texte verstehen lernen. Eine bibeldidaktische Studie mit einer empirischen Untersuchung zum Gleichnis vom barmherzigen Samariter, Stuttgart 2005

Theißen, Gerd (1992), Die Bibel an der Schwelle des dritten Jahrtausend nach Chr. Überlegungen zu einer Bibeldidaktik für das „Jahr mit der Bibel 1992“, in: Theologia Practica 27 (1/1992) 4-23

Theißen, Gerd (2002), Das Neue Testament, München 2002

Theißen, Gerd (2003), Zur Bibel motivieren. Aufgaben, Inhalte und Methoden einer offenen Bibeldidaktik, Gütersloh 2003

Theißen, Gerd / Merz, Anette (2001), Der historische Jesus. Ein Lehrbuch, Göttingen ^{3}2001

Unruh, Thomas (2002), Unterrichtsgespräche professionell leiten, in: Pädagogik 54 (12/2002) 14f.

Ven, Johannes A. van der (1994), Entwurf einer empirischen Theologie, Kampen – Weinheim ^{2}1994

Vollers-Sauer, Elisabeth (1993), Poetische Sprache, in: MLS (1993) 472f.

Wagerer, Wolfgang (2008), Das Hören ist der erste Schritt – Vernehmendes Theologisieren im strukturbewahrenden Erzählen, in: JBKTh 7 (2008) 155-169

Walter, Denise (2005), HipHop-Musik im Religionsunterricht. Religionsdidaktische Legitimationen, Chancen und Grenzen im Kontext jugendlicher Lebenswelten, Münster (unveröffentlichte Staatsexamensarbeit) SoSem 2005

Wegenast, Klaus (1990), Wie ernst sollen wir die Naivität von Kindern nehmen? Zu Anton A. Buchers Plädoyer für die ‚Erste Naivität‘, in: KatBl 115 (3/1990) 185-190

Wegenast, Klaus / Wegenast, Philipp (1999), Biblische Geschichten dürfen auch ‚unrichtig‘ verstanden werden. Zum Erzählen und Verstehen neutestamentlicher Erzählungen, in: Bell, Desmond / Lipski-Melchior, Heike / Lüpke, Johannes von / Ventur, Birgit (Hg.), Menschen suchen – Zugänge finden. Auf dem Weg zu einem religionspädagogisch verantworteten Umgang mit der Bibel (FS Christine Reents), Wuppertal 1999, 246-263

Weiß, Wolfgang (1995), Exegese und Religionspädagogik, Oldenburg 1995

Werbick, Jürgen (1989), Glaubenlernen aus Erfahrung. Grundbegriffe einer Didaktik des Glaubens, München 1989

Winkgens, Meinhard (1998), Leerstelle, in: MLLK (1998) 307

Wörther, Matthias (1995), In der Schule der Medien. Medien im Kontext von Lebensgeschichte, München 1995

Zapf, Hubert (1998), Gadamer, Hans-Georg, in: MLLK (1998) 170-172

Zenger, Erich (1993), Psalm 8. Von der Menschenwürde, in: Hossfeld / Zenger (1993) 77-80

Zenger, Erich (Hg.) (2004), Stuttgarter Altes Testament. Einheitsübersetzung mit Kommentar und Lexikon, Stuttgart 2004

Zenger, Erich et al. (1995), Einleitung in das Alte Testament, Stuttgart u.a. 1995

Zirker, Hans (1979), Lesarten von Gott und Welt. Kleine Theologie religiöser Verständigung, Düsseldorf 1979

Zirker, Hans (1998), Bibel-Lesen. Zur Methode, in: ders. et al. (1998) 17-28

Zirker, Hans / Hilger, Georg / Aurelio, Tullio / Bussmann, Claus / Schierse, Franz Joseph / Sorger, Karlheinz (1998), Zugänge zu biblischen Texten. Eine Lesehilfe zur Bibel für die Grundschule. Neues Testament, Düsseldorf ^{4}1998

Zirker, Hans / Hilger, Georg / Aurelio, Tullio / Perrar, Hermann-Josef (2000), Zugänge zu biblischen Texten. Eine Lesehilfe zur Bibel für die Grundschule. Altes Testament, Düsseldorf ^{4}2000

8.2 Abkürzungen

CiG: Christ in der Gegenwart. Katholische Wochenzeitschrift, Freiburg/Br. 1967ff.
DBK: Deutsche Bischofskonferenz
dj: deutsche jugend, Weinheim 1953ff.
DJI: Deutsches Jugendinstitut
DV: „Dei Verbum". Dogmatische Konstitution des II. Vatikanums über die göttliche Offenbarung, zit. nach Rahner / Vorgrimler (1986) 367-382
EKD: Evangelische Kirche in Deutschland
EN: Apostolisches Schreiben „Evangelii nuntiandi" Papst Pauls VI. über die Evangelisierung in der Welt von heute vom 8. Dezember 1975, Bonn 1975
GS: „Gaudium et spes". Pastoralkonstitution des II. Vatikanums über die Kirche in der Welt von heute, zit. nach Rahner / Vorgrimler (1986) 449-552
GuL: Geist und Leben. Zeitschrift für christliche Spiritualität, Würzburg 1947ff.
HBA: Handbuch der Bibelarbeit, hg. v. Wolfgang Langer, München 1987
HK: Herder Korrespondenz. Monatshefte für Gesellschaft und Religion, Freiburg/Br. 1946ff.
HRPG: Handbuch religionspädagogischer Grundbegriffe (2 Bände [mit durchgängiger Seitenzählung]), hg. v. Gottfried Bitter / Gabriele Miller, München 1986
HU²: Handbuch Unterricht, hg. v. Karl-Heinz Arnold / Uwe Sandfuchs / Jürgen Wiechmann, Bad Heilbrunn ²2009
JBKTh: Jahrbuch für Kindertheologie, Stuttgart 2002ff.
JBKTh NT: Jahrbuch für Kindertheologie. Sonderband Neues Testament, Stuttgart 2006
KatBl: Katechetische Blätter, München 1875ff.
KSJ: Katholische Studierende Jugend
LThK³: Lexikon für Theologie und Kirche (10 Bände plus Registerband), hg. v. Walter Kasper u.a., Freiburg/Br. ³1993-2001
MDG: Medien-Dienstleistung GmbH, München
MLLK: Metzler Lexikon Literatur- und Kulturtheorie. Ansätze – Personen – Grundbegriffe, hg. v. Ansgar Nünning, Stuttgart – Weimar 1998
MLS: Metzler Lexikon Sprache, hg. v. Helmut Glück, Stuttgart – Weimar 1993
NEB-AT: Die Neue Echter Bibel: Kommentar zum Alten Testament mit der Einheitsübersetzung, Würzburg 1980ff.
NEB-NT: Die Neue Echter-Bibel: Kommentar zum Neuen Testament mit der Einheitsübersetzung, Würzburg 1983ff.
NHthG: Neues Handbuch theologischer Grundbegriffe (4 Bände), hg. v. Peter Eicher, München 1984 (If.) bzw. 1985 (IIIf.)
NRW: Nordrhein-Westfalen
RGG⁴: Religion in Geschichte und Gegenwart. Handwörterbuch für Theologie und Religionswissenschaft (8 Bände plus Registerband), hg. von Hans Dieter Betz / Don S. Browning / Bernd Janowski / Eberhard Jüngel, Tübingen ⁴1998-2005
rhs: Religionsunterricht an höheren Schulen, Düsseldorf 1958ff.
RpB: Religionspädagogische Beiträge, Mainz 1978ff.
StZ: Stimmen der Zeit, Freiburg/Br. 1915ff.
ThB: Theologische Beiträge, Witten 1970ff.

ThPQ: Theologisch-praktische Quartalschrift, Regensburg 1848ff.
ThQ: Theologische Quartalschrift, Ostfildern 1819ff.
TRE: Theologische Realenzyklopädie (36 Bände, Register noch nicht komplett), hg. v. Gerhard Müller u.a., Berlin – New York 1974-2004
TThZ: Trierer Theologische Zeitschrift, Trier 1889ff.

8.3 Abbildungsverzeichnis

8.4 Sachregister

8.5 Personenregister

8.6 Quellenverzeichnis

S. 27-29
Willi Lambert, „Kauf Dir einen Acker in Anatot!" Adventliches Tun angesichts einer nahen Katastrophe, in: Geist und Leben 56 (6/1983) 417-421, 417-419

S. 33-35
Jan Ross, Faust, Freud, Bach und Bibel, in: DIE ZEIT Nr. 14 vom 27.03.2002, 1

S. 63f.
Werner Simon, Mit der Bibel leben lernen? Didaktische Grundlegung, in: Niehl, Franz Wendel (Hg.), Leben lernen mit der Bibel. Der Textkommentar zu ‚Meine Schulbibel', München (Kösel) 2003, 13-26, 13f.

S. 75-80
Thomas Söding, Heilige Schrift? Gottes Wort? Das Buch der Bücher im Jahr der Bibel, in: Christ in der Gegenwart 55 (10/2003) 77f.

S. 110-113
Hans Zirker, Bibel-Lesen. Zur Methode, in: ders. / Hilger, Georg / Aurelio, Tullio / Bussmann, Claus / Schierse, Franz Joseph / Sorger, Karlheinz, Zugänge zu biblischen Texten. Eine Lesehilfe zur Bibel für die Grundschule. Neues Testament, Düsseldorf (Patmos) ^{4}1998, 17-28, 18-21 und 25

S. 140
Martina Steinkühler, Wie Feuer und Wind. Das Alte Testament Kindern erzählt, Göttingen (Vandenhoeck & Ruprecht) 2005, 23-25

S. 141
Regine Schindler (Text) / Štěpán Zavřel (Illustr.), Mit Gott unterwegs. Die Bibel für Kinder und Erwachsene neu erzählt, Zürich (bohem press) ^{7}2005, 16f.

Der Autor

Burkard Porzelt, Dr. theol. und Dipl.-Päd., lehrt und forscht als Professor für Religionspädagogik und Didaktik des Religionsunterrichts an der Fakultät für Katholische Theologie der Universität Regensburg.

www.utb.de
Fit fürs Studium
Vom Basiswissen bis zum Prüfungstraining:
UTB bietet kompakte, aktuelle Lehrbücher und ein vielseitiges Programm.
Seit 40 Jahren.
UTB